Anne Chayet

La femme au temps des dalaï-lamas

Du même auteur

LES TEMPLES DE JEHOL ET LEURS MODÈLES TIBÉTAINS, Paris, Éditions Recherche sur les civilisations, 1985.

Cette édition de *La femme au temps des Dalaï-lamas*
est publiée par les Éditions de la Seine
avec l'aimable autorisation des Éditions Stock-L. Pernoud

Pour Florence.

80
85
90
95
100
105
40
35
35
30
Gansu
QILIAN
SHAN
Dunhuang
I. Kukunor
Qinghai
Amdo
fleuve Jaune
BAYENKARA
fleuve Bleu
Sichuan
Derge
Chamdo
Saluen
Kham
Xinjiang
K U N L U N
Changthang
Dam
Cachemire
Leh
Indus
Garthok
Sutlej
mt Tise
Gyantse
Samding
Se
Tsangpo
Dakpo

Introduction

Il est des contrées que l'on évoque à travers une image féminine. Inde et Chine sont femmes dans notre langue, bien que les femmes n'y aient jamais joui d'un statut élevé. Le Tibet doit peut-être à sa rudesse naturelle d'être masculin, et c'est un fait que les images qui surgissent lorsque son nom est prononcé ne sont pas celles de femmes, mais de pics impressionnants, de monastères fortifiés ou de moines drapés de rouge sombre. Il faut feuilleter plusieurs pages d'un album de photographies consacré au Tibet avant de découvrir ses femmes, illustrations un peu mineures de quelques aspects d'un quotidien qu'elles agrémentent du pittoresque de leurs coiffes et de la beauté barbare de leurs bijoux. On les montre parfois au travail, au milieu des champs, surtout si la récolte est belle et peu salissante, mais ces séquences sont brèves, comme pour prouver, s'il en était besoin, que l'essentiel du problème tibétain n'est pas là. Les récits de voyages, les études historiques et, fait plus important, la littérature tibétaine elle-même ne leur accordent guère plus de place. Ces femmes, qu'on dit compter parmi les plus libres du monde, ne semblent avoir marqué l'histoire tibétaine que par leur extrême discrétion, et l'on pourrait penser que c'est cette prudence, ou cette coquetterie, qui leur a épargné le sort de leurs sœurs indiennes et chinoises, et qu'elles ont été heureuses au point de n'avoir pas d'histoire.

Si l'histoire des femmes doit réellement se limiter à celle de leurs malheurs, si seules les Justines sont dignes de la mémoire des hommes, il est certain que l'on ne trouve guère dans ce que l'on sait des femmes et du Tibet de quoi alimenter une émotion durable.

Mais n'est-ce pas précisément que l'on sait encore bien peu de chose du Tibet ? Certes, depuis les rumeurs fantastiques et les récits horrifiques colportés dès le Moyen Âge, l'Occident en est arrivé à une vision plus sereine, en ce qu'elle flatte en même temps son ignorance et sa curiosité. Il y a quelques années encore, les adjectifs « secret » ou « mystérieux » étaient, dans les titres des livres, étroitement liés au nom du Tibet, comme s'ils en définissaient la nature profonde. Le Tibet des neiges était aussi celui des rêves, et si puissamment qu'il n'était pas même besoin d'évoquer une image féminine pour les faire éclore. L'attrait pour les mystiques orientales, répondant au déclin mystique de l'Occident, aurait pu faire de la route du Tibet, quand celui-ci fut ouvert au tourisme, il y a une dizaine d'années, un nouveau chemin de Katmandou, si grand semblait l'appétit de révélation qu'impliquait tant de mystère. Il n'en fut rien : ce pays qu'on croyait préservé, isolé au-dessus des querelles humaines, venait de subir les violences d'un bouleversement politique et idéologique sans précédent, qui le laissait exsangue. Est-il besoin de dire que la silhouette déjà fugitive des femmes tibétaines semblait se perdre dans ce désastre ?

Cependant, ce n'est pas un hasard si, parmi les sombres dépêches qui tombent désormais dans les salles de rédaction et qui témoignent de la lutte pathétique des Tibétains pour la sauvegarde de leur culture et de leurs traditions, bon nombre font état de la résistance ouverte menée par les femmes, et en particulier par les plus discrètes d'entre elles, les nonnes. La colère et les violences des autorités répondent aujourd'hui à leur courage, mais d'autres penseront peut-être qu'elles sont la meilleure chance de survie du Tibet.

Aurait-on affaire à une génération spontanée de femmes fortes, mystère génétique qui répondrait du mystère tibétain, ou bien s'agit-il de l'affirmation d'une tradition ancienne et déjà attestée ? Dans ce cas, qui mérite bien qu'on s'y arrête, il faut chercher les femmes dès le début de l'histoire du Tibet, découvrir qu'elles y sont présentes, même si elles s'y cachent, ou si on les y cache, débusquer ces actrices rebelles à notre curiosité dans les chroniques les plus anciennes comme dans les dépêches de l'actualité, les regarder, ne serait-ce qu'à travers le miroir des hommes, les écouter, les lire, bien qu'elles aient peu écrit, pour comprendre enfin, dans la richesse parfois écrasante d'une très grande civilisation, que la mesure de ses femmes est la mesure du Tibet.

Curieusement, jusqu'à présent, le sujet n'a guère tenté l'étude. Il est vrai que les historiens ont dû vaincre d'abord de redoutables barrières, notamment en matière linguistique, rechercher patiemment textes et documents, s'accoutumer aux principes de l'historiographie tibétaine, établir et justifier les chronologies. Il y a plus d'un siècle et demi que la tibétologie est devenue en Occident une discipline à part entière, avec les travaux du grand pionnier que fut le savant hongrois Alexandre Csoma de Kőrös (1784-1842). Les moyens mis en œuvre, les résultats paraissent considérables; ils n'en sont pas moins dérisoires au regard de la réalité, du moins de ce que l'on ne peut encore bien souvent qu'en soupçonner.

Le grand public comprend mal la prudence, sinon la timidité, des spécialistes et voit trop souvent le mépris d'érudits là où n'est en général que le souci de pas tromper, de ne pas abuser l'imagination du lecteur par l'exposé d'une apparente facilité. Le sujet tibétain est ardu, s'il est généreux en sensations vives. Il réclame un investissement considérable, parfois celui d'une vie entière. Comment l'historien, écrasé par le poids de documents aussi divers que contradictoires, et en tout cas volumineux, empêtré dans ses hésitations, ses scrupules et ses notes de bas de page, pourrait-il répondre à l'enthousiasme exigeant d'un vaste public avide d'explications claires et tranchées? De fait, il n'y répond que rarement : les plus grands serviteurs occidentaux de la civilisation tibétaine demeurent des anonymes, en dehors d'un cercle d'amateurs avertis. Cependant, les ethnologues ont multiplié observations et travaux dans les régions de population tibétaine de l'Himalaya. Grâce à eux, les femmes des hautes vallées du Népal et celles du Ladakh nous sont mieux connues. Mais, jusqu'à présent, ils n'ont guère pu travailler au Tibet proprement dit et, s'ils y sont un jour autorisés, que restera-t-il alors à observer? Les spécialistes de la théologie et de l'histoire des religions se sont efforcés d'analyser et d'éclairer pour l'Occident la démarche du bouddhisme et d'expliquer les originalités de son développement tibétain, auquel, faute de mieux, on donne encore le nom inexact mais commode de lamaïsme. Cependant, les femmes n'ont qu'une part infime dans ces doctes études.

Il semble parfois, et c'est une impression un peu

décourageante, qu'à force d'alimenter des rêves et des études, le Tibet soit vidé sinon de sa substance, du moins de sa réalité. Peut-être est-ce une leçon du bouddhisme dans lequel il a si longtemps vécu et pour lequel les apparences de notre monde, même les plus fortes, ne sont qu'illusion. Peut-être est-ce la vertu de compassion, prêchée par le bouddhisme, qui conduit le Tibet à se faire le miroir de tant d'égocentrismes.

Car on ne peut que dire : à chacun son Tibet. Le nombre des publications le prouve. La découverte du Tibet est si prodigieuse que chaque néophyte ou presque y va de son article ou de son livre. A chacun son Tibet : celui des historiens, celui des bouddhologues, celui des ethnologues, celui des alpinistes, celui des voyageurs et des touristes, celui des mystiques, peut-être demain celui des féministes, plus rarement celui des Tibétains et moins encore des Tibétaines.

Si le Tibet doit survivre, ailleurs que dans le rêve de ceux qui l'ont connu, de près ou de loin, il le fera parce qu'il s'est toujours appuyé sur ses forces essentielles, sans en négliger une seule. Et ses forces sont ses femmes tout autant que ses hommes.

Cet équilibre paraît résulter d'une relative intégration des femmes dans la société tibétaine : elles n'y sont pas, comme tant d'autres, malgré elles, elles y sont malgré tout, et cela tient aux particularismes de cette grande civilisation, dont la première est sans doute de n'avoir pas connu une progression uniforme et continue, mais deux phases très différentes et souvent opposées, quoique liées indissolublement. Il y a d'abord, des origines au IXe siècle de notre ère, une phase de construction, période fort longue et encore très obscure, durant laquelle le Tibet se forma en tant qu'entité politique puis en empire conquérant. Dès ces temps reculés, il fonda une civilisation indépendante, même s'il intégra quantité d'éléments étrangers, puis les premières bases du bouddhisme. Suivit la période de triomphe du bouddhisme, à laquelle nous empruntons encore presque entièrement notre image du Tibet. La religion nouvelle, née en Inde, mais cependant déjà marquée d'emprunts très divers faits au cours d'un développement millénaire, en Asie centrale et en Chine, s'imposa au pays, en rénova, en recouvrit ou bouleversa les croyances et les traditions, en modifia et développa la langue, en remodela les structures vives, lui donnant à partir du Xe siècle une forme nouvelle et originale qui devint celle du Tibet de ces derniers siècles, celle qu'on résume souvent dans la formule largement incomplète de « Tibet des Dalaï-lamas », puisque le titre, non tibétain, de dalaï-lamas ne fut donné pour la première fois qu'en 1578.

Le premier Tibet offrait l'image classique d'une féodalité tumultueuse rassemblée en royaume, puis d'un empire étendu par ses conquêtes à une bonne partie de l'Asie centrale. Le second fut, dans l'histoire du monde, un rare exemple de société dominée par la religion, au point de devenir une théocratie.

Il serait injuste de représenter ces deux grandes phases de l'histoire du Tibet par l'image d'un guerrier et par celle d'un moine. Pas plus que l'ensemble des Tibétains, aux grandes heures du bouddhisme, ne vivait abîmé dans la méditation, les femmes ne furent écartées des diverses étapes de la création du pays, puis de ce qui y fut une véritable révolution, la mutation bouddhique. Même si elles ont conservé une certaine réserve, ou si on la leur a parfois imposée, les Tibétaines n'ont jamais été isolées au point de devoir mener l'existence marginale et confinée de bon nombre de leurs sœurs orientales et asiatiques : il n'y a pas de société des femmes au Tibet. Mais corriger l'image incomplète que nous avons du Tibet en lui restituant la dimension de ses femmes conduit inéluctablement à réviser certaines opinions et certains lieux communs qui ont cours à son sujet.

Que le Tibet soit le toit du monde, personne n'en doute : il n'est que de regarder une carte des reliefs pour s'en convaincre. Les chaînes de montagnes qui l'entourent sont de formidables barrières : Himalaya au sud; Karakoram et Pamir à l'ouest; Kunlun, Altyntagh et Qilian Shan au nord; plissements moindres mais encore impressionnants des monts Bayenkara et des monts du Sichuan au nord-est et à l'est. Les nombreux sommets himalayens dépassant les 8 000 mètres ont fait la gloire des alpinistes, mais il serait plus difficile de donner une liste des montagnes d'une altitude supérieure à 6 000 et à 7 000 mètres sur le « plateau » tibétain : elle serait trop longue. Les cols situés au-dessus de 5 000 mètres sont chose courante, et pas seulement aux frontières du pays : il ne paraît pas plus facile de circuler au Tibet que d'y pénétrer. Pourtant, jamais, depuis les lointains débuts de son histoire, ce relief inhumain n'a constitué un réel obstacle au passage des hommes. Ils ont d'abord suivi les vallées des fleuves, nombreuses sinon toujours très praticables, car certaines d'entre elles sont abruptes et encaissées. Le Tibet est véritablement le château d'eau de l'Asie. Le Tsangpo (le Brahmapoutre) traverse le pays d'ouest en est sur presque toute sa longueur avant de plonger vers le sud et d'aller se jeter dans l'océan Indien. D'importants affluents du Gange prennent leur source dans l'ouest du Tibet, et il en est de même du Sutlej et de l'Indus. Au nord, un certain nombre de cours d'eau descendent des Kunlun vers les sables du Tarim et s'y perdent. Au nord-est du Tibet naissent tous les grands fleuves qui arrosent la Chine et l'Asie du Sud-Est : fleuve Jaune, fleuve Bleu et les affluents de leur cours supérieur, Mékong, Saluen...

Mais de longue date aussi les hommes ont emprunté les passes les plus élevées, les plus malcommodes. On a peine à accepter que les énormes piliers de bois du grand temple de Sakya, dont l'envergure dépasse le mètre et la hauteur atteint huit mètres, aient été apportés du Bhoutan, à plus de deux cents kilomètres à vol d'oiseau, par des pistes inconfortables et des cols proches des 5 000 mètres : c'est pourtant le cas, et le fait n'a rien d'exceptionnel. Si les matériaux aussi pondéreux, bois de charpente, minerais, lingots de métal, étaient ainsi transportés par-dessus ces montagnes réputées infranchissables, il en était de même, à plus forte raison, des pièces plus petites et plus légères. L'étonnante variété des petits bronzes archaïques retrouvés sur le plateau tibétain et qui proviennent des régions proches du Népal et du Cachemire, mais aussi de la Chine et du Moyen-Orient, témoigne de la diversité des courants, voire des influences, souvent fort lointaines, qui se croisèrent au Tibet depuis la préhistoire. Pensées et traditions suivirent les mêmes chemins, et il ne faut pas s'étonner dès lors de trouver à certains usages tibétains des sources indiennes, népalaises, cachemiriennes ou chinoises, mais aussi iraniennes, et dans nombre de formes l'influence de cultures voisines ou plus lointaines, de l'Inde à la Chine, des confins iraniens et sibériens au pays thaï. Le Tibet n'a donc jamais été un bloc isolé, contourné prudemment par les migrations humaines, grandes et petites. Il fut, certes, moins parcouru que les grandes routes de l'Asie centrale, mais des pèlerins chinois, par exemple, n'hésitèrent pas à passer ses cols et ses vallées pour gagner les lieux saints de l'Inde.

En dépit de son altitude, mais aussi grâce à elle, le Tibet constitue d'un point de vue stratégique un bastion avancé vers l'Ouest, un étonnant balcon suspendu au-dessus de l'Asie méridionale et occidentale. On comprend dès lors l'intérêt que lui portèrent à la fin du siècle dernier l'Angleterre depuis l'Inde et, plus discrètement, la Russie, et l'opiniâtreté que la Chine mit à y prendre pied et à s'y maintenir, même si l'on peut imaginer que les armements nouveaux ont, de nos jours, considérablement modifié les données traditionnelles de la géopolitique.

C'est en tout cas à ces appétits que le Tibet dut d'être un moment fermé, du moins aux Occidentaux, à la suite de l'intervention de la Chine, au début du XVIIIe siècle, puis de l'installation à Lhasa d'un représentant de l'empereur et d'une garnison. Même lorsqu'il retrouva son indépendance, entre 1912 et 1951, son ouverture demeura mesurée. Cependant, les observations qui purent être faites à cette époque forment, par leur qualité et leur liberté, l'essentiel de notre connaissance pratique du pays.

Si l'on sait désormais que le Tibet ne fut fermé, autoritairement mais imparfaitement, que pendant une brève fraction de son histoire, si l'archéologie commence à retrouver la marque des grands courants qui l'ont traversé ou simplement abordé, il est encore impossible de dire avec précision qui sont les Tibétains. On sait qu'il y avait des hommes sur le « plateau » il y a trente ou quarante mille ans, on a retrouvé quelques-uns des outils qu'ils y fabriquèrent, mais leur origine est encore un mystère et le restera vraisemblablement longtemps, d'autant que l'analyse des données encore minces dont on dispose est bien souvent faussée par des arrière-pensées politiques. Il n'en reste pas moins que le paysage ethnique du Tibet, c'est-à-dire de l'aire tibétaine au sens large et non du territoire volontairement restreint de l'actuelle Région autonome du Tibet de la République populaire de Chine, est d'une étonnante diversité et suffit à infirmer la tradition d'un pays fermé de toute éternité. Il s'agit parfois de migrations assez récentes : certaines communautés mongoles de la région du lac Kukunor, au nord-est du pays, ne s'y sont implantées qu'il y a quatre ou cinq siècles et ont conservé une certaine autonomie de langage et de traditions. Il est plus difficile de fixer, par exemple, la date de migration des Sherpas des hautes vallées du Népal, qui affirment être venus de l'Est tibétain, plus difficile encore de faire dans les nombreuses traditions d'origine la part de la vérité et celle de la légende. La variété des costumes et des parures, celle des traits physiques témoignent de la diversité d'origine des populations tibétaines, sédentaires ou nomades. Les autorités chinoises l'ont exprimé en définissant dans la région autonome du Tibet et dans la province du Qinghai qui couvrent, à quelques soustractions près, le territoire du Tibet traditionnel, des minorités non tibétaines, à côté de l'ethnie tibétaine dominante.

Cette diversité se retrouve dans les paysages, les climats et les ressources du Tibet. L'impression générale, tirée de la lecture des récits de voyages du siècle dernier et du début de notre siècle, allait dans le sens de l'uniformité, avec des descriptions, souvent peu engageantes, de hautes terres désolées, à peu près désertiques, glaciales, battues de vents violents. Seul le Tibet oriental, aux confins du Sichuan et du Yunnan, apparaissait comme plus verdoyant. Il est vrai que la plupart de ces voyageurs furent contraints par les circonstances politiques à limiter leur exploration à des zones écartées des vallées habitées. En fait, seul le Changthang – le nord-ouest et le nord du pays – correspond précisément à ces descriptions. Il ne s'agit certes pas d'un plateau uniforme, mais les perspectives y sont immenses, beaucoup plus dégagées que dans les vallées les plus larges de l'Ouest et du Sud. La végétation y est limitée à une steppe assez rase. Pourtant, au printemps, l'herbe lève assez haut, dans quelques pâturages bien exposés, pour justifier le rassemblement de pasteurs qui viennent faire provision de fourrage. Les troupeaux de gazelles, d'ânes et de yaks sauvages, qu'on y disait nombreux jadis, semblent bien rares aujourd'hui, mais aux abords des lacs, innombrables et parfois fort étendus, souvenir des glaciations de la préhistoire, les oiseaux ne se comptent pas. Dans le sud-ouest et le centre du pays, on retrouve un paysage plus proche de celui des Alpes du Sud, au gigantisme près. Un fleuve comme le Tsangpo, dans son cours moyen, au sud de Lhasa, peut atteindre jusqu'à un kilomètre de large entre les bancs de sable qui divisent son lit. Les vallées, même les pentes basses des montagnes, changent de teintes avec les saisons. Au printemps, elles se parent du vert discret de l'herbe nouvelle et du vert plus cru des cultures montantes. Mais les couleurs du paysage tibétain viennent surtout de sa richesse et de sa diversité géologique. Les hauteurs désolées commes les basses terres coupées de cultures offrent au regard une palette de teintes d'une étonnante variété, dont le soleil éclatant souligne l'intensité.

Cependant, les arbres sont rares : bouquets de saules aux abords de quelques villes et de certains monastères, genévriers et buissons sur les pentes des vallées abritées. Il y eut jadis peut-être davantage d'arbres au Tibet central, en dépit de son altitude élevée, mais l'écologie est un souci récent et le pays a souffert à plusieurs reprises dans son histoire de terribles campagnes de déboisement. Ainsi, les Mongols dzungars, qui occupèrent les provinces centrales de 1717 à 1720, en coupèrent, dit-on, tous les arbres. Quand une armée vint de Chine aider les Tibétains à chasser ces envahisseurs, elle déracina les souches pour se chauffer. Dans un pays au climat si rude et à l'équilibre écologique si précaire, de telles atteintes sont difficilement réparables. Cependant, les vallées des affluents du Tsangpo dans son cours oriental, d'une altitude plus modérée, sont beaucoup plus boisées. Les forêts du Kongpo, par exemple, étaient renommées pour la beauté et l'abondance de leurs essences; il faut espérer qu'une exploitation abusive n'en laissera pas subsister que le seul souvenir. Le paysage du Tibet oriental, des confins du Yunnan à ceux du Sichuan et du Gansu, varie d'une vallée à l'autre. Les rivières y sont fort encaissées, la végétation en général plus riche, parfois exubérante. En altitude, et dans la partie septentrionale de cette région, on retrouve des perspectives plus classiquement tibétaines, d'interminables croupes herbeuses coupées de pics rocheux et dominées par quelques grandes montagnes enneigées. Quoi d'étonnant à ce que les montagnes du Tibet soient pour la plupart des divinités ?

La caractéristique générale du climat tibétain est sa rudesse. Encore s'exerce-t-elle avec une infinité de nuances. Il ne pleut guère en principe au Tibet central et méridional, et c'est une chose curieuse à voir que l'accumulation des nuages de la mousson qui semblent s'efforcer en vain de franchir les crêtes de l'Himalaya. Certains y parviennent cependant, mais les pluies estivales n'affectent guère le nord du pays. La neige est également rare dans les vallées, si elle blanchit les sommets parfois fort avant en saison. Le temps change avec une déconcertante rapidité. Même au plein de l'été, un orage de grêle ou de neige interrompt souvent une journée sans nuage, enveloppe le voyageur d'une demi-obscurité et le laisse trempé et glacé avant de disparaître comme par enchantement. Ce sont là sans doute les manifestations des divinités-montagnes irritées ou de quelque démon turbulent, et il existe des formules et des rituels pour conjurer ces dangers. Tout n'est pas légende dans ces traditions : la route qui va de Lhasa à Shigatse passe un col à plus de 5 000 mètres entre deux glaciers impressionnants qui descendent presque jusqu'à elle et font régner un froid pénétrant sous le plus vif soleil. Que le vent se lève, que vienne un orage, et le troupeau transhumant par ce col justement redouté pâtira lourdement. L'hiver est sec et froid, même si le soleil brille, mais tout ce qui paraît supportable dans le Sud devient intenable dans le Nord où aucun obstacle ne semble pouvoir résister à la rage des tempêtes et à la force impitoyable du gel. A mesure que l'on avance vers l'est, le climat se modifie. Cela ne signifie pas pour autant que l'hiver y soit clément ni les nuits tièdes. Les pluies y sont plus fréquentes et plus abondantes, tout au moins dans la partie méridionale. Et il faut bien se dire qu'un tel relief crée parfois d'étonnants microclimats.

L'habitat répond évidemment aux conditions de relief et de climat. Les maisons de l'Ouest et du Centre, où les pluies sont faibles, ont des toitures en terrasse et un plan compact, en général fort simple. Plus à l'est, ainsi que dans quelques vallées méridionales, apparaissent les toitures à versants, couvertes de lauzes ou de bardeaux, de tuiles parfois, aux confins de la Chine. Dans l'Est tibétain, les types de construction changent d'une vallée à l'autre; tous les matériaux sont utilisés, pierre, brique crue, pisé, rondins de bois, séparément ou conjointement, et les plans sont extrêmement variés. Les maisons ont souvent la taille et l'apparence de manoirs alors que, dans l'Ouest, elles ont en général un seul niveau, plus rarement un étage, exceptionnellement deux; au-delà, ce sont des palais. Au Tibet oriental, les structures basses réapparaissent vers le Nord, à proximité de la Chine. Est-il besoin de préciser que le Nord désolé, le Changthang, ne compte pas d'habitations fixes, ou bien peu et de date récente : on n'y voit guère, en dehors des stations nécessaires au bord de la route, que les tentes noires des nomades, et encore ne sont-elles pas très nombreuses.

Les modes de vie ne peuvent, dans ces conditions, qu'être différents, bien que cela ne soit pas immédiatement perceptible, car les observations ont surtout porté sur les provinces centrales, plus homogènes, et que les coutumes des marches sont encore souvent relativement mal connues. La vie des nomades, les Drokpa, les « gens de l'herbe », ne peut de toute évidence ressembler à celle des agriculteurs sédentaires : elles ont cependant un caractère commun : la précarité.

Il ne faut pas croire pourtant que les difficultés du quotidien entraînent forcément la misère, qui risque plutôt de venir, en dehors de toute injustice de répartition, des ruptures d'un équilibre fragile. Le Tibet n'est pas improductif, mais il ne peut donner beaucoup plus que ce qu'on lui a demandé jusqu'à présent, et pas n'importe quoi ni n'importe comment. Toutes les cultures ne peuvent être pratiquées et les rendements ne peuvent être multipliés en proportion géométrique : le climat et la fragilité de la couche d'humus, notamment, s'y opposent, les tentatives peuvent être mortelles et l'ont parfois été dans un passé récent. Dans le maintien de l'équilibre, la part de l'élevage, raisonnable et raisonné, est importante. Cet élevage n'est pas aux mains des seuls nomades; chèvres et moutons, yaks et vaches croisés (les *dzo*) assurent les bases de la subsistance de l'ensemble des Tibétains. La laine et les peaux servent à la fabrication de vêtements, le crin au tressage des cordes et au tissage des bâches de tentes. La viande, le lait et ses sous-produits font partie de l'alimentation quotidienne. Ce bétail si nécessaire servait aussi au transport, que les yaks assuraient en grande partie. Mais les moutons même étaient souvent chargés de sel, récolté dans le Nord et qui arrondissait le bénéfice des pasteurs, lors de transhumances vers le Sud. Les Tibétains avaient la passion des chevaux, et ceux-ci sont, aujourd'hui, l'indice de revenus bien établis, même si l'introduction, tardive, de la roue, et les camions qui sillonnent désormais les routes ont quelque peu modifié ces traditions.

Certaines vallées montrent des cultures prospères, mais l'ensemble des ressources agricoles demeure modeste. La base de l'alimentation est encore la farine d'orge grillée, mêlée au thé battu avec du beurre et du sel, qui est un breuvage extrêmement revigorant et dont l'habitude vient aisément, contrairement à ce que disaient la plupart des voyageurs d'autrefois. Les Tibétains n'étaient pas, comme l'auraient voulu le bouddhisme, de stricts végétariens, mais, en dépit de quelques repas de fêtes et de quelques habitudes culinaires chinoises prises dans l'aristocratie, l'alimentation reste relativement peu variée et la cuisine tibétaine ne mérite peut-être pas d'hyperboles. L'important est qu'elle soit et personne n'aurait le mauvais goût d'en demander davantage.

La gourmandise ne paraît pas être une tentation tibétaine, même si les excès de boisson le sont parfois, mais la coquetterie est quotidienne. On dirait que les Tibétains ont décidé de répondre par l'éclat de leur parure aux difficultés de leur existence. Les hommes, en particulier certains nomades et les fiers guerriers du Kham, l'ancienne province orientale, ne cachent pas leur souci d'élégance. Les femmes, d'un bout à l'autre du pays, quelles que soient les altérations déjà profondes apportées ces dernières années aux traditions vestimentaires et en dépit d'une pauvreté parfois criante, sont réellement étourdissantes. La discrétion dont elles font preuve par ailleurs est balayée par les coloris éclatants de leurs robes : lourdes robes des nomades, en peau, ornées de larges bandes de couleurs vives; robes des femmes des vallées, en lainage et parfois en soie, droites et d'une élégante simplicité, en général sans manches et portées sur une blouse de couleur tranchée, avec un tablier aux fines rayures multicolores; chasuble noire des femmes du Kongpo, fortement épaulée et lisérée de vert ou d'argent... Marco Polo notait déjà le goût des Tibétains pour les bijoux. On imagine aisément que les plus beaux joyaux, et les plus encombrants, n'étaient portés qu'aux jours de fête, mais c'est merveille de voir, aujourd'hui encore, que les femmes, même au plus fort des travaux, portent invariablement des boucles d'oreilles, un bracelet, un pendentif, voire d'autres ornements, souvent modestes d'ailleurs, mais hauts en couleur et généralement harmonieux. Mais ce sont surtout les coiffures qui marquent la diversité et la singularité du costume des Tibétaines. Certes, on ne les voit plus guère qu'aux jours de fête, et encore bien des femmes se contentent aujourd'hui de porter, au lieu des coiffes traditionnelles, leurs cheveux en nattes pendant dans le dos et parfois tressées de fils de couleurs, ou bien relevées en couronne autour de la tête et alors agrémentées de liens de couleurs vives ou de quelque bijou. Les nomades portent encore souvent leur singulière coiffure, en multiples petites tresses, des pendants de grosses boules de corail et de plaques d'argent encadrant leur visage. D'autres portent comme une traîne incommode et somptueuse une large bande ornée de cabochons hémisphériques en argent, gros comme des bols à riz, qui tombe de leur nuque à leurs chevilles. On voyait parfois au Tibet occidental une curieuse coiffure composée d'une frange de perles tombant jusqu'aux sourcils et de deux ailes fixées derrière les oreilles. La coiffe de Shigatse, un grand arceau orné de coraux et de fils de couleurs, est mieux connue. Il en est de même du tambourin aux oreillettes pointues qui coiffe les dames du Kongpo, ou du somptueux *perak*, plaqué de grosses turquoises, de celles du Ladakh. On dirait que chaque province, chaque vallée, presque chaque village, voulait se distinguer par sa coiffe, et il est vrai qu'un regard un peu exercé peut identifier une femme par son costume, sa parure et sa coiffure, aussi sûrement qu'on le faisait jadis des innombrables coiffes bretonnes.

Aujourd'hui, au Tibet comme ailleurs, jeans et baskets s'imposent, lentement mais sûrement, offrant aux Tibétaines un anonymat qu'elles avaient évité jusqu'à présent et dont elles se défendent de moins en moins vigoureusement. Sans doute gardent-elles leur énergie pour d'autres combats.

Le terme de diversité s'applique aussi, dans cette vaste région, au domaine de la religion, car la « libération pacifique » des années cinquante a mis, en principe, un terme à toute différenciation sociale. Mais c'est une diversité sans doute moins visible, et que les observateurs, aujourd'hui comme hier, ont plus de peine à constater.

Il faut savoir d'abord qu'au Tibet, contrairement à l'opinion courante, tout le monde n'est pas bouddhiste. Il existe deux petites communautés musulmanes, sans doute peu nombreuses, mais solidement implantées : la communauté des commerçants d'origine cachemirienne, dont les liens avec le Ladakh sont étroits, et celle des musulmans Hui, implantée plus récemment et originaire de Chine du Nord-Ouest. S'il est un peu surprenant d'apercevoir le croissant qui surmonte la mosquée, non loin du grand *stûpa* de Labrang au Tibet oriental, à proximité des régions fortement islamisées du Gansu et du Ningxia, un peu troublant d'entendre l'appel du muezzin, diffusé par la radio dans une maison musulmane, se mêler à celui des grandes trompes du monastère voisin, il est encore plus étonnant de voir pointer le minaret d'une mosquée à quelques centaines de mètres du Jokhang, la « cathédrale » de Lhasa. Telle est la mesure de la tolérance bouddhiste. Mais ces musulmans ne sont pas tibétains et, il faut le répéter, tous les Tibétains ne sont pas bouddhistes. La communauté bönpo est en effet importante, quoique minoritaire. Ses origines sont encore discutées. La première opinion occidentale, qui faisait du bön, la religion des bönpo, l'héritière des lointaines traditions religieuses prébouddhiques du Tibet, n'a plus guère cours aujourd'hui. Pour compliquer les choses, les bönpo se sont appliqués à se donner une apparence assez proche, du moins au premier regard, de celle des bouddhistes. Leurs monastères et leurs temples ne sont pas faciles à distinguer, l'iconographie de leurs divinités ressemble parfois étrangement à celle du panthéon bouddhique, y compris pour les représentations de la vie du « prophète » Shenrab Miwo, qui furent jadis parfois confondues avec celles de la vie du Bouddha. Les bönpo ont un canon, tout comme les bouddhistes. La robe bleue de leurs prêtres, le svastika qu'ils utilisent inversé par rapport à celui des bouddhistes ne les signalent que discrètement. L'originalité et la vigueur de leurs traditions en font l'une des communautés les plus intéressantes du Tibet. Opposés parfois aux tenants du bouddhisme orthodoxe, ils n'en ont pas moins des liens réels avec certaines écoles du bouddhisme tibétain, en particulier avec celle des « Anciens », les Nyingmapa, peut-être parce qu'ils ont comme ces derniers conservé davantage de traditions remontant au Tibet ancien.

La diversité des écoles du bouddhisme tibétain doit certainement à la diversité de ses sources : l'Inde, l'Asie centrale, la Chine, le Népal; à la durée de sa période d'implantation, des environs du VIIe siècle au XIe siècle; à la vigueur des courants religieux qui l'ont côtoyé au cours de son histoire et parfois influencé, à sa propre et étonnante vitalité, qui est sans doute d'abord celle des Tibétains. Ecole Nyingmapa, se réclamant de la Première Diffusion du bouddhisme au Tibet, à l'époque de la monarchie, écoles Sakyapa et Kadampa et multiples écoles Kagyupa (Karmapa, Drigunpa, Phagmodrupa...) formées autour de grands maîtres des XIe et XIIe siècles, école Gelukpa enfin, la dernière-née, fondée au XIVe siècle par Tsongkhapa et qui se réclame de la réforme prêchée par le maître indien Atîsha au XIe siècle, toutes aujourd'hui reconnaissent l'autorité spirituelle du dalaï-lama, premier pontife de l'école Gelukpa et qui fut aussi, du XVIIIe siècle à nos jours, le chef politique du Tibet.

Dans le passé, les rivalités politiques entre ces écoles furent vives, parfois violentes. Elles ont exercé à tour de rôle le pouvoir sur tout ou partie du Tibet. Les seigneurs laïcs, qui furent d'abord leurs protecteurs et leur soutien, furent petit à petit relégués au rôle d'administrateurs, bientôt à part égale avec des administrateurs ecclésiastiques, raisons pour lesquelles, et plus encore après la venue au pouvoir des Gelukpa et du dalaï-lama, au début du XVIIe siècle, on a pu parler de théocratie au Tibet. D'un point de vue religieux, les différences entre les écoles sont moins considérables qu'on ne l'a parfois dit, en les confondant avec les divergences politiques. Elles n'en sont pas moins réelles. Si la base dogmatique est identique, les traditions de pratique et de discipline ont une certaine diversité et s'appuient sur une interprétation différente de textes appelés *Tantra*.

L'emprise du bouddhisme sur la vie du Tibet était donc, et est encore, considérable : son paysage même en est marqué par la présence d'innombrables temples et monastères, ainsi que par celle de monuments religieux dont le plus multiplié était le stûpa. Si la voie royale de la religion passait par les monastères, où vivait une fraction importante de la population, et essentiellement masculine, l'emprise n'en était pas moins forte sur la population laïque. Il n'est pour en juger que de considérer le nombre important des pèlerins qui, aujourd'hui encore, traversent tout le pays vers tel ou tel lieu saint.

La tradition veut que les démons du Tibet aient été soumis au VIIIe siècle par Padmasambhava, le principal artisan de la conversion du pays au bouddhisme, lors de ce que l'on a appelé sa Première Diffusion. Ces démons ont alors pris une place, réelle mais néanmoins secondaire, dans le panthéon du bouddhisme tibétain. Certaines traditions indigènes, antérieures à la conversion du pays, demeurent dans ses structures religieuses actuelles, mais elles sont souvent difficiles à distinguer des multiples influences qui ont marqué le bouddhisme tibétain. Sans doute sont-elles plus aisément perceptibles dans la pratique populaire, attachée au culte de ses dieux-montagnes et de ses divinités locales, à la conjuration de ses démons (car pour être soumis, ils ont mauvais caractère) et de ses sorts contraires.

Sur la voie majeure, la voie monastique, les femmes n'ont guère de place : les couvents de nonnes étaient infiniment moins nombreux et moins importants que les monastères d'hommes, et le statut des nonnes, au plan matériel comme au plan spirituel, n'égala jamais celui des moines, même des plus humbles d'entre eux. Largement exclues de la communauté monastique, qui est l'un des trois piliers du bouddhisme : le Bouddha, son enseignement (le Dharma) et la communauté monastique, les femmes montraient cependant une grande dévotion et leurs générosités en faisaient les soutiens constants de la vie religieuse du pays.

Le protecteur du Tibet est le *bodhisattva* Avalokiteshvara (Chenrezi en tibétain), et sa représentation est masculine, alors qu'il a pris en Chine l'aspect féminin de la compatissante Guanyin. Mais la protectrice de Lhasa est la déesse Lhamo, dont l'aspect terrifiant n'a pourtant rien de très féminin et peut nous rappeler que, selon la tradition, la première femme, l'Eve tibétaine, fut une démone et que, bien longtemps après, au VIIe siècle, la terre tibétaine était encore une démone dont le roi Songtsen Gampo (mort en 650) sut calmer l'agitation hostile au bouddhisme en fixant ses membres par des temples édifiés aux quatre orients du pays. De ces temps lointains à l'année 1950, où l'entrée des troupes chinoises mit fin à l'existence du Tibet traditionnel, les femmes n'ont jamais cessé, d'une manière ou d'une autre, d'être les protectrices du pays, elles ont été présentes à tous les instants de sa construction et seront peut-être un jour les artisans de sa renaissance.

1

Démone, reine ou femme facile : trois points de vue sur les femmes du Tibet

Eve tibétaine

La tradition veut que les ancêtres des Tibétains soient nés de l'union d'un singe et d'une démone d'une condition assez vile pour avoir dû se contenter, en fait de résidence, du triste séjour des rocailles. Cet important événement eut lieu, dit-on, sur la montagne qui domine le bourg actuel de Tsethang, sur la rive méridionale du Tsangpo, au débouché de la vallée de Yarlung, où se développa plus tard la monarchie tibétaine. On montre encore la grotte qui abrita cette union. Et sur la place principale du bourg, d'aimables singes ornent un monument tout neuf qui ne déparerait pas les abords de la gare, dans l'un de nos chefs-lieux de canton. Si la démone est là, elle se cache bien, et cette absence est injuste car, sans son obstination, le monde devrait aujourd'hui se priver des Tibétains, ce qui serait fort dommage.

Ses enfants, en quelques générations, se redressèrent, perdirent leur queue simiesque, apprirent à construire leurs maisons et à cultiver les champs, bref, devinrent des êtres humains. Il est vrai que le singe était une émanation du bodhisattva Chenrezi, considéré comme le protecteur du pays, et la démone comme celle de la déesse Dölma (Târâ). Les Tibétains, darwiniens avant la lettre, ne s'indignent donc nullement de descendre d'un singe, croyance qu'ils partagent, du reste, en dehors de toute connotation bouddhique, avec d'autres peuples d'Asie, comme les anciens Qiang des confins de la Chine du Nord-Ouest. Mais ils dressent de la démone un portrait peu flatteur, que sa nature divine, alors bien cachée, laisse difficilement oublier. Ainsi contait-on l'épisode au XIVe siècle, dans un ouvrage historique très considéré, le *Clair miroir des généalogies royales* : le bodhisattva venait de prendre l'apparence d'un singe, et ce singe s'en alla méditer dans le Tibet encore désert, ou à peu près, car aussitôt arriva la démone : *« Comme elle montrait tous les symptômes du désir amoureux, gêné, il s'en alla un peu plus loin. La démone prit alors l'apparence d'une femme. »* Cette démone lubrique, si décidée à troubler la méditation du saint homme de singe, devait quand même être douée de prescience, puisque les humains n'existaient pas encore, mais on aura compris que l'affaire est avant tout symbolique aux yeux des Tibétains et que quelques incohérences n'enlèvent rien au fait que la démone suggère la femme, et que le principe femelle est un obstacle à la plus haute voie religieuse. S'il en était autrement, ce serait le singe qui aurait soumis la démone à la tentation et il se serait agi alors d'une histoire banalement scandaleuse. *« Elle lui dit : Unissons-nous. Le singe répliqua : Je suis le disciple du sublime Chenrezi. Si je m'unis à toi, j'interromprai ma méditation. »* Le pauvre singe s'écarta alors, mais elle poursuivit, multipliant les manifestations de désir. *« Puis elle lui dit : Grand roi des singes, écoute-moi, je t'en prie. Je dois à mes actes antérieurs d'être née sous la forme d'une démone. Mon désir charnel croît, j'ai un ardent désir de toi... Si tu ne t'unis pas à moi, alors je m'unirai à un démon et chaque jour chacun de nous tuera des myriades d'êtres vivants, et chaque nuit nous dévorerons des milliers d'êtres vivants, et les enfants du démon seront innombrables. Le Pays des Neiges deviendra le domaine des démons.* » Le singe, émanation du bodhisattva, pensa : « *Si je m'unis à elle, je romprai mes vœux. Si je ne le fais pas, il en résultera de très grands malheurs!* » Il se rendit alors au Potala (il ne s'agit pas ici du célèbre palais de Lhasa, mais de la résidence céleste de Chenrezi, d'où le palais tient son nom) : « *Hélas, compatissant Maître des êtres vivants, j'ai observé ma vie durant les vœux de disciple laïc. Or la démone* dü [une catégorie de démons] *veut s'unir à moi, elle se répand en supplications amoureuses, elle tourne autour de moi et m'empêche de méditer.* » Mais Chenrezi, sans pitié pour ce singe si vertueux, qui était une émanation de son propre esprit, donna une fin bien surprenante à cette version tibétaine de l'affaire de la pomme. Avec l'approbation de la déesse Dölma, dont la démone était l'émanation, il ordonna au singe de s'unir à la tentatrice, et le vertueux récalcitrant n'eut plus qu'à s'exécuter. Le lecteur occidental non averti ne manquera pas de ricaner de cette union par émanations interposées. C'est oublier que les bodhisattva, par compassion pour les êtres vivants et leur sort misérable, ont renoncé provisoirement à atteindre l'état de bouddha, d'où aucun retour n'est possible dans notre monde d'illusions et de souffrances, et qu'ils se réservent précisément la possibilité d'intervenir dans les affaires humaines, sous des dehors parfois très surprenants mais dont personne au Tibet ne songerait à sourire.

Quoi d'étonnant dans ces conditions que la nature des descendants du singe et de la démone s'en soit ressentie, à ce que les Tibétains tiennent leur force, leur courage physique et leur goût des combats de leur mère démoniaque, et de leur père leur profonde compassion et leurs qualités spirituelles ? Pour être relativement tardive, cette légende, qui paraît bien établie dans les textes à partir du XIIe siècle, est très révélatrice des concepts tibétains de la féminitude, concepts largement inspirés du bouddhisme orthodoxe, il est vrai. Perturbatrice, parfois violente, irréfléchie, la femme est une menace pour la sérénité du méditant, un risque pour tous les hommes (dont on sait bien que leur nature profonde les pousse essentiellement à la méditation). Ce n'est pas là un portrait bien original et on le trouve, en d'autres termes, dans la plupart des littératures du monde. Mais, par-delà la convention la plus plate, cette légende est aussi révélatrice de la mesure tibétaine : la femme tient de la démone, certes, et porte le germe de toutes les faiblesses et de tous les défauts, mais elle n'en est pas moins l'objet d'une estime certaine, et on la consulte pour le quotidien comme pour l'exceptionnel, ainsi que le fit le saint bodhisattva avec la déesse Dölma.

Cependant, cette démone, ou plutôt l'une de ses sœurs, car les démons de toutes sortes, mâles et femelles, étaient légion au Tibet ancien, au point qu'il fallut toute l'énergie du bouddhisme conquérant pour les soumettre, cette démone eut un autre rôle pour la tradition. Au temps où le bouddhisme faisait ses premiers pas au Tibet, deux des épouses du roi Songtsen Gampo, l'une népalaise, l'autre chinoise, mais bouddhistes toutes deux, s'affrontèrent à propos de la construction d'un temple à Lhasa. La Népalaise, étant l'aînée, estimait avoir priorité, le roi évitait manifestement de prendre parti et la Chinoise attendait son heure en relisant ses livres de géomancie. C'est que les vieux démons du Tibet, mais surtout une démone, ne semblaient pas disposés à laisser construire un temple et s'empressaient de détruire tout ce qui venait d'être bâti. On avait simplement oublié, et la pauvre reine népalaise ne pouvait que l'ignorer, que la terre tibétaine était une démone couchée sur le dos. Les fondations d'un temple étaient pour elle une démangeaison insupportable dont elle se débarrassait en se secouant vigoureusement, ce qui avait pour effet de jeter à bas tout ce qui venait d'être édifié. Sur les conseils avisés de la reine chinoise, le roi réussit à soumettre la démone : il construisit des séries successives de temples sur ses membres et ses points vitaux. Littéralement clouée au sol, elle ne parvint plus à s'agiter comme elle le faisait auparavant, et le bouddhisme put en toute quiétude se développer dans le pays.

Bien souvent, dans l'histoire du monde, les femmes ont été présentées comme les meilleures alliées des religions nouvelles. Il ne semble pas que cela ait été toujours le cas des Tibétaines et du bouddhisme. Certes, les deux reines, du moins pour la tradition, jouèrent un rôle déterminant dans sa première fondation. Mais l'une était népalaise et l'autre chinoise. Les épouses tibétaines du roi ne sont créditées que de fondations mineures. Quant à l'hostilité manifeste et logique de la démone, on en retrouve l'exemple bien plus tard, au XIe siècle, quand l'apôtre indien Atîsha vint au Tibet prêcher le renouveau du bouddhisme. Il fut fort mal reçu par la princesse de Samye, qui le fit lapider et injurier par les enfants du village. C'était pourtant là le site du premier monastère construit au Tibet et, même quelque trois siècles après, on aurait pu y montrer plus de respect à l'égard d'un saint homme. Les Tibétaines ne semblent pas avoir été toujours favorables au bouddhisme, et on ne saurait leur donner entièrement tort, en dépit de notre large ignorance du statut qu'elles avaient avant son introduction, car il n'a pas été très généreux à leur égard. Cependant, déduire de si minces incidents que les Tibétaines, à commencer par la démone, étaient volontiers anticléricales serait une lourde et grossière erreur. Elles ont été dans leur ensemble et sont encore les fidèles soutiens du bouddhisme. Quelques-unes ne le furent pas, voilà tout, cela ne vaut ni qu'on l'ignore ni qu'on en fasse une règle, mais tout simplement peut-être qu'on rappelle une fois encore à ce propos la mesure tibétaine.

En tout cas, le regard que les Tibétains ont posé sur leurs compagnes n'autorise pas le doute. Comme il en est presque toujours, l'opinion que les hommes ont de leurs femmes nous en apprend davantage sur eux que sur elles. Quel dommage vraiment que les Tibétaines, comme la plupart des femmes, aient si peu écrit : ces bêtes de sang écrivent avec leur chair, elles font leurs adversaires et non point leur défense. Peut-être leur relatif silence était-il destiné à ne pas priver leurs compagnons du plus cher, du plus classique et du plus trompeur de leurs rêves : le mystère féminin, encore souligné pour nous par le mystère tibétain...

Cela nous oblige à chercher au-delà des propos de ces messieurs ce que l'on a pu dire de ces femmes si discrètes, et l'on pensera peut-être que c'est une bien grande moisson pour bien peu de grain. Le fait est que les Tibétaines ont intrigué beaucoup de monde et fait parler ou écrire beaucoup d'hommes – en premier lieu, leurs voisins chinois.

La Chine et l'impossible pouvoir des reines barbares

Les Chinois s'intéressèrent très tôt au Tibet, du moins aux régions qui devinrent le Tibet. Ils le firent d'abord assez distraitement, comme ils s'intéressaient, avec quelque dédain, à tous les pays proches ou frontaliers : un propriétaire avisé surveille ses voisins, derrière le mur mitoyen. Mais il faut reconnaître que les âpres montagnes tibétaines avaient tout pour décourager un peuple familier des plaines, agriculteur dans l'âme et sensible à une certaine douceur de vivre qu'il a du reste plus rêvée que vécue.

Aux yeux des Chinois, les Tibétains, comme tous les peuples de leurs marches, étaient des Barbares, en vertu d'un principe très simple, aussi vieux que la Chine elle-même, et que n'aurait pas désavoué M. de La Palice : tout ce qui n'est pas ethniquement chinois est barbare. Mais ces Barbares tibétains offraient à l'indignation chinoise un motif de scandale particulier : leurs femmes, ou du moins ce qu'ils estimaient être la liberté excessive de ces dernières et le rôle abusif qu'elles jouaient dans le quotidien. En fait, ces traits furent attribués généreusement à l'ensemble des pays barbares qui entouraient et menaçaient souvent la Chine, de la Corée à la péninsule indochinoise, en passant par le Tibet. Que des notations plus précises aient concerné le Tibet n'implique nullement l'entière véracité des dires chinois. L'extrême confusion des propos rapportés, depuis la fin de la dynastie Han (206 av. J.-C.-220 ap. J.-C.), leur surenchère manifeste à l'époque Tang (618-907), prouvent tout simplement qu'avec le temps les Chinois étaient venus plus souvent au contact des Tibétains, que ces rencontres tournèrent parfois à leur déconfiture et qu'ils n'en concevaient, à juste titre, aucune satisfaction. Cela ne signifie pas pour autant qu'ils étaient mieux informés des Tibétaines. En fait, là n'était pas leur souci. Il s'agissait de bien montrer à quel point ces gens étaient abominables, y compris et surtout quand ils étaient victorieux. Il fallait que la barbarie des Tibétains fût mieux stigmatisée que par la connaissance de leur pugnacité, vertu discutable sans doute, mais néanmoins attribuée à tous les Barbares, et rien ne pouvait insulter plus gravement les principes fondamentaux de la Chine et la morale confucéenne qu'un fort parfum de matriarcat.

Les documents tibétains anciens dont on dispose n'ont pas conservé la moindre trace convaincante d'un véritable matriarcat, en dépit des démonstrations un peu aventurées de certains analystes occidentaux, et il est peu vraisemblable qu'il ait existé au Tibet à l'époque où les chroniqueurs chinois s'enflammaient d'une belle indignation à ce sujet. Mais il n'est pas impossible que leurs confusions, leurs contradictions, leurs répétitions et leurs exagérations recouvrent quelques réalités dans les régions de marge de l'Est tibétain. Quant au reste, ces propos, comme les sources tibétaines d'ailleurs, montrent tout simplement que, dès les premiers siècles de notre ère, les Tibétaines jouissaient d'une liberté exceptionnelle dans le monde asiatique. Et ce n'est peut-être pas un hasard si des mentions comparables, quoique encore moins précises mais peut-être plus anciennes, se trouvent dans la tradition indienne.

Les chroniqueurs chinois ont décrit deux Pays des Femmes, aux portes du Tibet, et les ont du reste souvent confondus. Ils les ont situés, avec de multiples variantes, l'un à l'ouest, l'autre à l'est du Tibet, mais ils n'ont jamais associé formellement Tibet et Pays des Femmes, sans doute parce que le Tibet politique et unifié n'existait pas à l'époque des premières observations qu'ils firent ou des premières rumeurs qu'ils rapportèrent. Il ne s'agissait d'abord que de dépeindre, par des stéréotypes propres à enflammer l'imagination plutôt que par des faits réels, l'extrême barbarie des pays non chinois. A l'époque des Tang, quand un état de guerre quasi permanent régna entre la Chine et le Tibet, unifié et devenu un empire conquérant, leurs descriptions devinrent logiquement plus précises : l'un des deux Pays des Femmes n'était-il pas au voisinage du Sichuan, province occidentale de la Chine, l'un des premiers territoires que pouvaient se disputer les deux empires? Cependant, l'on ne peut s'empêcher de penser que l'indignation dont faisait preuve alors ces confucéens très conformistes à propos des abusives dames barbares cachait surtout, fort diplomatiquement, leur vive réprobation à l'égard du règne, en Chine même, d'une tumultueuse usurpatrice, l'impératrice Wu Zetian (684-704). Et si, bien après les Tang, les lettrés chinois ont continué à disputer de cette question si délicieusement scandaleuse du Royaume des Femmes, et s'ils n'ont pas réussi à atteindre à la certitude, pas plus que les Occidentaux qui ont pris leur suite, c'est du moins une preuve évidente du plaisir qu'ils y ont pris.

De ces deux Pays des Femmes, celui de l'ouest paraît correspondre au Pays de la Race d'or, Suvarnagotra, ou au Pays des Femmes, Strîvajya, de la tradition indienne. Mention en est faite, par exemple, dans la célèbre épopée du *Mahâbhârata*, rédigée à partir du IVe siècle avant notre ère, ou encore dans certains *Purâna*, qui font partie des livres sacrés de l'hindouisme et sont peut-être un peu antérieurs au *Mahâbhârata*. Plus tard, Al-Biruni (973-1048) luimême utilisa ces sources pour sa description de l'Inde et contribua ainsi à la diffusion de la tradition du Pays des Femmes. Ce pays où l'or était en abondance et où régnaient les femmes était situé assez vaguement au nord-ouest de l'Inde. Bien entendu, on a rapproché cette mystérieuse contrée du pays des Dardes décrit par Hérodote d'après des informations recueillies en Perse, et où l'or, disait-il, était mis au jour par des fourmis.

Les légendes courent vite au long des voies commerciales et sur le chemin des pèlerinages. Il est très possible que les chroniqueurs chinois en aient eu connaissance par les marchands qui suivaient la Route de la Soie, mais ce sont surtout les pèlerins bouddhistes qui, en grand nombre, se rendirent dans les lieux saints de l'Inde et dont plusieurs rédigèrent un récit détaillé de leur voyage, qui les diffusèrent en Chine. Des textes chinois du VIIe et du VIIIe siècle situent le Pays ou le Royaume des Femmes à l'ouest de montagnes dans lesquelles certains analystes pensent reconnaître l'actuelle région de Gilgit. C'était, disait-on, un pays carré de cent li de côté (50 kilomètres), ce qui n'est pas bien grand, même si l'on tient compte du fait que la valeur du li dans les chroniques anciennes est des plus fluctuante. D'autres textes plaçaient le Pays occidental des Femmes non loin des monts Kunlun, résidence de la divine Xiwangmu, la Reine Mère de l'Ouest selon le taoïsme; d'autres encore, plus tardifs, disaient qu'il se trouvait à 2 700 ou 3 000 li au sud de Khotan, c'est-à-dire vers le Cachemire ou le Tibet occidental actuels.

Le célèbre pèlerin Xuanzang, au VIIe siècle, donna des indications beaucoup plus précises : ce Royaume des Femmes était borné à l'est par le Royaume des Tibétains, au nord par celui de Khotan. Une note d'édition précisait qu'il s'agissait du pays appelé par les Chinois le grand Yangtong (car il en existait aussi un petit), pays bien connu des chroniques, que l'on situe en général, avec un peu de surprise, dans les solitudes désolées du Nord-Ouest tibétain. Il est difficile en effet d'imaginer aujourd'hui que cette région ait pu être habitée par une population relativement importante, même par les dames bien étranges que la tradition chinoise y plaçait. Pourtant, le roi tibétain Düsong (674-703) se rendit au Yangtong pour y lever des troupes, ce qui implique quand même quelques habitants, et point seulement des dames. Des chroniques chinoises ont laissé la description de ce pays, entre Tibet et Khotan, sans faire mention particulière de ses femmes et du reste sans le reconnaître pour Pays des Femmes; il s'agissait alors de rapports précis et importants, de rapports de temps de guerre, non de légendes et autres balivernes destinées à distraire un préfet inoccupé. Au chiffre de population près, qui paraît aujourd'hui excessif, la description correspond fort bien au Nord-Ouest tibétain, le Changthang, à l'époque classique : *« D'est en ouest, il a plus de 2 000 li* [1 000 kilomètres]. *On y trouve quatre-vingt mille à quatre-vingt-dix mille soldats entraînés. Les gens nattent leurs cheveux, portent des robes de feutre et vivent de l'élevage. Il y a beaucoup de vent et de neige, et la glace a plus de dix pieds d'épaisseur. Les produits ressemblent à ceux des Tufan* [Tibétains]. *Ces gens n'ont pas d'écriture et se contentent de faire des encoches dans des bâtons ou des nœuds à des cordes. »* Les *Annales* des Tang attribuaient des traits semblables aux Tibétains. Toutefois, les coutumes funéraires du grand Yangtong étaient des plus singulières : *« Quand un chef meurt, on lui fend le crâne et on en sort le cerveau, puis l'espace est rempli de perles et de jade. Les cinq viscères sont ôtés en ouvrant l'abdomen et remplacés par de l'or. On place un faux nez d'or et de fausses dents d'argent. Ses hommes suivent le chef dans la mort... »* Mais il n'était pas là question de femmes. Les descriptions du Pays occidental des Femmes appartiennent à un autre genre de littérature. Pour être fantaisistes, elles ne montrent pas moins une volonté manifeste d'illustrer le sujet de précisions du plus frappant, et du plus forcé, des réalismes. Qu'on en juge un peu : dans ce pays coulait une rivière, et les femmes qui s'y baignaient en ressortaient enceintes, sans qu'il fût besoin de la moindre intervention masculine. Cette rivière était une *rivière faible*, parce qu'elle ne pouvait pas même porter un cygne. C'est là un mythe chinois qu'on retrouve appliqué à bien d'autres contrées tout aussi nimbées de légende que le Pays des Femmes. Le pèlerin Xuanzang, quant à lui, précisait que, de génération en génération, une femme régnait sur ce pays. Son époux était appelé roi, mais il ne partageait pas le pouvoir, et les hommes étaient cantonnés, selon les circonstances, au rôle de soldats ou à celui d'agriculteurs.

Que faut-il retenir de tout cela? Pays de l'or, pays des femmes, le lien est plaisant, mais ne suffit pas à éclairer notre lanterne. L'or du Tibet, pour réels que soient les pépites et les sables aurifères que roulent beaucoup de ses rivières, a inspiré bien des exagérations. La liberté relative des dames tibétaines en a suscité bien d'autres. Il paraît difficile de suivre ceux qui placent ce Pays occidental des Femmes, s'il exista jamais, à l'extrémité de la fabuleuse trajectoire d'Alexandre, et ont fait de ses habitantes les Amazones qui arrêtèrent le Conquérant... Mais le Tibet n'est-il pas le refuge et le conservatoire de tous les rêves et de toutes les invraisemblances? N'est-il pas le désert où le Christ se retira, l'évêché nestorien « égaré » au VIIe siècle? Pourquoi pas le pays des Amazones? On ne prête qu'aux riches.

Pour compliquer les choses, les chroniques chinoises

décrivent un autre Pays des Femmes, à l'est du Tibet celui-là, dont l'or et la prééminence des femmes sont également les caractéristiques. Les confusions entre les deux Pays des Femmes sont fréquentes et manifestes. Pour être un peu précisée, la localisation du Pays oriental des Femmes n'en reste pas moins incertaine. Les références qui y sont faites sont cependant plus nombreuses et l'on peut y faire la part de ce qui relève d'un vieux légendaire chinois, appliqué à la plupart des régions barbares, et de ce qui fut peut-être inspiré par le constat de faits bien réels.

Au rayon des légendes, figure une île, située plus ou moins vaguement au nord-ouest de la Chine, île où vivaient deux femmes. Comme leurs sœurs de l'autre Pays des Femmes, au nord de l'Inde, lorsqu'elles se baignaient, elles ressortaient enceintes de l'eau. Ce que ces deux femmes faisaient de leurs enfants n'est pas indiqué. La logique n'est pas le souci premier des auteurs de ces récits, pas plus que l'originalité, d'ailleurs, car ils semblent s'être allégrement pillés. Leur imagination fertile ne s'arrêtait du reste pas aux dames. A l'ouest de cette île, nous apprennent-ils avec le même sérieux, il y avait un Royaume des Hommes où le système de reproduction n'était pas moins étonnant : il n'y avait pas de femmes et ces messieurs se multipliaient par une sorte de parthénogénèse...

Ailleurs, il est question, dans le même et indécis nord-ouest de la Chine, d'un royaume que gouvernaient les femmes : elles prenaient des serpents pour époux, c'est assez dire leur perversité. Transcrivant ce passage, un commentateur du VIIIe siècle, chinois lui aussi mais moins poète, protestait : *« Ce qui est dit dans les livres, c'est que le Royaume des Femmes, qui est à l'ouest de Canyai* [nom ancien d'un col et d'un district, au nord-ouest du Sichuan actuel] *et au sud du*

Royaume des Chiens, est une certaine tribu des Qiang barbares. Elle est gouvernée par une femme, mais il n'y a aucune raison pour que des serpents y soient pris pour époux. » Et ce contestataire, historien plus scrupuleux, de préciser qu'il y avait dans cette région, au Ier siècle de notre ère, un royaume dont le roi mourut et où la reine exerça la régence jusqu'à ce que ses fils et ses petits-fils aient été en état de reprendre le pouvoir, chose effectivement banale et qu'on vit au Tibet central à l'époque où le texte fut écrit. La mention d'un Royaume des Chiens n'est pas davantage une licence poétique. On signalait vers le IVe-Ve siècle, au sud du lac Kukunor, dans la région de la première boucle du fleuve Jaune, une population Qiang qui portait le surnom de Chiens blancs. Ces Qiang ne sont pas les uniques ancêtres des Tibétains, comme le voudrait la tradition chinoise. Mais des populations Qiang se sont fixées de longue date dans l'aire tibétaine, et quelques-unes y ont encore des descendants.

Il est également question d'un roi tuyuhun (population turco-mongole) du Ve siècle qui, lors d'une révolte, fut chassé de ses domaines de la région du lac Kukunor. Avec ses partisans, il se réfugia à Khotan, qui était à une belle distance, et fit même une incursion au Cachemire. Quand il put regagner son territoire, il envoya à l'empereur de Chine des vases à vin en or, qui provenaient du Pays des Femmes. Mais il n'est pas dit s'il s'agissait du Pays occidental des Femmes, qu'il avait pu visiter lors de son exil, ou du Pays oriental, proche de son propre pays. Avec des variantes, les chroniques situent en effet le Pays oriental des Femmes à l'est ou au sud-est des sources du fleuve Jaune, sur le haut cours du fleuve Bleu, qui porte en chinois le nom révélateur de rivière des Sables d'or (Jinzhajiang).

Ces vases d'or tenaient peut-être un peu de l'imagination des chroniqueurs. Cependant, les *Annales* des Tang rapportent que le souverain tibétain Songtsen Gampo, lorsqu'il eut obtenu, non sans difficulté, la main d'une princesse chinoise, envoya à l'empereur Taizong un vase à vin en or, haut de sept pieds et qui avait été fondu en forme d'oie. Il n'est pas dit que ce vase provenait d'un quelconque Royaume des Femmes, mais, qu'il s'agisse du roi des Tuyuhun et plus tard du souverain des Tibétains, on ne peut s'empêcher de penser aux étonnantes pièces d'orfèvrerie d'or ou d'argent, fabriquées vraisemblablement dans des régions plus occidentales, et d'inspiration hellénistique ou sassanide, découvertes en Chine du Nord, dans des tombes du Ve siècle en particulier, et dont quelques exemples ont également été découverts au Tibet. L'existence d'un Pays des Femmes ne trouve aucune preuve dans ces faits, mais ces coïncidences montrent que tout n'est peut-être pas faux dans ces étranges rumeurs et qu'il se passait en ces temps reculés de curieuses choses sur le haut plateau.

En tout cas, le Pays des Femmes de l'Est est beaucoup mieux documenté que ne l'est le Pays de l'Ouest. Et si certains détails paraissent encore relever de la fantaisie ou plus vraisemblablement de l'incompréhension, ils n'en révèlent pas moins d'étonnantes similitudes avec ce que l'on sait du Tibet d'alors, ou bien avec certaines coutumes conservées de nos jours encore dans l'Est tibétain. En outre, les *Annales* chinoises proposent enfin des bases historiques, en particulier des dates et des noms des souveraines.

Qu'il s'agisse d'un seul Pays des Femmes ou des coutumes similaires de plusieurs tribus de la même région, ce qui expliquerait certaines variantes de localisation, le pays décrit était donc situé au nord-ouest de la Chine sur le cours ou non loin du haut fleuve Bleu. La taille de ce royaume est rarement précisée. Un texte indique toutefois qu'il fallait neuf jours de marche pour le traverser d'est en ouest, et vingt du nord au sud, ce qui ne signifie pas grand-chose dans une région au relief aussi accidenté. Sa population est en général estimée à dix mille tentes ou dix mille familles (une seule fois quarante mille familles et plus de mille soldats...), selon que les chroniqueurs la considéraient comme nomade ou sédentaire. Dans ce dernier cas, ils mentionnent une seule ville murée, de cinq ou six li carrés, établie sur une montagne, ou bien quatre-vingts cités, grandes et petites, information que l'on souhaiterait plus précise. Pour certains, le climat de la région était si rigoureux que la population ne pouvait vivre que de la chasse, ce qui s'accorde mal avec l'abondance des ressources mentionnées par d'autres : les cinq céréales, les mûriers, le chanvre; les yaks et les bons chevaux; le musc, le cinabre, le sel et un minerai qui peut être le cuivre ou l'or. Une *rivière faible* est encore mentionnée, mais cela doit être par pure inadvertance, car cette rivière pouvait porter le poids de « bateaux en cuir » avec lesquels on la traversait et qui évoquent nettement les coracles tibétains, en peau de yak tendue sur une armature circulaire.

Il semble qu'il y ait eu un calendrier, différent du calendrier chinois, car un chroniqueur précise : *« Notre onzième lune est leur première »*, ce qui mettrait le nouvel an du Pays des Femmes à la fin de l'automne. Les *Annales* des Tang s'expriment un peu différemment à l'égard du calendrier des Tibétains : *« Ils ne connaissent pas les saisons. L'année commence pour eux quand l'orge est mûr »*, soit à la fin de l'été...

En fait de religion, si l'on en croit les textes, le Pays

des Femmes pratiquait le culte des démons, tout comme le Tibet central, ce qui n'inspirait que mépris aux rédacteurs des *Annales*, et aussi celui des *« arbres-dieux »*. L'information est d'autant plus intéressante qu'elle rappelle étrangement les sites (lac, montagne...) ou les éléments naturels (arbre, rocher...) considérés au Tibet, de nos jours encore, comme le support du principe conscient des êtres vivants. Au Pays des Femmes, les ministres de ce culte étaient décrits comme des magiciens (et curieusement pas comme des magiciennes), officiant au sommet des montagnes. Ils y pratiquaient la divination par l'examen des viscères d'oiseaux, en particulier lors du nouvel an, et y faisaient des offrandes de grain. Peut-être n'est-il pas abusif de voir là une description du culte aux dieux-montagnes et d'évoquer encore le Tibet prébouddhique. En tout cas, au nouvel an, comme préalable aux offrandes sur la montagne, on sacrifiait des hommes et des singes. C'est une coutume attestée fréquemment chez les Qiang, et qui rappelle nettement les traditions des souverains tibétains telles qu'elles sont décrites par les textes les plus anciens ou, du côté chinois, par les *Annales* des Tang, qui remarquaient : *« Entre le souverain et ses vassaux, il y a chaque année un serment. On y sacrifie des moutons, des chiens, des singes... »*

Les usages funéraires du Pays des Femmes ont manifestement impressionné les chroniqueurs chinois qui les ont décrits avec un grand luxe de détails, même s'ils ont peut-être mal compris ce qu'on leur rapportait. La chair et les os du cadavre, mêlés de poudre d'or, étaient placés dans une jarre et enterrés. La peau était conservée puis, au bout d'un an, mise dans un vase de fer et enterrée à son tour. Les coutumes funéraires du Tibet, à la même époque, ne sont connues que de façon incomplète. Certes, les grands personnages du Tibet ancien étaient inhumés un ou deux ans après leur mort, mais il n'est pas question dans les textes dont on dispose d'un découpage macabre comparable à celui qui est décrit pour le Pays des Femmes ou pour le grand Yangtong. Dans certaines régions du Tibet oriental, il arrive encore, lorsque le décès se produit au moment des gros travaux de l'été, que le corps soit placé dans un cercueil provisoire, en attendant l'inhumation définitive à l'automne, lorsque les travaux sont achevés. Mais ce n'est pas sans doute une raison de simple commodité qui guidait l'usage du Pays des Femmes, même s'il a été mal décrit, ni celui du Tibet central, aux environs du VIIe siècle.

Ces descriptions n'auraient néanmoins rien que d'assez banal si les femmes ne venaient leur donner un éclat particulier, à la grande indignation des auteurs chinois, contraints de rapporter ces abominations : « *La coutume est de considérer les femmes et de faire peu de cas des hommes.* » Le pays comptait cinq hommes pour trois femmes, précisent-ils. Est-ce la relative rareté de la denrée féminine qui en relevait le prix à ce point ? Cette précision touche à une question qui, à propos du Tibet central, a fait l'objet de nombreuses discussions, pour une époque beaucoup plus récente, il est vrai. Le nombre imposant des moines et celui des nonnes, infime par comparaison, ont frappé d'étonnement les voyageurs au point que certains ont cru voir dans cet apparent excédent des naissances masculines l'explication de la polyandrie. Mais les analyses démographiques modernes n'ont pas confirmé l'ampleur de cet excédent. Des faits aussi éloignés dans le temps ne peuvent bien sûr être comparés sérieusement. D'ailleurs, on ne dispose, dit-on, que de statistiques tendancieuses ou imprécises sur le Tibet actuel, puisqu'il est d'usage aujourd'hui de mettre en doute ou de tenir pour négligeables les statistiques chinoises, et particulièrement celles qui concernent le Tibet. Pourquoi agirait-on autrement à l'égard d'une observation statistique chinoise du VIIIe siècle ? Cette condamnation, peut-être un peu hâtive, permet ainsi de glisser rapidement sur un problème difficile et encore incomplètement étudié.

Le Pays des Femmes était gouverné par une femme. Son mari était honoré d'un titre, mais ne gouvernait pas : la tâche des hommes était celle des combats. Une notation analogue a été faite à propos du Pays occidental des Femmes.

Une description très précise du costume de la reine nous a été conservée : elle portait une jupe et une tunique de fin lainage bleu, sur lesquelles elle passait une robe, également bleue, dont les manches traînaient jusqu'au sol. En hiver, elle ajoutait à son costume une peau de mouton brodée. Ses cheveux étaient noués en un petit chignon et elle portait des anneaux d'oreilles. Il est également fait mention de « peintures multicolores » sur le visage des habitants du Pays des Femmes, mais il n'est pas dit si la reine sacrifiait à cet usage.

Elle habitait une maison à neuf étages; celles de ces sujets, majesté royale oblige, ne pouvaient dépasser six étages. Dans la plupart des vallées de l'Est tibétain, l'habitat est caractérisé par ses élévations audacieuses. Les maisons de quatre étages, parfois en surplomb, sont chose courante, et plus volontiers qu'au Tibet central où, jusqu'à date récente, les maisons à étages semblent avoir été l'apanage des nobles. Cependant, les *Annales* des Tang décrivant les maisons du Tibet monarchique mentionnaient leurs toitures en terrasse et précisaient : *« Celles qui sont hautes atteignent plusieurs dizaines de pieds »*, ce qui n'est pas négligeable. La mention de neuf étages n'est pas invraisemblable, mais elle est avant tout symbolique. La tradition veut que le roi Songtsen Gampo, quand il construisit à Lhasa son Potala, au VIIe siècle, l'ait élevé sur neuf étages. Le symbolisme du nombre neuf est fort riche, dans le contexte bouddhique comme dans le contexte prébouddhique, et les références y sont particulièrement abondantes dans le domaine architectural.

Cette reine, nous dit-on, avait plusieurs centaines de suivantes, ce qui en fait une personne bien importante. Mais ce qu'il y a de plus curieux, c'est qu'elle ne régnait pas seule : à ses côtés, il y avait une *« petite reine »* et il est bien souligné qu'il n'y avait pas de jalousie entre la grande et la petite reine, rien n'étant décidément normal au Pays des Femmes. Quand la reine était morte et qu'on l'enterrait, sans préciser après quel délai ni avec quel cérémonial, plusieurs dizaines de ses hauts fonctionnaires et de ses parents la suivaient dans la tombe. L'usage avait existé en Chine, s'il n'était plus qu'un très lointain souvenir à l'époque où ces rapports furent rédigés, et il exista au Tibet central, au moins de façon symbolique, jusqu'à une date relativement avancée de la période monarchique; les documents tibétains anciens font un peu plus que le suggérer; les *Annales* des Tang le disent sans la moindre hésitation : *« Quand le souverain meurt, il est accompagné dans la tombe par des êtres humains. »* Ce ne sont pas là des choses que pouvaient reconnaître aisément les chroniques tibétaines plus tardives, rédigées après la bouddhisation du pays.

La reine morte, se posait la question de sa succession. Certains rapports disent que c'était la *« petite reine »* qui prenait le pouvoir, d'autres que c'était la bru de la reine, système de dévolution pour le moins original. Mais, le plus souvent, les chroniqueurs rapportent que, si la reine n'avait pas de fille pour lui succéder, ses sujets réunissaient une grande quantité de pièces d'or et demandaient aux deux femmes les plus compétentes de son clan de devenir reine et *« petite reine »*. Certains disent même que les sujets achetaient ces deux femmes, tant une libre détermination féminine leur semblait impossible. Quoi qu'il en ait été, la reine gouvernait avec un conseil qui se réunissait tous les cinq jours. La tâche ne devait pas être surhumaine, car cet enviable pays n'avait pas de système d'imposition, notation que les chroniqueurs, attachés au formalisme administratif chinois, n'ont retenue que comme preuve de l'état primitif du pays. Des fonctionnaires féminins géraient les affaires de l'Etat, les hommes n'assumant que les charges provinciales.

Ces mœurs invraisemblables touchaient tout le pays : les dames nobles avaient des serviteurs mâles, mais les hommes ne pouvaient avoir de servantes. Même les femmes du commun étaient chefs de famille, et elles avaient bien entendu plusieurs maris. C'est un fait que, de nos jours encore, l'Est tibétain est l'une des régions où la polyandrie a une certaine réalité statistique. Enfin, détail suprêmement scandaleux du point de vue chinois, l'enfant prenait le nom de sa mère, ce qui prouve du moins le profond pragmatisme des gens de ce pays. Les femmes du Tibet, à la même époque, portaient le nom de leur clan paternel, mais des fils portèrent le nom du clan de leur mère et la question est en fait encore mal connue.

Le plus étonnant de ces rapports si divers et parfois, il faut le craindre, si fantaisistes, est sans doute la mention d'une écriture au Pays des Femmes. Cette écriture était, nous dit-on, *« la même qu'en Inde »*. L'écriture tibétaine fut, selon la tradition, créée à l'époque du roi Songtsen Gampo, dans la première moitié du VIIe siècle, à partir d'un modèle indien. Les spécialistes ont discuté cette date, sans pouvoir la modifier beaucoup. Ce qui est intéressant, c'est que les *Annales* chinoises aient noté l'usage de cette écriture au Tibet oriental à une date assez proche de sa création, ce qui témoignerait de l'étendue et de la rapidité de sa diffusion. On n'a jamais trouvé dans ces régions trace d'une autre écriture « indienne », c'est-à-dire de modèle indien, que l'écriture tibétaine, ce qui laisserait supposer que l'écriture « indienne » du Royaume des Femmes était en réalité déjà l'écriture tibétaine. Cela ne nous apprend pas *qui* écrivait au Royaume des Femmes : voisins tibétains, dont les rapporteurs chinois évitent soigneusement de parler, fonctionnaires locaux, et donc masculins, ou bien ces dames elles-mêmes ? L'information viendrait s'ajouter aux précisions que les observateurs chinois les plus dignes de foi ont données sur ces dames : le nom et les dates de certaines d'entre elles. Malheureusement, les noms ont été trop sinisés pour qu'il soit possible d'en reconnaître l'origine ethnique et de savoir avec précision qui étaient ces femmes si libres et si puissantes aux yeux de leurs voisins orientaux. A l'époque de l'empereur Gaozu des Tang, qui régna de 618 à 626, la dame Tang Pang, qui gouvernait ce pays, envoya pour la première fois un messager (et non une messagère) à la Cour. Les cadeaux qu'il apporta furent bien entendu qualifiés de tribut, car des Barbares, qu'ils fussent Qiang, Tibétains ou autres, ne pouvaient que payer tribut pour marquer leur dépendance. Les cadeaux de la reine Victoria à l'impératrice Cixi étaient encore considérés (par la seconde du moins) comme des tributs... En 686, la reine Han Bi envoya son ministre à la Cour (il faut donc en conclure que les hommes n'étaient plus cantonnés aux charges provinciales) afin de demander un titre officiel, ce qui était encore une attitude très commune aux Barbares et ne peut être interprété, du moins de leur point de vue, comme la reconnaissance de leur soumission. Coïncidence amusante, une femme, une usurpatrice, il est vrai, l'impératrice Wu Zetian, occupait alors le trône impérial. Elle accorda le titre (un titre de la garde impériale, ce qui ne semble pas très généreux, mais était sans doute significatif du rôle que l'on aurait voulu voir tenir à ces Barbares des frontières) et fit faire pour la reine des vêtements, à la mode des Barbares, mais en beau brocart chinois. En 691, la reine E Yan'er vint en personne à la Cour, pour rendre hommage, nous dit-on. En 742, la reine Zhao Yifu, au nom chinois sans le moindre doute, envoya son fils pour l'hommage. Après ce règne, notent les textes avec soulagement, les gens du Pays des Femmes prirent à nouveau des hommes pour souverains, et un peu plus tard, en 793, le roi de ce pays et ses voisins se réunirent à l'Empire chinois.

En fait, c'est là le récit d'une réduction à la chinoise, d'une conquête relativement pacifique. La puissance et la splendeur de l'Empire chinois exerçaient sur les populations voisines une irrésistible attraction. D'un hommage qui semblait tout symbolique, elles pouvaient espérer de substantiels cadeaux et parfois une protection réelle, question d'importance pour ces populations menacées sur leurs deux flancs. Les contacts multipliés, l'influence de la culture chinoise conduisaient progressivement à une certaine sinisation des mœurs. Les premiers mentionnés parmi les noms de reines du Pays des Femmes comprenaient encore quelques éléments barbares en transcription chinoise; le dernier est tout à fait chinois, soit que les chroniqueurs aient été las de chercher des transcriptions, soit que la reine, effectivement, avec les diplômes et les titres impériaux, ait pris un nom chinois. Il est plus difficile de mesurer le poids de l'intervention chinoise dans la transformation de la reine en roi. L'hommage que ce dernier fit spontanément de son pays à l'Empereur n'a rien de surprenant : la vassalité semble légère quand le pouvoir central est éloigné. Mais, quoi qu'ait pu penser le roi de ce qui avait été le Pays des Femmes, la Chine estimait dès lors avoir conquis une nouvelle marche vers l'ouest et, s'il lui avait pris fantaisie de mettre un terme à ses engagements, nul doute que nos sources auraient alors parlé de révolte et signalé l'envoi d'une expédition punitive, ce qui nous ramène alors au plus banal des procédés de conquête.

Il faut ajouter que, quelle qu'ait été l'origine des populations de la région du Pays des Femmes, qu'il se soit agi de tribus qiang ou non, que celles-ci soient venues ou non de territoires situés au nord-ouest de la Chine, ce qui est une autre affaire, ces populations eurent de nombreux contacts avec le Tibet monarchique et que celui-ci les engloba, au moins un temps et de façon qui reste à définir, au sein de son vaste empire. Les chroniques chinoises, avec une discrétion significative, reconnaissent que les souverains tibétains avaient « imposé » le tribut à des régions des marches et y avaient établi des magistrats de district pour les gouverner, ce qui signifie l'annexion, sans la moindre équivoque. Il n'est que logique que ces populations aient penché alternativement du côté de chacun de leurs puissants voisins, au gré de la fortune de leurs armes. D'ailleurs, en dépit de l'« hommage » de 703, dans les régions du Pays des Femmes, langues et coutumes, avec leurs particularismes parfois importants, sont restées profondément tibétaines, quel qu'ait été plus tard le tracé des frontières.

Si l'existence d'un pouvoir féminin à l'ouest ou au nord-ouest du Tibet demeure du domaine de l'énigme, il n'en est pas de même à l'est où, bien longtemps après les événements qui viennent d'être rapportés, à l'époque moderne, il n'était pas exceptionnel qu'une femme régnât sur une principauté d'importance plus ou moins grande. A la fin du siècle dernier, on signalait encore qu'une princesse gouvernait un territoire proche de la région tibétaine de Songpan, au nord de l'actuel Sichuan, sans toutefois pouvoir préciser s'il s'agissait là d'un « accident » ou d'une tradition.

Plutôt que de disputer âprement, et souvent amèrement, de la localisation exacte du Pays oriental des Femmes, il serait peut-être sage de reconnaître dans ces rumeurs inégalement fondées la marque de l'originalité, de la multiplicité et de la richesse des traditions du Tibet oriental. Que des notations féministes aient été répétées avec cette insistance et cette précision par les chroniqueurs chinois montre l'étonnement et la réprobation qu'ils en concevaient : c'était là un monde bien éloigné du leur. Si les Tibétains n'en ont rien dit – mais il est vrai que nous ne possédons qu'une infime partie de ce qu'ils purent écrire alors –, c'est peut-être qu'ils ne virent pas dans tout cela de quoi s'ébaudir ou se formaliser. Il y eut certainement jadis plus qu'une légende de Royaume des Femme dans l'est du Tibet; il y eut surtout dans cette région la confrontation de deux attitudes, chinoise et « barbare », très différentes à l'égard des femmes. Si l'on regarde une carte, on peut constater que la limite d'une relative liberté des femmes serpente dans les monts du Sichuan, traverse le sud du Gansu jusqu'aux abords des monts Qilian, bref, qu'elle correspond à peu près à la frontière de l'aire tibétaine.

Chimères et obsessions occidentales

Le mythe, ou l'histoire, du Pays des Femmes poursuivit ses voyages au long des voies commerciales et des routes de pèlerinage : il parvint jusqu'en Europe et, d'ailleurs, les Européens vinrent à lui.

Certes, ils ne vinrent pas à la recherche des Amazones, du moins pas immédiatement. Mais il est bien symptomatique que, parmi les premières rumeurs un peu circonstanciées à propos du Tibet que les voyageurs occidentaux recueillirent en Asie centrale, en Mongolie ou aux portes de la Chine, les plus nettes aient concerné les femmes.

Lorsque l'invasion mongole eut atteint brièvement les abords de Vienne, en 1241, Rome envoya une mission auprès du khan mongol, qui lui semblait être alors le souverain le plus important de l'Orient. Ce fut la mission de Jean du Plan Carpin, qui partit en 1245, arriva en 1246 à Karakorum, la capitale du khan, et revint en 1247. Dans son rapport, la célèbre *Historia Mongolorum*, il ne parla du Tibet, qu'il ne visita pas au cours de ce voyage remarquablement rapide pour les temps, que par des on-dit récoltés en pays mongol. Il signala cependant un pays voisin du Tibet, où les femmes, bien que monstrueuses, avaient figure humaine, tandis que les hommes avaient une tête de chien. Cette information d'apparence fantaisiste, mais qui rappelle les notations chinoises à propos des noms des tribus qiang, connut en Occident un vaste et durable succès. Un prince arménien, Hethoum, qui se rendit en Mongolie peu après Jean du Plan Carpin, la précisa en affirmant que dans ce pays tout proche du Tibet, les femmes étaient capables de raisonner, mais pas les hommes...

Marco Polo voyagea pendant vingt ans en Chine et en haute Asie, à partir de 1271. Il parcourut les confins tibétains, en particulier les marches du Sichuan et le pays tangut (le Xixia des Chinois, le Minyag des Tibétains), dont on marque d'ordinaire l'existence en tant que royaume entre 1032 et 1227, mais qui représente, avant et après ces dates, une entité recouvrant une zone un peu fluctuante, entre le lac Kukunor et l'actuel Ningxia, entre la Mongolie méridionale et le haut cours du fleuve Bleu, et une quantité de populations aussi diverses que mouvantes. Ce pays si multiple eut de forts liens avec le Tibet, qui recueillit, dit-on, ses princes, quand Gengis khan les chassa en 1227; une partie de son sol et de ses traditions appartenaient incontestablement à l'aire tibétaine.

Mais quelle déception que ce Marco Polo! On attendait tout de lui : un regard aussi rare que neuf, l'expérience et l'impertinence. Or ses descriptions manquent souvent de clarté, tant elles sont laborieuses et répétitives : ni le Tibet ni les régions voisines n'ont véritablement inspiré le Vénitien. Certes, contrairement à ses prédécesseurs, des religieux il est vrai, il a beaucoup parlé des femmes, mais sans la moindre inspiration, comme un auteur de « roman vécu », contraint par les lois du genre à aligner un tiers d'atmosphère, un tiers de violence et un tiers de sexe. On conçoit fort bien qu'il ait davantage parlé des dames tibétaines que des dames chinoises, bien que ses incursions en pays tibétain aient été très limitées : moins surveillées, elles étaient plus faciles à observer, et l'ignorance presque totale que l'on avait alors du

Tibet faisait qu'il n'avait guère à redouter de contradicteurs.

Pour toutes les régions visitées, pour chaque étape, le plan de rédaction est semblable : indication de la distance approximative de l'étape précédente, brève description du pays, voire de ses villes et de ses ressources, description encore plus sommaire de ses habitants, parfois de leurs religions, puis une très généreuse description de ses dames, presque immanquablement ouverte par une formule pleine de jubilation, répétée sans beaucoup de variantes : *« Il faut que je vous dise qu'ils ont dans ce pays une coutume détestable... »* Et d'aligner des horreurs propres à faire défaillir les bonnes gens d'Occident. L'ennui est que la même histoire scandaleuse est répétée deux ou trois fois, et devient monotone, même s'il s'agit de régions très différentes et très éloignées les unes des autres. On en vient vite à se demander, de déjà vu en déjà vu, ce que Marco Polo a réellement vu. En outre, certains des faits qu'il rapporte et dont il témoigne figurent dans des rapports chinois anciens, remontant au moins au VIe siècle, et font partie d'un fonds de rumeurs, voire de ragots, sur les contrées barbares.

Si Marco Polo profita vraiment de toutes les « bonnes occasions » que lui offrit son « tour extérieur » du Tibet, son périple dut le laisser exsangue. Certes, il n'eut pas le mauvais goût, comme d'autres, d'énumérer, nommer et décrire ses bonnes fortunes (avec le temps, d'ailleurs, le scandale serait quelque peu émoussé), mais celles-ci ressortent volontiers de son propos, sans que le lecteur avide de sensations fortes puisse être tout à fait convaincu.

Aux marches du Tibet, il admira les femmes du Cachemire, grandes, minces et très belles « malgré » leur teint foncé, mais ce n'est que dans la région de

Khotan que commencèrent ses notations consistantes sur les dames. Certes, Khotan n'est pas le Tibet, bien que la distance entre eux ne soit pas grande et que les contacts aient été nombreux dans le passé, mais, comme le thème de scandale utilisé est repris par la suite, il mérite d'être mentionné. A Khotan donc, et en quelques autres lieux du pourtour du Tibet, une femme dont le mari partait en voyage pour plus de deux semaines prenait un mari de remplacement pour la durée de son absence. La nécessité d'avoir un homme à la maison pendant les longs voyages du chef de famille est l'une des explications qu'ont proposées plus tard les Occidentaux qui étudièrent le problème de la polyandrie au Tibet. Il n'est pas certain le moins du monde que Marco Polo ait voulu décrire ce phénomène, la similitude est néanmoins troublante.

Marco Polo gagna plus tard le pays tangut, région vouée au bouddhisme et au bouddhisme lamaïque. A Hami, non loin de Dunhuang, au nord du Gansu, il put constater les bonnes dispositions des maîtres de maison à l'égard des visiteurs étrangers : ils ordonnaient à leur femme, à leurs filles, à leurs sœurs et autres membres de la famille de se mettre à l'entière disposition du visiteur. Ils poussaient la délicatesse jusqu'à s'absenter quelques jours pour que l'étranger pût jouir en toute tranquillité de la dame et de la maisonnée. Le Vénitien assurait que les dames étaient ravies d'obéir aux ordres de leurs maris dont la tolérance complaisante avait pour but, dit-il, de s'assurer de bonnes récoltes. Le souverain mongol, nouveau maître du pays, s'indigna de cette coutume et l'interdit, pour la rétablir au bout de trois ans, à contrecœur affirme Marco Polo, et devant l'insistance des habitants.

En pays tangut encore, dans l'ancienne Ganzhou

(actuelle Zhangye) qui fut, comme Khotan et la région de Dunhuang, occupée par les Tibétains à l'époque monarchique, Marco Polo fit ample provision de scandales. Les gens de ce pays avaient dans l'opinion que, si une femme les invitait à l'amour, ils pouvaient coucher avec elle sans « péché », mais que, s'ils invitaient une femme, c'était un « péché ». *« Mais je tiens à vous dire que, s'ils trouvent un homme qui a couché avec une femme d'une façon contraire à la nature, ils le condamnent à mort. »* On serait ébloui par cette belle morale, si le récit ne visait en fait vraisemblablement les interdits de parenté qui existaient dans toutes les sociétés, tibétaine et voisines, un peu différents de ceux de l'Occident, mais tout aussi sévères. Dans cette ville, poursuivait avec moins de fantaisie notre voyageur, les hommes pouvaient avoir autant d'épouses qu'ils le voulaient, la première étant tenue pour la principale; ils ne recevaient pas de dot pour leur femme, mais devaient au contraire lui assurer une dotation; enfin, ils pouvaient la répudier s'ils la voyaient *« vieille et point bonne »* et épouser sa sœur, ou toute autre femme. Et ce n'en était pas fini des horreurs à faire tomber en syncope toute la curie romaine : *« De plus, ils prennent des cousines pour épouses, et ils peuvent aussi épouser la femme de leur père, sauf si c'est leur mère, et aussi les femmes de leurs frères et de tous leurs parents. »* On retrouve là quelques-uns des reproches que les Chinois, de longue date, faisaient aux Tibétains. Certes, Ganzhou n'était pas le Tibet, et il s'y trouvait alors une étonnante mosaïque de nationalités et de religions, où tout le monde pouvait trouver de quoi s'indigner. A l'époque de Marco Polo, la loi romaine était encore très stricte à l'égard des liens de parenté entre époux; une parenté au septième degré demeura longtemps dans l'Europe chrétienne un motif sans appel d'annulation du mariage. Epouser sa belle-mère relevait de la monstruosité, et les Chinois partageaient cette opinion, d'autant qu'ils accusaient volontiers les Tibétains, ces incorrigibles barbares, de pratiquer ce type de mariage.

Après quelques pérégrinations, Marco Polo gagna la ville de Xining, la porte du Tibet. Ce fut sans doute cette proximité qui inspira si magistralement le Vénitien : « *Les honorables dames n'ont pas de cheveux, excepté sur le sommet du crâne, et pas de pilosité ailleurs. Elles sont très blanches et ont une très jolie carnation, et sont très bien faites à tous les points de vue. Et vous pouvez penser que les hommes se complaisent dans la sensualité et prennent autant de femmes qu'il leur en faut, car ni l'usage ni la religion ne les en empêchent. De plus, je vous dis que les hommes cherchent la beauté plus que la noblesse; car si une femme est très jolie, fût-elle pauvre et de basse extraction, un grand baron, le plus grand seigneur de la région, le plus riche, la prend pour femme et donne pour elle à ses père et mère autant d'argent qu'ils en ont décidé ensemble, et les femmes sont estimées d'après leur beauté.* »

Puis il gagna Chengdu, au Sichuan. A cinq jours de marche de cette ville, il entra dans une vaste région, appelée « Tebet », et qui venait d'être mise à sac par les troupes mongoles. Sans doute s'agit-il du pays ngawa, région tibétaine aujourd'hui inscrite dans les limites du Sichuan. Après le passage des Mongols, la description de Marco Polo, villages détruits, bêtes errantes, terreur et désolation, n'a probablement rien d'exagéré. Mais quand il atteignit enfin des villages habités, tout son optimisme lui revint. « *Et il y a une plaisante coutume d'épouser les femmes dont je vais vous parler...* » Selon lui, les hommes de cet étrange pays ne redoutaient rien autant que d'épouser une fille vierge, et encourageaient leurs fiancées aux expériences multiples, afin de plaire aux dieux, qui n'aimaient pas les filles sages. Les voyageurs étaient donc attendus comme le Messie et, dès qu'une caravane était signalée, les femmes rassemblaient en troupeau tout ce que le village comptait de filles à marier et les conduisaient à ce sacrifice, joyeux et répété, si l'on en croit Marco Polo. Dès que les voyageurs n'avaient plus usage de ces dames, ils s'en retournaient en leur laissant quelque menu bijou ou babiole dont elles se paraient aussitôt pour prouver qu'elles avaient été honorées et méritaient la faveur des dieux... « *Elles ne peuvent donner à leur mari de dot plus valable que les nombreux présents qu'elles ont reçus des voyageurs, car elles les considèrent comme une gloire dont elles peuvent se vanter.* » Il y a dans ce beau récit une rare virtuosité de l'amalgame, et quelques contre-vérités. Si les jeunes filles des villages avaient vraisemblablement alors, comme c'est le cas de nos jours, une très grande liberté, si le tabou sexuel n'est pas véritablement un tabou tibétain, il fallait toute l'imagination du Vénitien, aidée sans doute par ces temps de guerre et de misère, pour arranger le reste : faits hâtivement interprétés ou ragots de tavernes, et ragots chinois car il n'entendait pas le tibétain, ses propos ressemblent furieusement, quoique avec plus d'esprit, aux clichés déjà largement répandus sur le Tibet, et ils ne nous apprennent rien sur la condition féminine au XIIIe siècle. Ses autres notations, sur les bijoux, les vêtements, les chiens, les faucons, les sorciers ou les astrologues ne sont guère plus inspirées. Quand il s'aventura dans les confins tibétains du sud du Sichuan, il reprit le thème du maître de maison accueillant qu'il avait déjà utilisé à Hami. En bon conteur, il l'améliora toutefois de quelques détails piquants : l'étranger reçu dans la maison et laissé en compagnie de la femme signalait délicatement sa présence en mettant son chapeau sur la fenêtre ou en le pendant au loquet de la porte, afin que le mari ne fût pas tenté d'entrer à l'improviste. Les raisons données à ce curieux comportement sont exactement les mêmes qu'à Hami : se concilier la faveur des dieux et obtenir de bonnes récoltes. Ici aussi, il y eut une vertueuse intervention du nouveau maître, le khan des Mongols, qui n'avait manifestement pas d'autre souci dans ses conquêtes que les bonnes mœurs de ceux qu'il soumettait. Et cette intervention connut le même insuccès qu'à Hami. D'ailleurs, l'incursion de Marco Polo dans le Sud tirait à sa fin, sinon, nul doute qu'il aurait utilisé une troisième fois cette histoire et quelques autres, qui sont finalement tout à fait atypiques. Mais il eût été peut-être intéressé par le fait de savoir qu'il y a un petit demi-siècle, dans une famille polyandre du Tibet méridional, celui des maris qui s'isolait avec la maîtresse de maison plaçait courtoisement ses chaussures devant la porte, en guise d'avertissement.

Marco Polo n'a guère laissé les Tibétaines sortir du lit. Il est manifeste qu'il était incapable de les *imaginer* ailleurs : c'est précisément là que le bât le blesse. Qu'on les admire ou qu'on les trouve abominables, les Tibétaines attirent l'attention par tous les gestes de leur vie. Qu'il ait été frappé par leur liberté est une chose, qu'il n'ait pas vu que cette liberté s'étendait bien au-delà d'une facilité complaisamment étalée et forcément exagérée en est une autre. Marco Polo est de mauvaise foi, ou bien il n'a guère vu de Tibétaines.

L'image déplorable qu'il en donna fut bien entendu fort appréciée en Occident et demeura, à peine atténuée, un a priori des voyageurs qui, plus tard, abordèrent le Tibet. Vers 1365, le *Livre de Jehan de Mandeville* reprit de façon fort complète l'ensemble des légendes horrifiques qui couraient sur ces lointains pays d'Asie. Il s'en trouvait un exemplaire dans la bibliothèque de Charles V, mais l'inconduite supposée des Tibétaines ne paraît pas avoir altéré la sagesse de ce roi.

Pourtant, alors que les fantaisies de l'ouvrage de Jehan de Mandeville connaissaient un grand succès à travers toute l'Europe, le Tibet avait atteint sa pleine maturité, avec ses grands et nombreux monastères, rigoureusement organisés, ses institutions originales et solidement établies, sinon codifiées, son immense littérature, ses penseurs, ses artistes. A cette époque, qui fut celle du réformateur Tsongkhapa (1357-1419) et où le pays s'installa dans des structures politiques qui demeurèrent pratiquement inchangées jusqu'à nos jours, l'Occident ne voulait reconnaître du Tibet qu'un vaste désert, cependant riche en or et en musc, peuplé de brigands de haute taille, sorciers, idolâtres et nécrophages... Quant aux femmes, mieux valait tirer un voile pudique.

Epuisé sans doute par cet effort remarquable, l'Occident se désintéressa du Tibet pendant près d'un siècle.

En 1626, le jésuite portugais Antonio de Andrade publia un livre sur la mission qu'il venait de faire au Tibet occidental. Ce livre connut un immense succès et de nombreuses traductions. Mais, si le père de Andrade mentionnait une reine, qu'il disait avoir été favorable à sa cause, il ne nous a pas laissé grand-chose des états d'âme de la dame, ni des mœurs de la Cour, puisqu'il est d'usage de ne chercher les femmes que du côté des alcôves.

A la fin de 1661, deux jésuites encore, Johannes Grueber et Albert d'Orville, passèrent par Lhasa dans leur traversée du Tibet, de la Chine à l'Inde. Les impressions et les notes de Johannes Grueber (Albert d'Orville mourut peu après le passage de l'Himalaya) ont été utilisées dans le monumental *China Illustrata* (1667) d'Athanasius Kircher. Dans ce copieux volume, la part du Tibet est modeste, plus encore celle de ses femmes, ce qui a du moins l'avantage de nous épargner la lassante description de leur nymphomanie galopante. Une dame du pays tangut y est représentée : sa coiffure en petites tresses rappelle assez fidèlement celle des femmes nomades de l'Amdo, l'ancienne province du nord-est du Tibet. D'autres coiffures, décrites minutieusement, évoquent avec plus d'esprit d'observation que n'en montra jamais Marco Polo l'incroyable richesse du costume des Tibétaines. En outre, l'Occident est redevable à cet ouvrage de la première mention d'un fait qui, plus tard, inspira des pages inoubliables à ses voyageurs, et constitua désormais pour eux la seconde caractéristique des femmes tibétaines, après la légèreté : la crasse et le visage barbouillé. Sur le chemin du Népal, dans les hautes vallées himalayennes, les deux jésuites avaient été consternés par l'apparence des femmes : « *Les Femmes de ces Royaumes sont si laides et si difformes, qu'elles ressemblent plutôt à des Diables qu'à des créatures humaines : la raison de cela, c'est qu'elles ne se lavent jamais d'eau à cause de leur religion qui la défend, mais d'un certaine huile très pueant, lequel outre la mauvaise odeur qu'il leur donne (qui est tout à fait insupportable) il les deffigure si fort, que l'on ne sçaurait connoistre si ce sont des femmes ou de ces fantosmes d'enfer, qu'on appeloit anciennement Lamies.* »

Peu après, en 1716, le père Desideri, jésuite lui aussi, accompagné du père Freyre, arriva à Lhasa où se trouvait, depuis 1707, une petite et épisodique mission de capucins. Chassé de la capitale par l'invasion des Mongols dzungars (1717-1720), il dut se réfugier plus à l'est dans la province de Dakpo, ce qui élargit considérablement son champ d'observation. Il quitta le Tibet en 1721. L'œuvre qu'il a laissée, et qui ne connut de large diffusion qu'au début de notre siècle, est une description du Tibet beaucoup plus objective et beaucoup mieux inspirée que tout ce que nous avons vu jusqu'à présent. Ses propos sur les dames, bien que peu abondants, révèlent pourtant enfin d'autres figures que des pantins femelles se livrant à des amants de passage. Il faut dire que Desideri vint à Lhasa par le Ladakh et bénéficia en chemin de l'aide d'une femme d'exception, la veuve du chef militaire et administratif de Garthok, la capitale du Tibet occidental. Cet important personnage était mort deux ans avant l'arrivée de Desideri qui nota que, depuis cet instant, c'était la veuve qui assumait les fonctions du défunt commandant : « *Elle venait d'obtenir l'autorisation de rentrer à Lhasa avec ses soldats, la garnison étant remplacée par des troupes fraîches, avec un autre commandant.* » De cette liberté d'action, réelle celle-là, le père Desideri ne songea pas à se choquer. Il ne parla pas de Royaume des Femmes ni d'Amazones et se contenta d'accepter les bienfaits de la dame.

Le bon père a laissé de tout cela une relation précise et mesurée, mais c'était une étrange fortune qui mettait ainsi face à face le missionnaire et la princesse, pour un voyage de quelque quatre mois. Les pères Desideri et Freyre quittèrent donc le Ladakh avec quelques serviteurs; ils avaient des lettres de recommandation pour des religieux, bouddhistes, de la région de Garthok. Sur leur bonne mine ou grâce à ces recommandations, la dame les reçut et accepta de les prendre dans sa caravane, poussant la courtoisie jusqu'à se dire honorée d'accueillir des « lamas » d'un pays lointain. La caravane se mit en route au début d'octobre 1715, et n'atteignit Lhasa qu'en janvier 1716. En tête chevauchaient des soldats et des serviteurs, puis la princesse elle-même, entourée de ses dames, de ses officiers et de ses secrétaires, puis le reste de la cavalerie et l'intendance. C'était un long et dur voyage en une saison particulièrement peu clémente, mais la grâce divine et celle de la princesse étaient sur les missionnaires : « *Une grande aide nous fut aussi l'aimable intérêt, presque maternel, que la Princesse prit à notre bien-être. Ainsi, comme il nous était très difficile de trouver du combustible pour notre feu et du fourrage pour nos malheureux chevaux, presque chaque soir, elle nous en faisait porter de ses propres provisions. En outre, de temps en temps, elle nous envoyait un mouton, ou du gibier, ou du riz et des choses de ce genre. Comme j'avais un peu appris à parler auprès de notre interprète, elle me faisait appeler pour chevaucher à son côté et quand nous arrivions à l'étape, elle donnait des ordres pour qu'on prît soin de mon cheval et m'invitait sous sa tente qu'on avait déjà dressée, jusqu'à ce que l'autre père et nos gens fussent arrivés, m'offrant quelque rafraîchissement et m'interrogeant sur notre pays, l'Europe, nos coutumes, notre Sainte Religion, l'image des Saints dans mon bréviaire, ma façon de prier et la signification de mes prières, mes voyages dans d'autres pays et les coutumes que j'y avais remarquées.* »

Bienveillante curiosité et aimables conversations.

Pendant ce temps, le père Freyre pataugeait dans l'arrière-garde. Notre seul regret est de ne savoir ni l'âge ni l'aspect de la dame. De cela le père Desideri ne dit pas un mot : seule l'âme de la princesse l'a intéressé...

A la fin de novembre, le père Freyre et l'interprète s'égarèrent. La princesse, prévenue, fit appeler Desideri auprès d'elle pendant que ses serviteurs procédaient aux recherches et retrouvaient bientôt les deux hommes. Quelques jours après, Desideri s'aperçut au cours de l'étape quotidienne que son cheval était blessé au dos et il poursuivit sa route à pied, tenant l'animal par la bride. Survint la princesse, qui lui dit de se mettre en selle et de chevaucher à ses côtés jusqu'au camp. Découvrant l'état de son cheval, elle lui en fit donner un autre et étendit sa générosité au père Freyre.

A Lhasa, hélas, c'en fut fini de cette amitié si bien commencée. Le père Desideri en montra quelque mélancolie, mais en une forme inattaquable, où pas un provincial ou un général ne trouverait à redire : *« A Lhasa, la princesse ne resta que peu de temps à la Cour* [celle de Lhazang, le prince mongol qui gouvernait alors le Tibet] *et se retira bientôt dans un couvent où elle devint nonne. De sorte que, lorsque j'eus réellement maîtrisé la langue, je ne pus, comme je le souhaitais de tout mon cœur, la revoir et avoir une chance de l'initier à notre Sainte Foi. Mais je prie Dieu constamment et avec ferveur pour qu'Il la récompense de tous les bienfaits dont elle nous a comblés, pour qu'Il lui apporte la Lumière, la convertisse et lui donne le salut éternel. »* Nous ne saurons décidément jamais si elle était jeune et belle.

Après cela, Desideri ne pouvait que considérer attentivement les dames du Tibet, et c'est un fait qu'il les regarda bien. Il a décrit leurs costumes avec une précision féminine, sans oublier un cabochon. Il fut moins disert sur leurs coutumes, preuve qu'il ne les approcha qu'avec prudence, se bornant à relever leur discrétion dans l'absorption du *chang*, boisson d'orge fermentée, dont elles ne boivent jamais les premières infusions, jugées trop fortes, mais seulement la troisième « *qui est comme de l'eau trouble* », et encore dans de très petites tasses.

En ce qui concerne le mariage et les liens de parenté, Desideri releva deux sortes de relations familiales, celles de l'*os*, c'est-à-dire de toutes les personnes descendant d'un ancêtre mâle commun, et celles qui étaient nouées par mariage. Le terme d'« os » est bien celui qu'utilisent les Tibétains pour définir les relations patrilinéaires dominantes chez eux. Sa description du mariage est une synthèse incomplète de diverses solutions retenues dans ce pays où le sujet est d'une incontestable complication. Il décrivit de son mieux quelques types de mariages, sans s'émouvoir outre mesure de l'incroyable liberté des mœurs, au regard de ce que connaissait alors l'Occident chrétien, mais il se devait d'émettre quelques critiques. Il n'y eut pas de peine, la voie était toute tracée : « *Mais nous en venons à la détestable et abominable coutume selon laquelle, bien que ce soit le frère aîné qui ait mis le beurre sur la tête de la jeune fille* [lors du mariage, c'est le signe de l'alliance] *et soit par conséquent son mari légal, il fait ce rite pour lui-même et pour ses frères, adultes ou enfants, et elle est reconnue et se considère comme la femme légitime de tous. Les enfants sont appelés fils et filles du frère aîné, neveux et nièces des cadets. Une des raisons données à cette odieuse coutume est la pauvreté du sol, et la petite quantité de terre qui peut être cultivée, en raison du manque d'eau. La récolte peut suffire si les frères vivent tous ensemble, mais s'ils forment des familles séparées, ils seront réduits à la mendicité. Une autre raison, mais pas aussi convaincante, est la prédominance des naissances masculines. Un missionnaire qui passa plusieurs années à la Cour de Chine, au service de l'Empereur, m'a dit qu'on y avait un grand désir d'abolir cette horrible coutume du Tibet, et qu'il était question d'envoyer de nombreuses filles de Chine pour augmenter le nombre des femmes.* » Cette étonnante information, si elle ne doit pas tout à l'imagination du père Desideri, prouve du moins que la volonté chinoise de « jouer » sur la population tibétaine ne date pas d'hier. On peut penser à des colonies pénitentiaires, car l'offrande massive de femmes chinoises aux Barbares tibétains semble quand même une générosité peu vraisemblable. Que l'Empereur ait été choqué par les mariages polyandres et non par les mariages polygynes n'a rien d'étonnant; il est plus surprenant que le bon père l'ait suivi sur cette voie et se soit gardé de faire mention des mariages de ce dernier type qui, sans être aussi fréquents, existaient néanmoins au Tibet. A ces quelques restrictions près, Desideri examina le statut des femmes tibétaines avec une grande objectivité, dont on ne retrouve l'équivalent qu'à une période relativement récente. « *Quand une jeune fille a une relation illicite, même si elle est fiancée, elle n'est guère blâmée. Mais si c'est une femme mariée, c'est de l'adultère, et la femme et son complice sont sévèrement punis et le mari peut en toute impunité tuer l'amant. En même temps, la femme est le chef suprême de la maison, le mari lui fait confiance, la respecte et ne fait rien sans la consulter ni sans être sûr de son consentement.* » C'était sans doute une vue un peu schématique des choses, et Desideri, si bon analyste qu'il ait été, ne pouvait se défaire de tous les préjugés de son temps : il a vu les façades, mais non les cours, ou bien il n'a pas voulu les voir. Ainsi, proclamant l'indissolubilité du mariage tibétain, il admettait cependant quelques divorces obtenus par des maris, mais n'envisageait ni la punition de l'adultère masculin, ni le divorce du fait de la femme.

Dans sa description de la vie religieuse, Desideri ne mentionna les femmes que très sommairement, reflétant bien en cela ce qu'il pouvait avoir connu. Il nota que les filles pouvaient devenir nonnes, de leur propre décision ou parce qu'elles étaient en surnombre dans leur famille, situation somme toute comparable à celle des filles en Occident. Il décrivit longuement le « métier » de moine, mais pas celui de nonne. Il estimait d'ailleurs que les nonnes avaient plus de liberté que les moines, puisqu'elles pouvaient résider au couvent ou dans leur famille. C'était oublier ou ignorer que la vie religieuse des nonnes était en général réduite à fort peu de chose, ce qui ne pouvait évidemment pas beaucoup choquer un ecclésiastique catholique du début du XVIIIe siècle, d'esprit si ouvert qu'il ait été. Cependant, Desideri a noté l'importance considérable des pèlerinages dans la vie religieuse tibétaine. Lors de son exil au Dakpo, il eut connaissance de celui de Tsari, *« pendant lequel une chasteté absolue doit être respectée, même entre mari et femme »*, remarque particulièrement savoureuse sous la plume du bon père, qui commençait décidément à bien connaître ses Tibétains. Ce témoin décidément exceptionnel fut le premier à noter que lors du « tour » des montagnes de Tsari, *« il est considéré comme sacrilège qu'une femme, même une nonne, aille sur les plus hautes montagnes. Et il est un point qu'il leur est interdit de dépasser. Elles ne le font jamais, car elles croient qu'une femme qui dépasserait ce point serait mise à mort dans d'horribles conditions par la déesse tutélaire de l'endroit.* »

Au XVIIIe siècle, les livres sur le Tibet se multiplièrent en Occident. Des polémiques s'ouvrirent, on se disputa en latin. Inutile de dire que les dames, qui n'avaient jamais constitué un souci prioritaire pour les voyageurs (sauf pour Marco Polo, rendons-lui cette justice), n'étaient pas même mentionnées dans tous ces beaux discours, sinon, de temps en temps, à propos de polyandrie. D'ailleurs, il devenait de plus en plus difficile pour un Occidental, voire impossible, d'approcher du Tibet, progressivement fermé à partir de 1720 sous la tutelle mandchoue. Quand Alexandre Csoma de Kőrös s'installa dans les marches du Tibet occidental, il s'intéressa plus à la religion qu'aux dames, et on ne saurait le lui reprocher, car ses travaux pionniers donnèrent une impulsion décisive à la tibétologie. Les observations de beaucoup d'autres voyageurs restèrent cependant très en deçà de ce que l'on aurait pu attendre des progrès parallèles de la connaissance des textes. Le côté partiel, partial, souvent absurde, parfois délibérément mensonger de certains de ces témoignages anciens, ne doit pas être pris pour une simple et facile recherche de pittoresque : ces attitudes-là conditionnent encore largement celles d'aujourd'hui, ne serait-ce que par les excès des réactions qui y sont apportées. Et on ne peut dire que, sur la question des femmes, les témoignages, au XIXe siècle, et même au début de notre siècle, aient apporté de grandes informations.

Au rayon ecclésiastique, le célèbre père Huc, lazariste, eut beaucoup plus de succès que son discret prédécesseur Desideri. Il fut admiré et fêté, bien que quelques doutes planent sur l'entière véracité de ses propos. Sur les femmes tibétaines, qu'il pouvait observer facilement puisqu'elles ne sont pas recluses, et même s'il n'alla pas jusqu'à Lhasa (là est la controverse), il ne pouvait avoir qu'une opinion quelque peu distanciée. Qu'aurait dit la comtesse de Ségur, qui cita largement ses récits dans l'un de ses immortels chefs-d'œuvre, *Les Bons Enfants,* – pour ne pas parler de la hiérarchie ecclésiastique –, si le père Huc avait fait la moindre allusion risquée ? On était sérieux, que diable !, au XIXe siècle.

Le costume des Tibétaines ne semblait pas au père Huc très différent de celui de leurs compagnons, ce qui n'est pas inexact dans le principe, mais il précisait que ces dames portaient par-dessus leur robe une courte tunique bigarrée, élément de costume qui ne paraît pas avoir survécu, même modifié. Toutefois, cette description évoque les costumes tibétains tels que les montraient des dessins européens des XVIIe et XVIIIe siècles, ainsi que les belles planches des « costumes du monde » du début du XIXe siècle. Du maquillage un peu particulier des dames tibétaines, et dont le père Grueber avait déjà signalé le charme original, le père Huc donna une explication détaillée, sinon exacte. « *Avant de sortir de leurs maisons, elles se frottent le visage avec une espèce de vernis noir et gluant assez semblable à de la confiture de raisin. Comme elles ont pour but de se rendre laides et hideuses, elles répandent sur leur face ce fard dégoûtant à tort et à travers, et se barbouillent de manière à ne plus ressembler à des créatures humaines. Voici ce qui nous a été dit sur l'origine de cette pratique monstrueuse : Il y a à peu près deux cents ans, le* Nomekhan [titre mongol porté au Tibet par des religieux de haut rang], *ou lama roi qui gouvernait le Thibet antérieur* [l'habitude parfaitement injustifiée d'écrire Thibet au lieu de Tibet s'est maintenue jusqu'à nos jours] *était un homme rigide et de mœurs austères. A cette époque, les Thibétaines, pas plus que les femmes des autres contrées de la terre, n'étaient dans l'habitude de s'enlaidir; elles avaient au contraire, dit-on, un amour effréné du luxe et de la parure; de là naquirent des désordres affreux, et une immoralité qui ne connut plus de bornes. La contagion gagna peu à peu la sainte famille des lamas; les couvents bouddhiques se relâchèrent de leur antique et sévère discipline et furent travaillés d'un mal qui les poussait rapidement à une complète dissolution. Afin d'arrêter les progrès d'un libertinage qui était devenu presque général, le Nomekhan publia un édit par lequel il était défendu aux femmes de paraître en public, à moins de se barbouiller la figure de la façon que nous avons déjà dite. De hautes considérations morales et religieuses motivaient cette loi étrange, et menaçaient les réfractaires des peines les plus sévères, et surtout de la colère et de l'indignation du Bouddha.* » Le père Huc n'était manifestement pas partisan des charges légères ni, d'ailleurs, de l'exactitude historique; il ne détestait pas l'exagération. « *Il fallut, sans contredit, un courage bien extraordinaire pour oser publier un édit semblable; mais la chose la plus étonnante, c'est que les femmes se soient montrées obéissantes et résignées. La tradition n'a pas conservé le plus léger souvenir de la moindre insurrection, de la plus petite émeute. Conformément à la loi, les femmes se noircirent donc à outrance, se rendirent laides à faire peur, et l'usage s'en est religieusement conservé jusqu'à ce jour : il paraît que la chose est considérée maintenant comme un point de dogme, comme un article de dévotion. Les femmes qui se barbouillent de la manière la plus dégoûtante sont réputées les plus pieuses. Dans les campagnes, l'édit est observé avec scrupule, et de façon à ce que les censeurs ne puissent jamais y trouver rien à redire; mais à Lhassa, il n'est pas rare de rencontrer dans les rues des femmes qui, au mépris des lois et de toutes les convenances, osent montrer en public leur physionomie non vernissée, et telle que la nature leur a donnée. Celles qui se permettent cette licence ont une très mauvaise réputation et ne manquent jamais de se cacher quand elles aperçoivent quelque agent de la police. »*

Si le père Huc avait voulu prouver que le rire, même un peu lourd, est la meilleure façon de se défendre de ce qu'on ne comprend pas, sans doute ne s'y serait-il pas pris autrement. Mais cette habitude curieuse, si peu esthétique d'un point de vue occidental, était fort ancienne. Les *Annales* des Tang moquaient déjà les Tibétains pour leur façon de s'enduire le visage de rouge. Le père Desideri ne la releva pourtant pas et, un demi-siècle auparavant, le père Grueber ne la signala que loin de Lhasa. Mais il est vrai que les photographies du début du siècle en ont donné de nombreux exemples. De nos jours, cette coutume existe encore chez les dames nomades, qui préparent ce délicat cosmétique en faisant bouillir le petit-lait jusqu'à ce qu'il devienne épais et noir. Il est réputé protéger la peau des brûlures du soleil. Quoi qu'il en soit, des femmes jeunes l'utilisent, et pas pour s'enlaidir. Pour le père Huc, l'épisode du « maquillage », avec sa laborieuse explication, était un moyen pratique de passer, sans insister, aux mauvaises mœurs des Tibétains, que seul, bien entendu, le christianisme aurait pu corriger.

Cependant la déchéance complète lui semblait devoir être épargnée aux Tibétaines dans la mesure où il les vit travailler comme des bêtes de somme. Comment des créatures pareillement occupées auraient-elles trouvé le loisir de la dépravation ? Il n'est pas impossible, tout compte fait, que le père Huc ait été un humoriste. « *Une chose qui tendrait à faire croire que, dans le Tibet, il y a peut-être moins de corruption que dans certaines autres contrées païennes, c'est que les femmes y jouissent d'une grande liberté. Au lieu de végéter, emprisonnées au fond de leurs maisons, elles mènent une vie laborieuse et pleine d'activité. Outre qu'elles sont chargées des soins du ménage, elles concentrent entre leurs mains tout le petit commerce. Ce sont elles qui colportent les marchandises de côté et d'autre, les étalent dans les rues et tiennent presque toutes les boutiques de détail. Dans la campagne, elles ont aussi une grande part aux travaux de la vie agricole.* » Et d'ajouter bien vite, car il lui fallait prendre garde, dans son siècle d'agitation sociale et même de revendication féministe : « *Les hommes, quoique moins laborieux que les femmes, sont loin pourtant de passer leur vie dans l'oisiveté.* » On est soulagé de l'apprendre, mais il est bien connu que leur tendance à la dépravation est beaucoup moins prononcée que celle des femmes.

Vers la fin du siècle, un autre type de voyageur, le chasseur, s'exprimait sur le Tibet avec la délicatesse propre à ses activités. Ainsi, Gabriel Bonvalot parcourut la haute Asie, de la Russie à l'Indochine. Il accompagnait un célèbre Nemrod : le prince Henri d'Orléans. Dans un livre de plus de trois cents pages relatant sa traversée du Nord-Est tibétain, Bonvalot parle de ses guides, de ses bêtes de monte et de bât, de ses chiens, du bétail, du gibier... Des femmes : cinq lignes, mais admirables de concision et d'une grande subtilité d'observation et de jugement. « *Les femmes des pasteurs tibétains sont chargées d'à peu près tous les travaux. Elles jouissent d'une grande liberté et ne sont pas farouches; elles s'approchent sans gêne de notre camp, s'assoient à côté de nos Tibétains, et se montrent familières. Leur malpropreté n'égale que leur laideur. »*

Aucun des observateurs dont les propos ont été rapportés jusqu'à présent n'a considéré les rapports des femmes et de la religion, sujet qui paraît pourtant d'une importance évidente au Tibet. A peine si Desideri a écrit quelques phrases sur les nonnes. Il est vrai que, pour les Occidentaux également, la religion est avant tout affaire d'hommes. Un dernier témoignage, s'il peut être ainsi qualifié, dans ce survol des opinions et découvertes occidentales, est à cet égard fort étonnant.

Il s'agit de celui de Harrison Forman, contenu dans un livre au titre peu original, *Through Forbidden Tibet*, publié à Londres en 1936. Forman vendit des avions au gouvernement chinois, fut membre du corps des volontaires de Shanghai, plus ou moins correspondant de guerre; il tenta de rouvrir au commerce la « route de Marco Polo », échoua au Gansu et se décida à explorer le Tibet. Ses pas le conduisirent d'abord au monastère de Labrang, à l'est de l'ancienne province d'Amdo (actuel Gansu). Comme beaucoup d'étrangers découvrant la culture tibétaine, Forman fut vivement frappé par les représentations peintes et sculptées du tantrisme bouddhique. Il mentionna donc des sculptures « obscènes », tout en précisant, ne serait-ce que pour prouver l'étendue de sa science, que ces représentations n'ont rien de choquant aux yeux des Tibétains, bien qu'elles montrent *« toutes les postures que l'esprit de l'homme a pu concevoir en matière de copulation ».* Description d'un comique involontaire, et en tout cas bien excessive : les représentations tibétaines de divinités en union sexuelle, visées par cette prétendue obscénité, ne sont jamais ni pornographiques ni même érotiques; elle sont un simple constat, à la valeur essentiellement symbolique, et leur répétitivité, à moins qu'elle ne soit assortie d'une exceptionnelle qualité artistique, les rend plutôt ennuyeuses. Mais Forman était un fin connaisseur. Aussi put-il affirmer que les chapelles où étaient abritées ces représentations tantriques étaient destinées à « tester » les réactions des moines déjà bien avancés sur la voie de la sainteté : s'ils demeuraient imperturbables, on passait à l'épreuve suivante, celle de la réalité! Rappelons que Labrang est un monastère gelukpa célèbre et respecté et que, s'il comporte un collège spécialisé dans l'étude du tantrisme, il n'a jamais admis sa pratique autrement que sur un plan strictement mental. Mais comment Forman voyait-il cette épreuve de la réalité? *« Des femmes vivantes sont choisies et formées dans ce but. Elles sont belles, même selon nos normes, accomplies et conscientes du sérieux de leur mission. Tout d'abord, elles dansent, et elles connaissent toutes les danses capables de susciter la concupiscence des hommes. »* Manifestement, les écrits de Forman font partie de ces ouvrages relativement nombreux qu'il paraît difficile de citer sans un corset de points d'exclamation. *« D'habitude le lama est assis seul devant elles, mais il arrive que de petits groupes de lamas pratiquent ensemble ces rites étranges. Le lama, assis en position de Bouddha, examine et étudie ses réactions sensuelles, sachant que les filles sont à sa disposition et que lui seul et sa conscience, et ces femmes qui ont juré le silence, sauront jamais ce qui s'est passé dans ces murs. C'est une exhibition délibérée où ces filles bien entraînées montrent tous les arts et tous les artifices de la féminité telle que les hommes la recherchent mais la trouvent rarement.* » Peut-on imaginer ces tentatrices, ces Filles de Mâra, en professionnelles appointées par le monastère ? *« Si le lama passe cette épreuve et prouve qu'il est au-dessus de la tentation, alors il peut passer au niveau suivant qui s'intitule recherche expérimentale, ce qui s'explique de soi-même. »*

Forman n'était ni un imbécile ni un ignorant. Il n'a certainement pas écrit ces belles pages par conviction, mais plutôt par sens commercial. Le mystère tibétain devait se vendre bien, et d'autant mieux sans doute qu'on le faisait graveleux. Cela tient visiblement à un malentendu fondamental. Le bouddhisme tibétain, bouddhisme tantrique, a utilisé le symbolisme sexuel simplement et strictement pour figurer l'union, l'idéal de non-dualité, et nullement pour s'opposer à un tabou. Expliquer cela, le justifier, n'était certes pas facile au début de notre siècle : on le vit et on le voit encore en Occident, où l'intérêt suscité par le tantrisme a révélé souvent une curiosité un peu malsaine ou un brin de provocation, et encore moins en Chine où, aujourd'hui comme hier, les statues « tantriques » du temple tibétain de Pékin sont pudiquement voilées. En termes clairs, pour un observateur moyen du début du siècle, il ne pouvait y avoir de symbolisme sexuel dans un temple : c'était là l'affaire des lupanars. On ne peut nier que les mystères tibétains ont prodigieusement inspiré Forman.

Après son séjour à Labrang, il rayonna dans la région. Sans doute, comme bien des étrangers, supportait-il mal l'altitude, car son imagination tournait au délire. Bien entendu, tous les « sorciers » lui révélèrent leurs « trucs ». Qui lui aurait résisté ? Puis on lui signala une femme « Bouddha vivant ». Son informateur lui fit valoir la rareté de la chose en lui expliquant que le bouddhisme considère les femmes comme inférieures sur un plan spirituel et qu'elles doivent d'abord se réincarner en hommes avant d'aborder le processus qui les conduira vers l'état de bouddha. C'est en effet l'opinion à peu près générale au Tibet. Dans le cas signalé, la dame qui, bien entendu, gouvernait un monastère d'hommes, avait été reconnue à sa naissance comme réincarnation de l'abbé défunt, et ce n'est que plus tard qu'on avait constaté qu'elle était de sexe féminin. Tout cela sort évidemment de l'imagination de Forman. Il y eut effectivement dans cette région une lignée de réincarnations féminines, fait très rare au Tibet, lignée dont on sait fort peu de chose, sinon que le Ve dalaï-lama ne l'approuvait pas. Le reste est affabulation. Forman se dérangea donc. Il nous a laissé la photo de la dame, corpulente personne qui pourrait tout aussi bien être un homme. Le visiteur fut reçu aimablement, et une longue séance de photographie eut lieu sur le toit du monastère. Jusque-là, rien que de très banal. Mais Forman aperçut une grotte sur la pente de la montagne et demanda à la visiter. Son hôtesse accepta de l'y conduire et, immédiatement, nous dit-il, Forman ressentit un certain malaise. Mais suivons-le maintenant pas à pas dans son étonnante aventure.

Les voici dans la grotte. Tous deux allument des torches et déchaînent un impressionnant vol de chauves-souris gigantesques. Forman montre sa nervosité, l'abbesse le rassure, avec un peu de moquerie, lui semble-t-il. *« Un doute me saisit. Bon sang! Qu'était au juste cette femme Bouddha vivant? »* Tout à coup, les chauves-souris disparaissent. L'abbesse avance dans la grotte. Ils suivent un passage en escalier pour arriver dans une seconde grotte plus vaste encore, pleine de stalactites et de stalagmites. Au centre, entre quatre pyramides d'ossements humains, se dresse une massive statue dorée. Stupeur de Forman, retour des chauves-souris. Il regarde l'abbesse : elle sourit, *« comme dans une extase hystérique »*, dit Forman, qui sait de quoi il parle. Puis il lui semble que les chauves-souris ne tournent plus autour de lui, mais autour de l'abbesse, et avec une sorte de grâce, cette fois. L'abbesse demeure immobile, contemplant la statue. *« Et comme je la regardais, je ne pus en croire mes yeux. Elle commença lentement à se dévêtir. Un mouvement d'épaule et sa toge glissa à terre. Puis elle desserra sa ceinture et laissa tomber sa volumineuse jupe. Ses autres vêtements suivirent, un à un, formant une pile rouge à ses pieds. Et je vis ce que je suis certain qu'aucun homme blanc ne vit avant moi, ni ne verra jamais, le corps dénudé d'Alakh Gong Kritsang, grand Bouddha vivant de Drukkur Gomba. »* Et pour ceux de ses lecteurs qui, ayant vu la photographie de la dame, pouvaient concevoir quelques doutes, il précise avec lyrisme et culture : *« Son corps était étonnamment voluptueux et, je suppose, beau. Les seins étaient comme ceux d'une écolière, fermes et ronds, comme deux hémisphères d'albâtre. Sa silhouette était superbe, de proportions généreusement arrondies. Elle me rappela les nus de Michel-Ange. Et elle se tenait au milieu des chauves-souris, regardant au-dessus d'elle, en extase. »* Mais il ne faudrait pas voir dans tout cela une simple rêverie érotique : on est en plein tantrisme, et on va le voir. *« Soudain, les chauves-souris se précipitèrent sur elle comme des vautours au festin. En un instant, elle en fut couverte de la tête aux pieds. Comme des vampires assoiffés, elles plongèrent leurs horribles becs dans sa chair et le sang commença à couler de multiples blessures. »* Forman reste un moment pétrifié, puis, comme il est armé, vide un chargeur sur les chauves-souris, puis un autre, et un autre encore, en tout sept chargeurs qu'il portait sur lui. Pour une visite à une dame, surtout abbesse, on ne peut lui reprocher de ne pas avoir pris ses précautions. La dame lui enjoint de se calmer, ce qu'il finit par faire; d'un geste, elle rend la vie aux chauves-souris qu'il a tuées. Plus la moindre trace de blessure sur elle. Et ils ressortent de la grotte sans plus d'incidents. Entre ce moment et la sortie, l'abbesse se retrouve en tenue décente, mais Forman ne dit pas comment, le rhabillage n'ayant pas la même valeur suggestive que le déshabillage, puis il conclut : *« Ce doit être l'altitude »*, pour bien faire comprendre, mais de façon virile, que ce n'était précisément pas l'altitude. La porte est ouverte au Troisième Œil.

Démone, reine ou femme facile, voici donc une triple équation masculine à propos des Tibétaines. Chinois et Occidentaux les ont simplement refusées; les uns en ont fait les reines d'un matriarcat chimérique, les autres les ont réduites à la fonction sexuelle, et Desideri fut du très petit nombre de ceux qui les regardèrent avec respect. Les Tibétains, qui les connaissaient quand même mieux, en ont fait, pourrait-on dire, des démones « compatibles ». Mais comme il y avait au Tibet ancien autant de démons mâles que de démons femelles, cette parité initiale a peut-être joué en faveur du relatif équilibre de la cohabitation ultérieure des Tibétains et des Tibétaines. Et c'est pour cela qu'il faut maintenant aller chercher les Tibétaines à l'époque où les démons n'étaient pas encore soumis, ou venaient à peine de l'être, à l'époque où le clergé bouddhique était réduit à quelques apôtres étrangers, à l'époque où le Tibet était un empire, gouverné par des souverains redoutés d'une bonne partie de l'Asie.

2

Les femmes et l'Empire tibétain
VIIᵉ-IXᵉ siècle

Découverte de l'empire : les sources et le cadre

Jusqu'à une date récente, l'histoire du Tibet semblait commencer de façon très soudaine, à l'aube du VIIᵉ siècle. On ne connaissait d'ailleurs ces débuts que par des chroniques plus tardives, rédigées à partir du XIIᵉ siècle, et dont bien peu ont été traduites en Occident. Il est vrai qu'elles sont en général fort longues et fort austères. Les historiens occidentaux tirèrent de ces lectures une première chronologie, ils interprétèrent de leur mieux les imposantes listes généalogiques de souverains tibétains qui leur semblaient, et semblent encore pour une bonne part, relever de la mythologie. Ils y avaient quelque mérite, car ces récits, qu'ils décrivent les origines mêmes du Tibet, l'avènement, l'essor et la chute de la monarchie, ou la Première Diffusion du bouddhisme (VIIᵉ-IXᵉ siècle), sont fort divergents et donnent bien souvent l'impression d'une reconstruction, d'une relecture de l'histoire à la lumière du bouddhisme triomphant, plutôt que de l'exposé d'une réalité forcément moins linéaire et moins organisée. Dans l'ensemble, ces chroniques tardives ne portent pas un grand intérêt aux femmes; l'une d'elles a cependant consacré un volume entier aux reines, mais les figures évoquées sont trop emblématiques pour avoir beaucoup de consistance, ou trop marquées par l'anecdote pour être totalement crédibles. Comparaisons et regroupements avec des sources chinoises, en particulier les *Annales* dynastiques des Tang (618-907) apportèrent quelques précisions. L'image que l'historiographie chinoise donne du Tibet monarchique, des abords du VIIe siècle au milieu du IXe siècle, n'est certes ni impartiale ni complète, mais elle confirme néanmoins, du point de vue qui nous préoccupe, que deux princesses chinoises furent mariées à des souverains tibétains; et, d'un point de vue plus général, que ces princes barbares étaient des guerriers redoutables et souvent des conquérants victorieux, qui réussirent même en 763, au terme d'un raid étonnant, à chasser l'empereur de sa capitale de Chang'an (l'actuelle Xi'an); enfin, elle ne peut cacher ni la puissance des Tibétains, ni leur omniprésence en Asie centrale pendant toute cette période.

Au début de notre siècle, le travail des historiens se trouva à la fois enrichi et compliqué par une découverte extraordinaire. D'une cache, murée, dit-on, en 1083, dans le monastère rupestre des Mille Bouddhas, dans l'oasis de Dunhuang, aux confins du Gansu et de l'Asie centrale, au débouché de l'ancienne Route de la Soie, fut exhumée une considérable quantité de peintures liturgiques bouddhiques et de manuscrits rédigés en chinois, mais aussi en tibétain et en plusieurs langues d'Asie centrale. Une grande partie de ces documents fut alors acquise par deux savants occidentaux, l'un anglais, sir Aurel Stein (1862-1941), l'autre français, Paul Pelliot (1878-1945). Le classement, la lecture et l'étude de ces documents commença bientôt, tâche ardue, mais qui a totalement modifié l'abord et la connaissance que l'on avait de l'histoire du Tibet et des cultures d'Asie centrale et de haute Asie entre le VIIe et le XIe siècle.

Parmi ces documents, conservés aujourd'hui pour une grande partie à la British Library de Londres et à la Bibliothèque nationale de Paris, bon nombre traitent, à titre divers, du Tibet, de son histoire, de ses conquêtes, de son administration, de ses croyances et de ses traditions, de son ouverture au bouddhisme et même parfois de ses femmes. Il a fallu restaurer ces manuscrits, les identifier, les réunir, car ils étaient parfois divisés, les hasards du choix ayant envoyé tel fragment à Londres et son complément à Paris. Il a fallu aussi les dater – et, sur ce point, la précision n'est pas toujours acquise ni les discussions closes –, enfin les comprendre et en tirer les enseignements, tâche à laquelle se sont appliquées des générations de savants acharnés à retrouver le sens perdu d'un mot, l'ordre de lecture d'un texte mutilé, la localisation d'un toponyme important et depuis longtemps oublié, l'identité d'une femme sous une mention hâtive...

On a beaucoup disputé des raisons qui conduisirent à la fermeture de la cache de Dunhuang : a-t-on agi de la sorte pour préserver cet inestimable trésor d'une invasion ou de la simple incertitude des temps ? Il est plus vraisemblable, quoique infiniment moins dramatique, que l'ensemble ait été un rebut, regroupant aussi bien des documents originaux, mais devenus inutiles, que des peintures inachevées, des brouillons de scribes et les multiples écrits afférant au quotidien d'un monastère important, en outre situé au débouché d'une voie commerciale majeure. Certains, sacrifiant la poésie à un réalisme peut-être excessif, ont même pensé qu'il ne s'agissait là que d'un regroupement tardif, fait à la fin du XIXe siècle et au début du XXe siècle, au fur et à mesure de découvertes fortuites dans les quelque cinq cents grottes subsistant du monastère pratiquement abandonné, et que la cache ne fut à la fois remplie et découverte que pour répondre à la curiosité rémunératrice des voyageurs occidentaux.

En fait, la première question qui se pose, la plus évidente, est de savoir pourquoi de tels documents, en particulier ceux qui ont trait aux généalogies royales du Tibet et à l'histoire de sa dynastie, ont été retrouvés à Dunhuang, poste avancé de l'Empire tibétain dans sa plus grande extension, occupé de 781 à 847, et non au Tibet central, dans les bastions et les capitales de ses souverains. C'est sans doute qu'ils constituaient les archives, les modèles rédactionnels, les références indispensables à la conduite de l'administration et, à cet égard, ils sont le reflet de l'importance de l'organisation administrative tibétaine et de sa qualité. Certains de ces documents n'étaient donc sans doute que des copies, voire des extraits d'archives plus importantes et parfois plus anciennes conservées au Tibet central. Les femmes apparaissent modestement, mais dans l'ensemble de ces documents si divers : reines et princesses des généalogies et des annales, femmes beaucoup plus humbles des documents juridiques ou commerciaux, donatrices des documents bouddhiques. Elles apparaissent aussi bien dans le cadre de traditions très anciennes, sans doute encore bien vivantes à l'époque où les Tibétains occupaient Dunhuang, que dans celui du bouddhisme qui commençait à gagner l'ensemble du Tibet et à le bouleverser radicalement.

On peut raisonnablement penser que le laconisme des *Annales* royales tibétaines retrouvées à Dunhuang correspond au respect de la stricte nécessité. Les fonctionnaires et les généraux stationnés dans cette garnison n'avaient que faire, et c'est bien dommage pour nous, des derniers potins de la Cour. Il existait vraisemblablement au Tibet central des versions beaucoup plus détaillées de ces *Annales*, comme il y existait sans doute des collections de documents couvrant l'ensemble de l'Empire tibétain, ce qui n'avait pas de raison d'être dans les limites de la commanderie de Dunhuang. Les *Annales* tibétaines retrouvées à Dunhuang s'écartent rarement du schéma suivant : « Telle année, en été, le souverain résida à tel endroit; le conseil fut réuni en tel autre. On fit le recensement de telle province. Tel conseiller conduisit une campagne contre tel adversaire. En hiver le souverain résida à tel endroit, reçut tel envoyé... » Il est en outre indiqué de temps en temps qu'une reine mourut, ou qu'une princesse vint ou fut envoyée en mariage : manifestement, les dames ne sont pas le sujet favori des *Annales* officielles, mais l'essentiel est qu'elles y figurent. Et il est vraisemblable qu'elles figuraient plus largement dans les versions non résumées des *Annales*. On a ainsi retrouvé un fragment de celles du royaume tuyuhun du Kukunor que conquirent les Tibétains, et où la part des femmes est assez importante pour que les premiers savants à s'être penchés sur le texte aient cru avoir affaire à un... ouvrage de dame.

Aucune découverte comparable à celle de la cache de Dunhuang ne paraît avoir été faite de nos jours au Tibet central. Pourtant, les archives anciennes, regroupées dès l'époque monarchique dans plusieurs dépôts, châteaux ou temples, ont été conservées fort longtemps. Certains historiens tibétains beaucoup plus tardifs y ont manifestement puisé et, en dernier lieu peut-être, le grand Pawo Tsuklag Trengwa (1503-1566) dans son *Festin des Sages* (1565), monument justement célébré de l'historiographie tibétaine. Mais si ces archives furent, au moins partiellement, conservées jusqu'à la fin du XVIe siècle, on ignore ce qu'il en est advenu depuis. Peut-être ont-elles disparu dans les incendies et les destructions qui marquèrent l'invasion des Mongols dzungars au début du XVIIIe siècle; lors de tremblements de terre, fréquents au Tibet, ou d'incendies accidentels; ou dans le désastre auquel la Révolution culturelle sert de masque. On peut même espérer qu'il en ait subsisté quelques bribes, enfouies dans les locaux des services du Patrimoine plus profondément qu'elles ne le furent jamais à Dunhuang.

Heureusement pour nous, les historiens tibétains ont donc fait usage, certes modéré, mais usage quand même, de ces archives. En s'entourant de quelques précautions critiques, l'on peut retrouver dans les chroniques tibétaines, bien après que la monarchie fut devenue un souvenir vague pour les Tibétains eux-mêmes, des précisions qui viennent étayer, compléter et même éclairer les informations recueillies dans les documents de Dunhuang et dans les sources chinoises anciennes. Et sur tous les points qui ne sont pas abordés par les documents de Dunhuang, ces chroniques plus tardives sont notre seule source.

Chercher à retrouver les dames de l'ancien Tibet conduit à rechercher aussi, et peut-être d'abord, l'image de leur quotidien, de ce que fut le Tibet de l'époque monarchique. Une nation comme celle que les chroniques anciennes décrivent, déjà florissante à l'aube du VIIe siècle, n'est pas le résultat d'une improvisation. De fait, on a retrouvé au Tibet les traces d'un peuplement remontant à quelque quarante mille ans. L'archéologie révèle, en nombre croissant, les vestiges des étapes successives d'une grande civilisation. Mais les milliers de tombes qui ont été découvertes et dont la datation s'échelonne du IIIe millénaire avant notre ère aux premiers siècles de celle-ci, ne nous ont jusqu'à présent pas appris grand-chose sur le passé des Tibétains. Ces sépultures, violées à plusieurs reprises au cours d'une histoire tumultueuse, n'ont livré que peu de ces objets qui permettent aux archéologues de reconstituer le quotidien d'un peuple et pas la moindre de ces parures ou de ces effigies qui rendent une sorte de réalité magique aux dames du temps passé : on n'a pas encore exhumé de Néfertiti tibétaine.

On ne connaît donc encore que peu de témoins matériels de l'histoire tibétaine jusqu'au Xe siècle, et les écrits ne peuvent apporter qu'une réponse incomplète à nos questions, car l'écriture fut introduite relativement tard au Tibet : elle fut une création à peu près contemporaine de la prodigieuse éclosion de l'Empire tibétain au VIIe siècle. Ses plus anciens monuments conservés, quelques inscriptions au Tibet central et les documents qui furent découverts en Asie centrale, en particulier à Dunhuang, sont, malgré le progrès des études, trop peu nombreux ou trop fragmentaires pour donner de la société tibétaine au plein de la monarchie une image aussi détaillée qu'on le souhaiterait. D'autant qu'il ne reste rien, ou peu s'en faut, des bâtiments qui furent édifiés alors. A en juger par la sophistication de certaines architectures funéraires, l'art de la construction était déjà très poussé. Les forteresses du VIIe au IXe siècle étaient sans doute plus petites que les grands forts, les *dzong*, dont le XIVe siècle tibétain, plus que tout autre, vit l'éclosion, et dont l'exemple le plus célèbre, bien que plus tardif (XVIIe siècle), est le Potala de Lhasa. Cependant ces forteresses archaïques étaient fort bien construites, comme le prouvent certains éléments subsistant de très fine maçonnerie de pierre séche qui peuvent être attribués à ces temps reculés. Les *Annales* des Tang mentionnent pour cette époque des murs d'enceinte, des tours de guet. Bon nombre de ces châteaux forts, implantés sur des pitons, sont nommés dans les textes les plus anciens, ce qui contribue à donner du Tibet des débuts de la monarchie une image résolument guerrière, peu propice à l'éclosion des personnalités féminines.

On ne sait trop à quoi ressemblait l'habitation des humbles. Mais comme la simplicité, voire la rusticité, des maisons dans certains villages de l'actuel Tibet central ne montre pas une évolution considérable par rapport à l'habitat néolithique qui a été retrouvé par ailleurs, on peut imaginer sans grand risque des maisons basses et trapues, couvertes de toits plats et ouvertes très modestement.

Quand le souverain se déplaçait, il s'abritait sous une vaste tente, et son camp était aussi important que bien organisé, au point d'impressionner les envoyés chinois, pourtant peu enclins à l'indulgence lorsqu'il s'agissait des Tibétains. Les *Annales* des Tang en ont conservé la description : le camp était entouré d'une palissade de madriers liés ensemble. Au milieu d'une rangée de cent lances longues, plantées dans le sol à dix pas les unes des autres, se dressait un grand mât portant l'étendard royal. On entrait dans ce camp par trois portes écartées de cent pas l'une de l'autre et gardées par des soldats en armure, qui fouillaient soigneusement les arrivants. Des « sorciers » (de l'avis des visiteurs chinois, ne l'oublions pas), portant des bonnets ornés de plumes et des ceintures en peau de tigre, frappaient sur des tambours. Au centre du camp s'élevait une terrasse entourée d'une balustrade, là où se trouvait la tente du souverain. Ce dernier fut décrit par ses visiteurs chinois en 822 : il portait des vêtements de lainage blanc et un turban de mousseline rose, son épée était ornée d'or. Dans la description, pas un mot n'est dit des dames, mais il faut bien penser qu'elles suivaient le mouvement et que le souverain et ses hommes n'étaient pas seuls lors de ces déplacements qui duraient une bonne partie de l'année. Cette coutume des camps volants conserva toute sa vigueur par la suite. Une école de peinture tira son nom, « peinture des camps Karmapa », de la vie itinérante que menèrent les hiérarques de l'école Karmapa du bouddhisme tibétain, du XIVe et XVIIe siècle. Le camp du dalaï-lama fut photographié vers 1940, il ressemblait encore étrangement à la description faite en 822 par les ambassadeurs chinois.

Il n'est pas facile non plus d'imaginer ce que pouvaient être alors les lieux du culte, car il n'est pas question de sanctuaires dans les documents anciens concernant les croyances prébouddhiques. Il n'est pas impossible qu'il n'y ait eu que des manifestations de cultes en des points habités par une divinité et des lieux marqués, pour une raison ou une autre, par une certaine religiosité, comme il en est aujourd'hui encore de montagnes et même plus modestement de sources ou de rochers abritant une divinité protectrice, en général du reste héritée de ces temps-là. Pour ce que l'on sait de cette activité religieuse, il semble que les rituels les plus importants étaient les cérémonies funéraires, célébrées sur le lieu d'inhumation, telles que les décrivent certains textes de Dunhuang, et les prestations solennelles de serment, comme celle dont les ambassadeurs chinois furent témoins et acteurs en 822. Selon la tradition, les premiers temples bouddhiques furent fondés au VIIe siècle par Songtsen Gampo, mais, quelles qu'en soient les dates exactes, les débuts du bouddhisme au Tibet furent vraisemblablement très modestes, le développement n'en fut que très progressif, et ce n'est que beaucoup plus tard qu'il gagna l'ensemble du territoire et de la population.

Les Tibétains étaient peut-être alors plus pasteurs qu'agriculteurs. C'est une question dont les historiens disputent encore, allant jusqu'à opposer sans beaucoup de preuves une population agricole occupant les vallées méridionales du pays, celles précisément où naquit la monarchie, à une population pastorale vivant au nord du Tsangpo.

En fait, l'agriculture tient un rôle important dans les récits d'origine. L'un des premiers gestes « humains » des descendants du singe et de la démone fut l'ouverture d'un champ. Aux premiers rois (aujourd'hui considérés comme mythiques, mais auxquels l'archéologie rendra peut-être un jour une réalité globale) furent attribuées l'invention du joug et de l'araire, et celle de l'irrigation. Le rôle de cette dernière semble avoir été considérable, les références y sont nombreuses dans les textes anciens. Lors d'une des innombrables guerres de clans qui agitèrent le pays, on put grâce à elle inonder une vallée pour arrêter la progression de l'armée adverse, c'est dire que la technique en était parfaitement maîtrisée. Il est plus difficile de savoir quels étaient les produits de l'agriculture : l'archéologie n'a encore livré que bien peu d'éléments permettant d'en juger, et les textes sont bien imprécis. Il est d'autant plus curieux qu'une information sur ce sujet ait été donnée par une femme, ou du moins à travers son histoire. Semakar, la sœur du grand roi Songtsen Gampo, était mariée, et mal mariée, au roi de Shangshung, royaume situé à l'ouest du Tibet. Lorsqu'elle se plaignait à son frère (Dunhuang nous a conservé la trace de ses récriminations) de la médiocrité de la nourriture dont elle disposait désormais, poisson et blé dur, il n'est pas possible de savoir s'il s'agissait là effectivement des ressources du Shangshung, ou d'une formule décrivant l'ordinaire de l'ensemble du Tibet. D'ailleurs, le bétail – yaks, chèvres et moutons – et les chevaux semblent avoir été déjà la fortune et le souci principal des Tibétains. Semakar, pour stigmatiser sa misère au Shangshung, parlait des troupeaux qui lui étaient alloués, troupeaux de cerfs et d'hémiones, animaux non domestiqués et donc inutilisables. Quant aux chevaux, dont l'éloge est fait à maintes reprises dans les textes, et dont certains, en particulier dans les traditions épiques, étaient dotés d'un statut quasi divin, ils accompagnaient alors les grands dans la tombe. Il y a peu de temps, dans un cimetière important de la vallée du Yarlung, la « vallée des rois », au sud-est de Lhasa, on a mis au jour, à proximité d'un grand tumulus, deux fosses d'inhumation où reposaient des chevaux, couchés sur le côté, la tête au nord. Des fragments de rituels décrivant les funérailles royales ont été retrouvés à Dunhuang, ils mentionnent des sacrifices d'animaux, en particulier de chevaux : l'archéologie vient encore une fois à l'appui des textes anciens.

Agriculteurs, mais surtout pasteurs, cavaliers émérites, les Tibétains furent d'abord de grands guerriers. On le comprend à la lecture de quelques fragments de manuscrits traitant des luttes entre clans ou principautés qui précédèrent l'unification du Tibet vers la fin du VIe siècle. Mais on le comprend surtout de la colère manifeste des *Annales* chinoises, qui ne peuvent réussir à dissimuler l'ampleur des victoires tibétaines.

Le déploiement de l'Empire tibétain est un fait dont l'importance a été trop souvent négligée, peut-être parce que son repli fut rapide et définitif. Mais un empire qui dure plus de deux siècles n'a rien d'éphémère et ne peut être ignoré. Le premier mouvement de conquête accompagna l'ultime phase d'unification du pays, au temps de Namri Songtsen, le père de Songtsen Gampo. En 608, une première ambassade fut envoyée en Chine, puis la lutte commença vite avec les Tuyuhun du sud du lac Kukunor, placés inconfortablement entre Chine et Tibet. Peu après, Namri Songtsen étant mort empoisonné, son fils Songtsen Gampo s'empara du Shangshung. Vers 635, il demanda une alliance matrimoniale à la Chine, bousculant au passage les Tuyuhun et une armée impériale. On résiste rarement à de tels arguments, la princesse fut accordée en 641.

Trente ans après, l'Empire tibétain s'étendait des Pamirs à la frontière de Chine (le royaume des Tuyuhun avait été anéanti) et avait pris à la Chine Khotan et le Tarim occidental, jusqu'à Turfan. Dès lors, non sans défaites ni replis temporaires, l'essor tibétain se poursuivit en Asie centrale : en 715, une brève alliance avec les Arabes marqua la fin de la progression tibétaine vers l'ouest; des alliances plus heureuses furent nouées avec certaines populations d'origine turque. En 750, une alliance avec le royaume de Nanzhao, aux confins du Yunnan, acheva de porter la menace tibétaine sur l'ensemble des frontières occidentales de la Chine. En 763, les armées tibétaines s'emparèrent brièvement de Chang'an, la capitale des Tang, et, plus durablement, des places fortes chinoises du Gansu. En 787, elles prirent enfin Dunhuang, la porte orientale du Tarim et de la Route de la Soie. Les traités de 821-823 signés entre Tibétains, Chinois et Turcs ouïgours apportèrent une paix relative. Mais, au Tibet, commençait le déclin de la monarchie. Après l'assassinat de Langdarma en 842, la confusion régna. Des luttes internes entre les troupes tibétaines d'occupation conduisirent bientôt à la perte de Dunhuang, puis des places fortes du Gansu ainsi que la plupart de celles d'Asie centrale : c'en était fini de l'Empire tibétain.

Les conquêtes faites, il avait fallu les administrer. L'organisation tibétaine, territoriale, militaire, civile et judiciaire, ébauchée sous Songtsen Gampo, dit-on, et modifiée plusieurs fois par la suite, était fort complète, mais aussi fort complexe. Les documents sont nombreux à ce sujet mais on ne sait pas encore le sens de tous les titres et l'importance de certaines fonctions reste mal mesurée. Cette administration s'inspira parfois, ponctuellement, de modèles chinois, mais elle resta profondément originale, s'appuyant sur les divisions territoriales et les unités armées qui avaient fait la force du Tibet central. Tant qu'elle le demeura, on peut penser qu'elle contribua fortement au maintien de l'Empire tibétain.

Des femmes dans une société de guerriers

Est-il besoin de dire que dans ces documents, si nombreux, si divers et cependant si fragmentaires, la part des femmes est mince ? Il est vrai que leur place n'est pas à la guerre et que, si elles avaient été dans l'administration, le fait aurait été assez exceptionnel dans l'histoire de l'humanité pour mériter des mentions en nombre suffisant pour assurer la survie de l'information.

Pourtant, les femmes sont régulièrement, sinon constamment, présentes dans l'histoire du Tibet ancien, quand il le faut, pourrait-on dire, quand les impératifs de la rude existence tibétaine le permettent ou l'exigent, et avec beaucoup moins de restrictions, en apparence, que dans les cultures proches. Statistiquement, la proportion des hommes est écrasante. Ainsi, dans les *Annales* trouvées à Dunhuang, qui couvrent près de cent ans d'histoire de la monarchie tibétaine, sont mentionnés trois cent vingt-quatre noms d'hommes, souverains, ministres, dignitaires et visiteurs étrangers, contre trente-six noms de femmes – soit, pour l'essentiel, les deux princesses chinoises, quelques princesses tibétaines, à l'occasion de leur mariage, et quelques reines, à l'occasion de leur mort. Toutefois, de nombreuses femmes, plus humbles en général, sont mentionnées dans d'autres documents anciens (contrats, lettres, revendications, donations...) retrouvés en grand nombre à Dunhuang.

Le peu que nous apprenons d'elles est néanmoins significatif. Les Tibétaines des temps héroïques avaient un nom : celui de leur clan, qu'elles conservaient au-delà de leur mariage. Il est plus difficile de distinguer, à côté de ce nom de clan, ce qui est titre, appellation de courtoisie ou nom personnel. Mais il en est de même pour leurs compagnons. Tout au plus peut-on remarquer que le titre ou le nom personnel ont été moins souvent notés pour les femmes que pour les hommes, sans doute parce qu'elles ne font en général l'objet que de brèves mentions, où leur appartenance à tel ou tel clan est infiniment plus importante que leur personnalité. Les Occidentales (du moins les féministes) grinceront sans doute des dents devant une telle indifférence. Mais la plupart d'entre elles ne se contentent-elles pas d'être Mme Pierre Dupond ou Mme Jean Durand, et de laisser à leur famille le soin de révéler dans leur avis de décès qu'elles étaient nées avant de mourir ? Un élément curieux, mais encore peu certain, qui réjouira néanmoins les rêveurs partisans du matriarcat des temps anciens, est que les reines semblent avoir donné à leur fils une partie de leur nom. C'est ce qui apparaît du moins des listes généalogiques pour les premières générations de la dynastie. Mais ces générations sont si lointaines et si vagues que l'on peut penser à une reconstitution, sans doute symbolique, mais dont le sens nous échappe encore.

Un peu plus tard, le nom des reines n'est plus indiqué. Les chroniques plus tardives nous disent, après le XIIe siècle, que ces reines étaient des déesses ou des démones, la distinction est parfois délicate à faire, et que leur nom ne devait pas être connu. Le Ve dalaï-lama, qui fit œuvre d'historien, précisait même que ces reines, d'essence non humaine, ne laissaient pas de cadavre en mourant. Espérons que ce n'est pas une façon courtoise de signaler qu'on ne leur faisait pas de funérailles. Lorsque les reines réapparaissent nommément dans les documents généalogiques anciens, c'est-à-dire au moment où l'on peut considérer la dynastie comme historique, en dépit de nombreuses ombres et imprécisions, elles portent des noms de clans bien connus de l'époque monarchique. Avant le règne de Songtsen Gampo, cinq souveraines sont ainsi identifiées (non sans variantes toutefois) à côté de leur époux. Et ces dames-là ne semblent pas avoir laissé à leurs fils la moindre syllabe de leur nom. Cependant, un peu plus tard, figurent à nouveau dans les annales et les chroniques des princes qui portent le nom de leur mère, mais de façon un peu différente : Untel fils de la dame Unetelle... Il n'est pas impossible qu'il y ait eu là une façon commode de distinguer les frères du prince héritier, ou même que cet usage, encore mal compris, soit révélateur du statut des femmes au Tibet ancien, du moins de celui des épouses royales.

En outre ces dames, du moins ces grandes dames, semblent avoir possédé quelques biens. Quant à savoir quelle liberté elles avaient d'en disposer, c'est une autre affaire. Elles avaient des parures : dans quel pays refuse-t-on cette possession aux femmes ? Lorsque Semakar, la reine mal mariée, adressa à son frère Songtsen Gampo un message aussi célèbre qu'énigmatique – comme on le verra plus loin –, elle lui envoya ce que l'on a pensé être une coiffure de femme, renfermant quelques belles turquoises. Peut-être les avait-elle reçues lors de ses noces. Ce fut le cas, beaucoup plus tard, pour la femme de l'irascible Marpa, qui lui en contestait du reste la disposition. Si les femmes du Tibet ancien n'avaient pu se recommander que de leurs joyaux, il ne nous resterait qu'à déplorer le vide de leurs tombes pillées. Mais elles avaient aussi des biens plus virils, ceux qui comptent vraiment, domaines ou fiefs, avec leurs serviteurs et leurs tenanciers. Le pouvoir réel qu'elles exerçaient sur ces biens reste inconnu, et nous devons nous contenter de notations incomplètes. Ainsi, quand le jeune Songtsen Gampo succéda à son père assassiné, il dut faire face à une situation difficile, tout à la fois à l'hostilité des sujets de son père et à la révolte des sujets de sa mère, ce qui peut signifier que cette noble dame était morte à cette date et que son fils avait hérité d'elle, ou bien que la gestion des biens d'une femme passait automatiquement à son mari, puis à son fils.

Il faut bien d'ailleurs constater que les rois n'étaient pas monogames. La tradition crédite le grand Songtsen Gampo de cinq épouses légitimes au moins, ce qui ne paraît pas contraire à la vertu de ce pieux roi fondateur du bouddhisme tibétain. Peut-être n'était-ce là que le fait du prince. On raconte que, lorsque le ministre Gar se rendit en Chine pour demander une princesse au nom de Songtsen Gampo, l'empereur, ébloui par ses qualités, lui offrit une épouse, qu'il refusa, arguant très respectueusement qu'il en avait déjà une au Tibet et qu'il ne voulait pas précéder son maître sur cette voie impériale. Ce rigorisme semble avoir beaucoup impressionné les auteurs des *Annales* des Tang qui rapportèrent l'histoire. Si l'argument diplomatique et protocolaire paraît parfaitement plausible de la part du ministre, celui de la fidélité au mariage le paraît moins (il est vrai que nous ignorions tout de Mme ou de Mmes Gar, du moins à cette génération), d'autant qu'une tradition beaucoup plus tardive, aussi romanesque qu'infondée, veut que la princesse chinoise ait eu, sur le chemin de Lhasa, quelques faiblesses pour le ministre Gar. En tout cas, il n'est pas question apparemment de polyandrie dans les sources tibétaines anciennes connues, et la coexistence de plusieurs épouses pour un même souverain ne nous renseigne nullement sur le statut et la hiérarchie de ces dames.

Le mariage au Tibet ancien, du moins le mariage royal ou princier, était avant tout une affaire d'intérêt, une affaire politique. Les dames du Tibet, comme les princesses d'Occident, étaient le sceau d'alliances parfois très éphémères entre des clans qui en oubliaient un instant leurs rivalités, ou entre le Tibet et une nation étrangère. Un manuscrit retrouvé à Dunhuang contient une référence curieuse qui est peut-être une explication de la fonction symbolique du mariage royal : il y est question d'un souverain du temps jadis, qui prenait épouses aux quatre frontières. Les noms des dames sont indiqués, ce sont ceux de clans bien connus, réservoirs de reines et de ministres. Les dames aux frontières, aux orients, le seigneur au centre, une seule règle unissait le royaume. Les épouses royales furent donc tibétaines, issues des principaux clans du pays, ou étrangères, comme les deux princesses chinoises, Wencheng, épouse du roi Songtsen Gampo, après avoir été sans doute celle de son fils Gungsong, et

Jincheng, au siècle suivant; mais on dispute encore pour savoir quel prince elle put bien épouser. Songtsen Gampo épousa aussi une princesse de Shangshung et, selon la tradition, une princesse népalaise. Il y eut, plus tard, plusieurs reines à porter le titre turc de *gatun*, elles appartenaient à des nations turques d'Asie centrale; il y eut aussi une dame de Jang, royaume des confins du Tibet et du Yunnan, et une princesse des Tuyuhun du Kukunor.

L'intérêt que présentaient certains mariages « indigènes » est manifeste en dépit des lacunes de l'information. La mère de Songtsen Gampo était du clan Tsepong, clan puissant, qui donna deux autres souveraines à la dynastie et de nombreux ministres. Lorsqu'elle épousa le souverain Namri Songtsen, son clan était au plus haut de la faveur, il ne s'agissait donc pas de sceller une trêve ou un ralliement. Sous le règne précédent, le clan Tsepong avait largement contribué à l'agrandissement du domaine royal. En récompense le chef du clan avait reçu un domaine de trois cents familles dans la région de Wön, à l'est de l'actuel Samye, et d'autres membres de la famille avaient reçu des titres. Ce n'était donc pas seulement la fille d'un clan puissant et allié qu'avait épousée Namri Songtsen, mais aussi la fille d'un clan riche, dont la dot, on l'a vu, revint au royaume.

Les mariages étrangers contractés par les princesses tibétaines prouvent également que tous les alliés du Tibet n'étaient pas de proches voisins. Semakar, la sœur de Songtsen Gampo, fut donc mariée au roi de Shangshung; en 689, la princesse Thibang épousa le roi des Tuyuhun du lac Kukunor; en 734, la princesse Dönmalö fut donnée au chef d'une tribu turque d'Asie centrale; en 740, la princesse Thimalö épousa le chef des Brusha du Gilgit. Il n'y eut pas, semble-t-il, de mariage chinois pour nos princesses tibétaines; quant aux mariages tibétains, ils ne sont pas mentionnés ou exceptionnellement.

D'ailleurs, une fois mariée, la dame, grande ou petite, continuait à être la garantie des intérêts de son mari, si l'on en croit cet épisode curieux, rapporté par un recueil de jurisprudence de l'époque de l'Empire tibétain. Après trois mauvaises récoltes d'orge, un homme était dans l'incapacité de rembourser son créancier : il lui envoya son épouse en gage. Or la « caution » se révéla être, non pas l'épouse, mais une prisonnière du débiteur... On pourrait trouver ici des arguments sur la question disputée de l'esclavage. Contentons-nous d'admirer cet apparent et cynique respect de l'unité conjugale, et de noter que les Tibétains ne se montraient pas très rigoristes en pays conquis. Dans le district de Dunhuang, à l'époque de l'occupation tibétaine, deux dignitaires (et sans doute beaucoup plus, mais les précieux documents ne nous ont dénoncé que ces deux-là) abusèrent de leur situation pour enlever des jeunes filles, soi-disant pour les épouser, mais en réalité pour en faire des servantes. Et, puisqu'il est question de captivité et de servitude, voire d'esclavage, il est certain que les cas d'enlèvement furent nombreux en ces temps de conquête, et pas seulement du fait des Tibétains, comme le prouve l'histoire de cette nonne originaire de Dunhuang, qui recueillit une fillette arrivée dans la ville avec des réfugiés et l'éleva jusqu'à ses vingt ans. Un fonctionnaire, répondant du gouvernement tibétain de l'époque, prétendit alors lui enlever la jeune fille, assurant que la nonne n'avait aucun droit sur elle. La Vénérable se défendit du bec et des ongles; elle avait nourri l'enfant jusqu'à l'âge adulte et entendait bien la faire travailler pour se rembourser, et l'on peut imaginer d'ailleurs qu'elle n'avait pas attendu tout ce temps pour le faire.

Le mariage conclu, un tissu de liens familiaux se formait, dont on mesure mal l'étendue, la nature et les implications, mais dont l'importance est néanmoins évidente. Le rôle déterminant joué par les oncles maternels des souverains a été l'un des arguments utilisés par ceux qui estiment qu'une forme de matriarcat existait au Tibet ancien. Les sources mentionnent les « oncles maternels » comme une sorte de titre honorifique, au tout début du VIIIe siècle. Cela ne signifie pas que l'usage ne soit pas plus ancien, mais on a pu penser que le développement de leur rôle date de cette époque et fut lié à l'entrée sur la scène politique du clan Dro, auquel appartenait la reine Thimalö (fin du VIIe siècle), l'une des figures féminines les plus étonnantes du temps. L'usage se prit par la suite de donner le titre d'oncle maternel assez libéralement à tous les chefs successifs d'un clan qui s'était allié par mariage à la dynastie, même si aucun nouveau mariage ne venait resserrer le lien initial. Le rôle des oncles maternels paraît avoir été celui de conseiller, ce qui donne la mesure de l'influence des clans auxquels appartenaient les souveraines, plutôt que de celle des souveraines elles-mêmes, influence soigneusement partagée, car il ne semble pas que plus de dix clans aient été unis par mariage à la dynastie au long de son existence.

Les sources historiques anciennes nous renseignent mal sur le quotidien de ces dames, qui n'existaient que pour autant qu'elles étaient mariées ou à marier, nonnes à la rigueur, à la fin de la période. Mais on trouve des récits et documents qui font un peu plus que suggérer vaguement quelques occupations féminines, comme la cuisine ou le travail de la laine. L'un d'eux nous apprend ce qu'il en coûtait de blesser autrui lors d'une chasse, et en particulier de blesser ou de tuer son supérieur hiérarchique. Le code des pénalités est d'une extrême précision; il décrit les grandes chasses par encerclement que l'on pratiquait alors, et précise que les femmes y participaient, qu'un châtiment ou une amende pouvaient être infligés à qui les blessait ou les laissait blesser par maladresse; mais qu'elles pouvaient aussi, sans avoir participé à la chasse, en être les victimes, dans la mesure où leur mari ou leur père avait encouru un châtiment à la suite d'un accident, et où les femmes d'un maladroit pouvaient passer au seigneur blessé ou à son fils s'il avait été tué. Il existe aussi des sortes de contes rapportant des guérisons miraculeuses. L'intérêt de ces histoires, fort répétitives au demeurant, est de présenter d'étranges personnages, qui sont des guérisseurs ou, plus précisément, pour moitié, des guérisseuses. Ces dames sont à exacte parité avec leurs collègues mâles, parité numérique et parité dans l'échec, leurs moyens médicaux semblant limités à quelques grimaces et incantations sans effet. La guérison des maladies constatées est finalement le fait, dans toutes ces histoires, d'un *bön* (guérisseur, prêtre ou sorcier, les spécialistes s'interrogent encore) appelé en désespoir de cause. Voilà du moins la preuve que la médecine est un vieux souci tibétain, et que les femmes n'étaient pas exclues de la pratique de cet art, même si c'était dans une catégorie qui est manifestement tournée en dérision par certaines sources. Il faut sans doute retenir de ces récits, plus que l'échec des guérisseurs, qui n'est qu'anecdotique, la parité entre hommes et femmes parmi eux, et d'autre part le fait que les maladies dont il était question étaient souvent causées par des empoisonnements, dont des femmes étaient responsables.

Que le seul métier féminin dont il soit fait état avec

un peu d'insistance soit celui d'empoisonneuse paraîtra sans doute d'une révoltante misogynie, et il est certain que ces récits ne sont pas féministes. Or, pour peu que l'on y prête attention, ces femmes avaient des circonstances atténuantes. L'une n'avait pas été « honorée » par le mari que lui avait choisi son père : on comprend qu'elle ait cherché à se défaire de ce butor. Une autre avait été mariée par son père à un homme dont les ressources et le pays se révélèrent misérables; plus politique, elle décida de s'emparer du domaine paternel et commença par empoisonner l'auteur de ses jours. Une autre encore empoisonna son père parce qu'il l'avait donnée à un prétendant qui avait usé d'un subterfuge des plus infamants : alors qu'elle dormait, cet homme avait placé à côté d'elle le cadavre d'un poulain, puis avait dit à ses parents qu'elle avait commerce avec des chevaux. On a beau aimer les chevaux au Tibet, ce sont quand même des choses à déprécier une fille. Qu'elle ait préféré tuer le père trop naïf plutôt que le mari trop adroit, que ces dames à l'envi se soient appliquées au meurtre du père réjouira peut-être les psychanalystes. Cela confirme du moins que les filles n'étaient pas libres de leur sort, et que ce n'était pas leur mère qui choisissait leur mari, ce dont on se doutait un peu. La cadence des empoisonnements, au cours des deux siècles connus d'histoire monarchique, prouve que ces récits ne doivent pas tout à l'imagination, mais il y a fort à penser que les femmes, si elles furent quelques-unes, ne furent pas les seules à utiliser du poison à la cour des souverains du Tibet, et bien au-delà de la Cour.

L'insistance avec laquelle ces récits mettent en parallèle un nombre égal de guérisseurs et de guérisseuses conduit à s'interroger sur la place des femmes dans les cultes et les rites, où ces personnages avaient un rôle. Le bouddhisme a recouvert les croyances anciennes au point qu'elles sont pour la plupart devenues indéchiffrables et qu'il est impossible d'en donner une image d'ensemble. Cependant, les figures féminines n'en étaient pas absentes. Parmi les nombreuses divinités-montagnes du Tibet, plusieurs, et pas des moindres, étaient des déesses, comme Jomo Gangkar, l'Everest... Au nombre des divinités les plus importantes d'un panthéon organisé autour de la fonction royale, figuraient les *Mumen* et les *Kulha.* Les Mumen, souvent désignées comme les Neuf Sœurs Mumen, avaient à leur tête une reine. Elles prenaient possession de médiums, veillaient à l'application et à l'interprétation des rites de divination et étaient aussi associées à certains rites de résurrection et de rajeunissement. Mécontentes, elles pouvaient être néfastes. Les Kulha avaient davantage une fonction de protection de la personne et du pouvoir du roi, et par conséquent du royaume. Une tradition raconte que le premier souverain du pays descendit du ciel et s'unit à la déesse d'une montagne du Kongpo (à l'est de Lhasa, la région de la boucle du Tsangpo); le bouddhisme l'a du reste conservée dans une série de douze protectrices des lacs et des montagnes. Par cette union, elle devint le kulha du roi. Mais elle avait un frère, dont le roi fit aussi son kulha, en lui rendant un culte. La protection du roi était donc double et bisexuée, et aucune préséance n'est indiquée de l'un sur l'autre de ces protecteurs. D'autres divinités prébouddhiques ont aussi survécu, ce sont les *Polha* et les *Molha*, divinités tutélaires des hommes et des femmes; ils résident dans le corps humain, plus précisément sous l'aisselle droite et l'aisselle gauche. Ajoutons qu'il existe aussi un dieu des oncles maternels, et qu'il réside dans le cœur... De nos jours, la parité entre le dieu des hommes et le dieu des femmes semble un peu atteinte : le dieu des hommes est honoré par les hommes, sur le toit de la maison; les femmes ne sauraient lui rendre de culte, il s'en sentirait pollué. Le dieu des femmes réside dans la cuisine, ce qui paraît infiniment moins noble, mais il est vrai que l'Occident, ou du moins les Occidentales font un complexe d'infériorité à propos de cuisine. Il y avait aussi des *Mosi*, démons dont la vocation était de tourmenter les femmes, et l'on ne manquera pas de dire, avec quelque facilité, que les Tibétains n'avaient pas besoin de démons tourmenteurs des hommes, puisqu'ils avaient leurs femmes. Toutefois, si l'on se penche plus attentivement sur les traditions populaires tibétaines, qui viennent pour bonne part du Tibet prébouddhique, on peut constater qu'une quantité d'éléments sont considérés selon cette même et réconfortante bisexualité fondamentale : il y a des pierres mâles et des pierres femelles, des années mâles et des années femelles, des arbres mâles et des arbres femelles... Il n'y a là apparemment rien de discriminatoire, comme on pourrait l'attendre de nombreuses traditions dans le monde; il n'y a, ou du moins il n'y avait semble-t-il à l'origine, qu'une simple distinction par le sexe.

On a dit parfois qu'il existait au Tibet, avant l'arrivée (VIIe siècle?) et le triomphe (Xe siècle) du bouddhisme, une religion organisée. On a même pensé qu'il s'agissait d'un premier bön (la religion non bouddhique du Tibet classique et moderne), parce que certains officiants des rituels décrits par les textes anciens s'appelaient *bön* ou *bönpo*. Tout cela semble aventuré ou inexact. Mais, même si l'on parle plus prudemment d'un ensemble de croyances et de rites, si l'on souligne les liens qui s'y manifestent entre le sol et l'homme, entre la montagne et le souverain venu du ciel, toute évaluation d'ensemble plus poussée paraît difficile, surtout en ce qui concerne l'importance reconnue aux femmes et aux divinités féminines.

La naissance de nos dames est rarement mentionnée. Elles semblent constituer une génération spontanée : déesses ou démones, pensaient du reste d'elles les anciens. On ne dit rien non plus de leur enfance. Elles sont parfois, honneur au ventre, nommées lors de la naissance de leur fils; leur mort et leurs funérailles sont également, mais encore plus irrégulièrement, signalées. Que mort et funérailles de la reine Thimalö soient mentionnées en 712 et 713 n'a rien de surprenant : elle fut une souveraine connue jusqu'en Chine. Que la mort des princesses chinoises Wencheng en 683 et Jincheng en 739 soit également signalée, cela n'est que normal : leur statut était respecté, si elles ne furent pas toujours bien traitées. On peut le comprendre aussi pour la gatun inhumée en 708, et dont le nom n'est pas indiqué : peut-être faut-il voir là une courtoisie à l'égard d'une princesse étrangère. Passe encore pour une reine portant le titre de *yum*, mère, ce qui paraît impliquer qu'elle a donné un héritier au trône. Mais pourquoi faire figurer parmi des personnes si importantes la plus modeste dame Lhapang, dont on ne sait rien par ailleurs, sinon qu'elle est morte en 730, une année agitée où le souverain reçut une ambassade de l'empereur de Chine et où la princesse Jincheng renvoya le principal conseiller, ce qui prouve qu'elle avait du pouvoir. Il semble bien que l'histoire du Tibet monarchique fourmille de romans policiers.

Les textes anciens décrivent des rituels funéraires d'une étonnante complexité. L'inhumation avait lieu un certain temps après la mort, un ou deux ans selon les dates indiquées par les *Annales*, trois ans pour l'un des textes dont nous disposons. Bien sûr, on ne sait rien des funérailles des simples, et le sens des cérémonies faites pour les grands reste en partie inconnu. Toujours est-il que les rites ne semblent pas avoir été très différents pour les hommes et pour les femmes nobles, à ceci près que les animaux sacrifiés étaient des mâles pour un homme et des femelles pour une femme. On sait également que des femmes participaient, à côté des hommes, à ces cérémonies. On voudrait pouvoir trouver par l'archéologie confirmation des processions, des offrandes grandioses, des sacrifices d'animaux, des rites de rançon de l'âme du mort que décrivent les textes. Cela n'a pas été le cas jusqu'à présent, sauf pour une fosse d'inhumation de chevaux sacrifiés, car toutes les tombes fouillées avaient été pillées et bouleversées depuis longtemps. Mais on voudrait du moins comprendre les raisons de l'étonnante variété des types de sépultures rencontrés, souvent dans la même nécropole : fosses circulaires ou quadrangulaires, maçonnées ou non; puits maçonnés en forme de tambour; double chambre maçonnée et voûtée avec escalier d'accès; cistes (cercueils) en dalles de pierre, tumulus en terre ou en pierre, de plan rond, ellipsoïdal, carré, trapézoïdal, triangulaire même... Le site des tombes royales, du moins d'une partie d'entre elles, à Chongye, dans une vallée tributaire du Yarlung, est impressionnant par la taille de ses tumulus appuyés à la montagne : le plus grand mesure cent quatre-vingts mètres de côté, mais aucun n'a encore été fouillé. Il faudra bien qu'un jour on se décide à réveiller les souverains du Tibet, et peut-être même leurs reines.

Une dame provocante

Ce que l'on sait des Tibétaines du temps jadis n'est sans doute pas encore très considérable. Quelques-unes ont cependant multiplié les activités ou impressionné les chroniqueurs au point qu'une image beaucoup plus précise a été conservée d'elles.

Et, tout d'abord, peut-être n'y aurait-il pas eu d'unité tibétaine ni, par conséquent, d'Empire tibétain, sans une femme. En ce temps-là, vers la fin du VIe siècle, le Tibet n'était encore qu'une mosaïque de principautés aux liens fluctuants et de domaines au statut incertain, dont on connaît des noms, mais dont on ignore souvent la localisation, l'étendue et la durée d'existence. Entre ces petits Etats, ces châteaux forts, les alliances se faisaient et se dénouaient au gré d'un sens chatouilleux de l'honneur et d'un goût manifeste pour le complot. Il fallait peu de chose pour engager les hostilités contre un rival ou s'affranchir tumultueusement d'un patron. Les combats terminés, fortune de guerre, les domaines changeaient de mains, les principautés changeaient parfois également de nom, ce qui ne facilite pas la tâche des chercheurs, quatorze siècles après. Princes et tenanciers dépossédés ne disparaissaient du reste pas toujours : ils étaient alors le ferment de guerres nouvelles. Les seigneurs du Yarlung, qui devinrent par la suite souverains du Tibet, occupaient peut-être déjà, au VIe siècle, une place prééminente parmi ces châtelains; on peut le croire à la lecture de leur histoire et de leurs généalogies, mais on aurait peut-être le même sentiment si l'on disposait de l'histoire des autres familles princières, qui furent balayées par celle du Yarlung.

En ce temps-là, donc, le seigneur Tabu Nyazi, aïeul de Songtsen Gampo, régnait sur le Yarlung. Non loin de là, plus à l'ouest, se trouvaient les principautés d'Oyul, au sud de l'actuelle Lhasa, et de Nepo, à son nord. Le seigneur d'Oyul se conduisait en mauvais maître. Son conseiller crut pouvoir lui faire quelques remontrances, et ne fit qu'y perdre son titre, ce qui le mécontenta justement. Il s'allia donc au seigneur de Nepo, tua son ancien maître le seigneur d'Oyul, dont le domaine passa à celui de Nepo, et fut récompensé de son meurtre par l'octroi d'un château fort et d'un domaine avec ses tenanciers.

L'épisode était banal et n'aurait sans doute pas laissé de traces dans la littérature si la femme du nouveau châtelain avait su tenir sa place. Or elle ne le sut point, ou du moins le fit d'une manière si particulière que l'un des manuscrits retrouvés à Dunhuang, la *Chronique*, compilée sans doute au milieu du IXe siècle, en a conservé le témoignage, peut-être inspiré par une misogynie latente, mais en tout cas d'une singulière précision. La châtelaine s'appelait la dame de Patsab; l'histoire, fait courant dans les documents de l'époque, n'a retenu que le nom de son clan paternel. La famille Patsab est mentionnée régulièrement à l'époque monarchique et s'est sans doute illustrée plus dignement dans l'exercice de diverses fonctions publiques pendant les deux siècles suivants.

Devenue châtelaine, la dame de Patsab ne tarda pas à se montrer très arrogante à l'égard de ses gens. Elle refusait de prendre en compte leurs revendications, les renvoyait et, s'ils insistaient, allait jusqu'à leur montrer ce que la pudeur et la prudence naturelles aux dames dignes de ce nom leur interdit de dévoiler publiquement. Qu'une si noble dame fît régulièrement ce que Zazie se contentait modestement de promettre, indigna si vivement le premier traducteur de la *Chronique*, le tibétologue Jacques Bacot, qu'il ne put se résoudre à présenter la réalité dans sa choquante nudité et n'en fit état que par une note dubitative.

Humour involontaire ou délibéré, sa traduction ne créditait la dame que de menaces. En tout cas, l'une des victimes de la dame, un homme du clan Nyang, à bout de patience et d'indignation, alla se plaindre à leur commun suzerain, le seigneur de Nepo, qui, pour toute réponse, exalta les mérites... du mari de la dame. Le plaignant insista, révéla l'intolérable (et c'est merveille de voir combien ce vieux récit a conservé la fraîcheur et la verdeur de l'entrevue entre Nyang et son suzerain), rien n'y fit. Pour le seigneur de Nepo, la dame était la femme d'un de ses hommes liges, elle était puissante, elle était au pouvoir, bref elle ne pouvait être en faute. Il ne restait plus à Nyang qu'à se joindre à d'autres mécontents, qui ne manquaient pas, puis à aller prêter serment à un autre seigneur. Il alla donc trouver le seigneur de Yarlung, Tabu Nyazi, aïeul de Songtsen Gampo.

C'était désormais, plutôt qu'une coalition avouée, une conspiration contre le seigneur de Nepo. Prié de conduire la guerre, Tabu Nyazi ne montra pas un enthousiasme débordant, mais se déclara prêt à aider les insurgés. Il y avait quelque mérite car il avait une sœur mariée au seigneur de Nepo – toujours la politique des mariages – et pouvait redouter pour sa vie. En ces temps si rudes, un tel souci mérite d'être souligné.

Manifestement, la situation des conjurés n'était pas brillante, et ils devaient se cacher. S'ils ne l'avaient pas fait, les observateurs, depuis les tours de guet et les châteaux perchés sur les pitons, n'auraient pas manqué de remarquer ces cavaliers armés, se dirigeant vers la forteresse de Tabu Nyazi. Et ils l'auraient fait savoir. Ceux qui n'avaient pas encore quitté leur foyer avaient à redouter les bavardages inconsidérés de leurs épouses. Impudiques et bavardes, les dames n'étaient pas en odeur de sainteté, semble-t-il, au VIe siècle. L'un des conspirateurs, pour ne pas risquer de trahir son secret en parlant pendant son sommeil, avait déserté la couche conjugale et passait ses nuits dans la montagne. Sa femme prit fort mal la chose. Tout ce qu'il put inventer pour la calmer ne fit qu'accroître sa colère et des soupçons qui, en l'occurrence, étaient mal placés. Il feignit alors la réconciliation et revint partager le lit de sa femme. Mais, hanté par la crainte qu'elle ne devinât ses projets et les ébruitât, il forma un affreux dessein qui, comme tous les détails de cette affaire, a été conservé scrupuleusement par la *Chronique*. Il se coucha auprès de sa femme, puis *« saisissant la langue de sa femme entre ses dents, mordant et mordant encore, il la trancha. La femme en mourut »*. Quant à lui, il fut emporté par une maladie et disparut sans descendance. Sa stérilité est de toute évidence le seul regret qu'exprime le texte, qui ne s'attendrit pas un instant sur le sort de l'épouse.

Pendant ce temps, Tabu Nyazi était mort. Son fils Namri Songtsen, le père de Songtsen Gampo, prit la tête de la conjuration. Il attaqua et défit le seigneur de Nepo, dont le pays passa entre ses mains, puis récompensa généreusement les conjurés. On a vu plus haut que le chef du clan Tsepong reçut un domaine à Wön. Nyang, qui s'était insurgé contre la détestable conduite de la dame de Patsab, reçut le domaine de celle-ci. Il n'est pas dit ce qu'il advint d'elle.

Cette première partie de l'affaire, telle qu'elle est rapportée par la *Chronique*, montre que les souverains de Yarlung jouèrent visiblement des querelles de leurs voisins et qu'ils les attisèrent même vraisemblablement. En intervenant peu mais judicieusement, ils tiraient parti de toutes les faiblesses. Le Yarlung ne bougea pas quand Oyul tomba aux mains de Nepo.

Mais, quand le pouvoir de Nepo fut assez menacé, alors le Yarlung accepta de diriger la coalition, s'emparant des deux principautés. Le rôle de la dame de Patsab, dans tout cela, paraît bien modeste. Le nez de Cléopâtre semble plus que jamais avoir été un prétexte, et l'on comprend mal pourquoi cet intermède équivoque figure dans l'importante *Chronique.*

Mais, quelle que soit l'interprétation que l'on donne à ce mince événement, l'affaire n'était pas finie. La carrière de Nyang, qui avait été le premier à dénoncer la dame de Patsab, ou du moins celle de son clan, fut éblouissante. Son fils fut conseiller du souverain Namri Songtsen et mena des campagnes victorieuses à l'est du Tibet. Il fut l'un des soutiens du jeune Songtsen Gampo. Mais, un peu plus tard, que son trop grand pouvoir ait fait des jaloux ou qu'il soit devenu une menace pour le souverain, il fut victime d'une véritable cabale. Lors de son procès, des arguments décisifs furent apportés par l'un des tenanciers du domaine qu'il avait hérité de son père et qui avait appartenu à la dame du Patsab. Or ce tenancier était précisément du clan Patsab, dont la rancune tenace s'explique sans doute aussi par l'intérêt : le domaine comptait quinze cents familles. Le château fut détruit, et Nyang fils fut mis à mort.

L'affaire prend néanmoins une autre coloration, et toute la lecture du texte s'en trouve modifiée. On peut y trouver une apologie de la fidélité due au bon souverain. Que la dynastie de Yarlung ait le beau rôle dans l'histoire n'a rien d'étonnant : la *Chronique* fut rédigée à sa louange. A cette époque, le bouddhisme avait déjà fait de grands progrès dans les esprits et les usages. L'ancienne féodalité du Tibet s'appuyait certainement sur la fidélité, jurée ou non, au suzerain; mais le châtiment de ceux qui avaient manqué à leur devoir de fidélité, ainsi qu'il est rapporté dans les épisodes successifs de l'histoire de la dame de Patsab, paraît bien marqué par la notion de rétribution des actes, caractéristique du bouddhisme.

Si elle eut jamais quelque réalité, la dame de Patsab entraîna plusieurs seigneurs dans une guerre dont le Tibet sortit unifié. Mais elle n'a peut-être pas eu d'autre rôle que de montrer a contrario quel devait être le bon gouvernement : masculin et fondé sur la fidélité jurée, et en cela aussi elle a son importance, celle d'un symbole entre deux phases essentielles de l'histoire du Tibet : la monarchie finissante à l'époque de la rédaction de la *Chronique* et le bouddhisme triomphant.

Thimalö : Mère Courage ou impératrice rouge ?

Certaines femmes exercèrent de véritables responsabilités politiques, qu'on l'ait voulu ou non, à l'époque de l'Empire tibétain. La plus étonnante fut incontestablement Thimalö, du clan Dro, épouse du roi Mangsong Mangtsen. Dans les *Annales* retrouvées à Dunhuang, elle a droit à des mentions annuelles, de 700 à 712, date de sa mort. Et ce ne sont pas les mentions « féminines » habituelles : mariage, maternité ou funérailles; ce sont les mentions propres aux souverains : indication de la résidence saisonnière et d'activités politiques et administratives diverses. Les hésitations que l'on peut avoir sur l'interprétation à donner à l'histoire de cette femme exceptionnelle montrent quelles difficultés il y a à retrouver et à tenir le fil de l'histoire ancienne du Tibet.

Mangson Mangtsen était le petit-fils du grand Songtsen Gampo, mort en 650. Ce fut lui, dit-on, qui conduisit les funérailles de son aïeul; en tout cas, lui qui lui succéda, en cette même année 650. En effet, son père, Gungsong Gungtsen, lorsqu'il avait atteint l'âge de treize ans, avait, comme semble l'avoir voulu l'usage, succédé à son propre père Songtsen Gampo, du vivant de ce dernier. Mais il était mort au bout de cinq ans, et le grand roi était revenu au pouvoir, épousant alors, selon certaines sources, la veuve de son fils, la princesse chinoise Wencheng. Pour la tradition orthodoxe, Wencheng n'eut qu'un seul époux, le roi Songtsen Gampo, mais cette tradition, fixée relativement tardivement, semble présenter parfois une vision quelque peu idéalisée des choses. On a dit aussi que Mangsong Mangtsen avait treize ans lorsque son grand-père mourut, ce qui paraît fort douteux. Ce serait une grande chance vraiment pour la dynastie que tant de ses jeunes princes aient atteint leur majorité à des dates si opportunes, évitant régences et problèmes de succession. En fait, il est bien difficile d'avoir la certitude d'une date ou d'un chiffre dans l'histoire tibétaine, quand on peut les recouper. Les textes anciens nous ont appris que les jeunes garçons, au Tibet des âges héroïques, atteignaient l'âge d'homme à treize ans, quand ils étaient capables de maîtriser leur cheval. La succession des souverains pouvait alors se faire, et se faisait du reste souvent, car la mortalité fut aussi précoce que peu naturelle dans la dynastie. Mangsong Mangtsen était vraisemblablement un petit enfant lorsqu'il succéda au trône. Cela expliquerait peut-être qu'il ait attendu, pour donner un héritier à la dynastie, la fin d'un règne de vingt-six ans, chiffre assez remarquable pour les temps, en dehors des traditions légendaires. On peut penser qu'il avait un peu moins de trente-cinq ans lors de la naissance de son fils Düsong et de sa propre mort. Les

Annales mentionnent brièvement ces événements, en 676 : « *... En hiver, Thi Mangsong* [c'est notre Mangson Mangtsen], *mourut à Tsangbangna. Le souverain, son fils, Thi Düsong, naquit à Lhalung...* » Les *Annales* n'indiquent pas même le nom de la mère de cet « enfant du miracle », car, pour la tradition plus tardive, Düsong est en effet considéré comme un enfant posthume. Ce nom, Thimalö du clan Dro, est cependant indiqué dans une *Généalogie* de la dynastie, également retrouvée à Dunhuang.

Le clan Dro était originaire du Yangtong, région au nord et nord-ouest du Tibet dont il a été question plus haut, mais dont l'histoire reste mal connue. C'était donc un clan d'origine étrangère, au moins dans une certaine mesure, car les Dro étaient depuis plusieurs générations impliqués dans les affaires du Tibet central. Thimalö était, pour autant que nous le sachions, la deuxième princesse du clan Dro à s'allier à la dynastie de Yarlung. On sait peu de chose de l'ascension de ce clan, jusqu'au règne de Mangsong Mangtsen et surtout jusqu'au « règne » de Thimalö; tout au plus est-on assuré de son inimitié farouche, dès cette époque, avec le clan Gar (celui du célèbre ministre de Songtsen Gampo) dont il finit d'ailleurs par avoir raison. Jusqu'à la chute de la monarchie, le clan Dro, comblé d'honneurs et de faveurs, fut un fervent et pratiquement constant soutien du bouddhisme.

Le mariage de Thimalö se conclut en une période d'expansion du Tibet. Les premières années du règne de Mangsong Mangtsen semblent avoir été plutôt celles du règne de Gar, le puissant ministre qui avait obtenu la main de la princesse Wencheng. Gar rédigea un code de lois en 655. En 659, une alliance avec les Turcs permit une avance tibétaine vers Kashgar en Asie centrale. En 660, Gar reprit la conquête du pays

Tuyuhun, qui ne fut achevée qu'en 665; il mourut en 667. Dès l'année suivante, les Tibétains construisaient dans la région du lac Kukunor des forts pour arrêter l'avancée chinoise. En 670, ils s'emparèrent du Tarim et en chassèrent les garnisons chinoises, et ils avaient bien affermi leurs positions dans cette région lorsque Mangsong Mangtsen mourut, au cours de l'hiver 676-677.

Lorsqu'elle donna le jour à Düsong, en 676, à une époque très favorable à la dynastie, Thimalö était sûrement une jeune femme et elle était mariée, peut-être depuis peu, à un homme déjà mûr, selon les normes du temps. Les *Annales*, contiennent, pour l'année 675, celle qui précéda son veuvage, une mention tout à fait inhabituelle : « *Au printemps, le souverain alla à Sheshing. La souveraine Thimolen donna une grande fête. Le* böndargye *Thisong donna une marmite d'or* [ou de l'or et du cuivre, on peut comprendre les deux]. » Ces trois phrases constituent autant de questions auxquelles il n'est pas facile de répondre. La première est de savoir si cette Thimolen était bien (par la faute des erreurs de scribe, qui sont souvent, mais parfois abusivement, invoquées par les spécialistes) notre Thimalö, ou bien une autre épouse du roi. La seconde question concerne le site et les circonstances de la fête : eut-elle lieu en présence du souverain, à Sheshing, ou bien, ce qui paraît plus plausible, en son absence, en un endroit qui n'est pas précisé, sans doute parce qu'il était évident pour les rédacteurs des *Annales*? Cette « grande fête » est en tout cas une occurrence unique dans le texte. Si Thimalö, jeune, et qu'on imagine belle, bien sûr, si la jeune reine donc, s'ennuyait et donnait une fête en l'absence de son époux, les *Annales*, qui s'en tiennent à l'essentiel, n'en auraient sûrement pas parlé. Nous n'avons qu'une certitude, c'est que cette fête avait un sens politique. Le généreux donateur n'était nullement un admirateur de la dame, qu'elle ait été Thimalö ou non; ce Thisong (*böndargye* est un titre) était le gouverneur des Tuyuhun devenus vassaux des Tibétains. La fête était sans doute liée au souvenir de cette conquête.

Le souverain mourut l'année suivante et, pendant les premières années du veuvage de Thimalö, la situation au Tibet ne fut pas des plus brillante : épizooties, complots, révoltes se succédaient. Le pouvoir était aux mains des deux fils du grand ministre Gar. L'aîné mourut en 685, et sa mort ne fut pas naturelle, le second dut confirmer le jeune Düsong dans ses titres, avant sa treizième année, ce qui suggère une contestation, au moins momentanée. Par ailleurs, et curieusement, en 688, les *Annales* signalent qu'une certaine Thimoteng partit pour le Dakyul, l'actuelle province de Dakpo, la région du cours oriental du Tsangpo. Certaines similitudes de nom ou de titulature, dans divers documents anciens, conduisent à penser qu'il s'agissait de Thimalö et non d'une autre veuve royale, ou encore d'une princesse de la maison royale. Mais ce que cette grande dame allait faire au Dakyul n'est pas moins difficile à interpréter. L'expression employée ne fait pas l'unanimité des spécialistes. Selon les uns, elle y alla faire la guerre, sans doute à la suite d'une révolte; selon d'autres, elle alla en prendre le gouvernement; selon d'autres encore, elle alla s'y marier. Mais la formule employée en cette fatidique année 688, si elle peut avoir le sens de mariage dans des textes anciens, n'est jamais employée dans les *Annales* pour un mariage princier, a fortiori pour le remariage d'une veuve royale, éventualité qui n'a du reste jamais été évoquée par cette source. S'il paraît difficile de savoir avec certitude ce qui se passa réellement en 688, et qui devait être fort important pour être mentionné dans ces *Annales* si résumées, du moins peut-on constater qu'il y eut une grande et exceptionnelle activité « féminine », dans un contexte trouble de fin de régence. La clé de cette agitation (qui se poursuivit l'année suivante par le mariage d'une princesse en pays tuyuhun) fut sans doute qu'on en était arrivé à la majorité du jeune souverain. Sa mère paraît avoir cherché à conforter son pouvoir, ou à s'abriter dans une province marginale. Et l'on ne peut que s'étonner que le clan Gar, discuté mais encore solide, ait épargné Thimalö et son clan. Il est vrai que le jeune roi, Düsong, n'avait rien de falot. Dès sa prime jeunesse, nous dit la *Chronique*, *« il égorgeait les sangliers, entravait les yaks sauvages et saisissait les tigres par les oreilles »*. Il fut aussi, dans tous les domaines, un redoutable conquérant. Pendant huit ans, il affermit son pouvoir, grignota celui des Gar. Les *Annales* ne disent pas un mot du clan Dro, pas un mot de Thimalö non plus, de 688 à 696, date à laquelle une très puissante dame, princesse ou souveraine, dont on ne dit pas le nom, fit appeler un grand nombre d'hommes. Comme il n'y a aucune chance qu'il s'agisse là d'une histoire graveleuse, il faut comprendre que cette année-là, quelque part au Tibet, une dame de haut rang se livrait à une véritable conscription, et on ne peut guère douter qu'elle se nommait Thimalö. Un peu plus d'un an après, le souverain disgracia le clan Gar...

Encore une année, que Düsong passa à dénombrer les biens qu'il avait saisis aux Gar, et Thimalö apparaît en majesté dans les *Annales*, tout autant que son souverain fils, comme si le pouvoir en ces temps-là avait été bicéphale au Tibet. En 700, elle résida à Uchangdo, un palais important, au sud de l'actuelle

Lhasa, et reçut un ambassadeur chinois, ce qui n'était pas la tâche ordinaire des reines, même douairières. Deux ans plus tard, elle revint dans ce palais où se tenait le Conseil, auquel elle dut veiller de très près.

En 703, Düsong s'en alla guerroyer au pays de Jang, au sud-est du Tibet, et il mourut non loin de là l'année suivante, sans avoir vu peut-être le fils qui venait de lui naître.

Une nouvelle régence s'ouvrait, et cette fois les Gar n'étaient plus là pour soutenir la dynastie. Il fallait s'y attendre : la révolte éclata. Il semble même que le trône ait été occupé pendant quelque temps par un certain Lhabelpo. Qui était-il? Là, l'histoire devient rocambolesque, et donne en fait la mesure de notre ignorance et des lacunes de la maigre information dont nous disposons. Il y eut une révolte, les *Annales* nous le disent, et ce Lhabelpo en était. Il appartenait à la famille royale et y avait rang d'aîné. Il occupa le trône et en fut chassé quand Thimalö triompha et que tous les chefs de la rébellion, sauf lui, furent impitoyablement exécutés. Certains ont voulu voir en lui l'héritier légitime du trône, fils aîné de Düsong, opposé à Thimalö qui aurait soutenu un cadet... Coïncidence, dans une source tardive, postérieure au XIIe siècle, Lhabelpo est désigné par le nom de sa mère : Patsab... Cela signifie-t-il que sa mère n'avait pas le statut de souveraine? Les *Annales* des Tang se bornèrent à noter qu'à la mort de Düsong, ses fils se disputèrent le pouvoir, mais ne s'intéressèrent pas davantage à ces querelles de Barbares. Cependant, cette apparence de romanesque dans la rude histoire tibétaine a si bien enflammé les imaginations que certains analystes ont voulu voir dans ce Lhabelpo le prince qu'épousa en 710 la seconde princesse chinoise.

Car Thimalö n'avait pas perdu son temps. Rien ne

pouvait mieux conforter la position de son petit prince qu'un beau mariage, et le plus prestigieux qu'il pouvait faire était un mariage chinois, même si Chine et Tibet ne cessaient de se combattre depuis près d'un siècle. En 703, l'impératrice Wu Zetian avait consenti à envoyer au Tibet une princesse, peut-être destinée à Düsong lui-même, ou bien à un hypothétique fils aîné de celui-ci, mais on manque de précisions sur ce projet car l'année suivante, 704, vit la disparition simultanée des deux souverains. Thimalö reprit les négociations en 705 et obtint finalement gain de cause. La princesse Jincheng fut élevée au rang de princesse impériale (l'empereur n'allait quand même pas donner sa propre fille à un Barbare) et envoyée au Tibet avec une suite et des cadeaux dignes de son titre tout neuf. Lorsqu'elle partit, dit-on, l'empereur versa des larmes sur son extrême jeunesse... Elle arriva à Lhasa en 710, mais manifestement, s'il y eut mariage, et avec le prétendant proposé par Thimalö, il fut de pure forme. On ignore quel âge avait réellement la princesse, mais le futur Thide Tsugtsen n'avait que six ans. Pourquoi Jincheng aurait-elle épousé un frère aîné, souverain peut-être, mais déposé depuis cinq ans déjà ? Il est vrai qu'on ne sait pas grand-chose de cette princesse, sinon qu'elle ne fut pas heureuse.

Si mariage il y eut, la tradition plus tardive s'appliqua à embrouiller l'écheveau d'une histoire déjà peu claire, multipliant les prétendants et jonglant avec les dates. Quoi qu'il en ait été, la terrible douairière ne survécut pas longtemps à son triomphe. En 712, le jeune souverain fut officiellement intronisé – il n'avait pourtant pas treize ans – et Thimalö mourut. Quelques mauvais esprits ont suggéré que c'était de mort violente, ce qui est très vraisemblable, tant la fatalité en était coutumière dans la famille, et d'autant plus que les conseillers qui entourèrent le jeune roi Thide Tsugtsen pendant les premières années de son règne n'appartenaient pas au clan Dro. Il se peut qu'elle ait succombé à l'âge et à la fatigue : elle devait avoir une bonne soixantaine d'années, ce qui était un âge avancé pour ces temps. Il se peut aussi qu'elle n'ait été, tout au long de sa vie, qu'une femme courageuse et avisée, luttant pour la survie des siens et la grandeur de son pays. Mais voilà, dès qu'une femme entre dans le monde des hommes, dès qu'elle se mêle de gouvernement, elle ne peut être que Messaline, Catherine II ou Wu Zetian, bref, elle se doit d'être terrifiante ou scandaleuse, il lui est interdit d'être, tout bonnement.

L'empereur de Chine lui rendit justice, il envoya un représentant spécial à ses funérailles.

Une espionne royale

Semakar, la sœur mal mariée de Songtsen Gampo, a fait couler beaucoup d'encre. A sa façon, elle fut aussi une « politique », mais son nom est surtout lié aux premières manifestations connues de ce qui a été et est encore l'une des richesses de la littérature tibétaine : la poésie.

Semakar fut mariée par politique au roi de Shangshung, pays auquel est attaché, à tort ou à raison, une aura de mystère. Par exécration d'un mari qui la méprisait, ou pour se conformer à un plan préétabli – qui pourrait le dire aujourd'hui ? –, elle poussa son frère à une guerre sans merci, lui révélant les faiblesses et les ressources de son pays d'adoption mieux que ne l'eût fait le plus habile des agents secrets. Songtsen

Gampo s'empara du Shangshung et Semakar disparut de l'histoire.

L'épisode a été situé en 644-645, et l'affaire nous est connue essentiellement par un chapitre de la *Chronique* retrouvée à Dunhuang, recueil de récits historiques ou légendaires et de chants où apparaissent plusieurs souverains du Tibet, du mythique Drigum qui, à l'aube de la dynastie, trancha maladroitement le lien qui le rattachait au ciel et devint ainsi un simple mortel, jusqu'à Düsong et à ses conquêtes, en particulier ses conquêtes féminines. Le Shangshung pourrait n'être que l'un des royaumes que le Tibet fit disparaître en devenant un empire. Mais il se trouve que le bön, la religion non bouddhique du Tibet classique, y trouve un certain nombre de ses sources. Qu'il y ait dans cette étonnante et fascinante religion quantité d'éléments remontant à l'époque bouddhique paraît ne pas faire de doute, bien qu'il soit inexact d'établir une filiation directe et globale entre les cultes et les croyances de l'ancien Tibet et le bön organisé à partir du Xᵉ siècle. Mais bien des questions que l'on se pose à propos du Shangshung viennent de ce qu'il fait en quelque sorte écran entre le Tibet central, le premier noyau unifié, et le monde d'influences occidentales mal définies qui l'ont marqué et qui ont également marqué le bön. Le Shangshung correspond au Tibet occidental, à la région du mont Tise (le Kailash des Indiens) dans un large environnement. Ce que l'on sait de ses coutumes, de son langage, n'est pas considérable, et nous a été conservé essentiellement à travers les traditions et la littérature bönpo. On sait néanmoins que, vers 640, le roi de Shangshung s'appelait Limirya, et qu'il avait conclu avec le Tibet une paix, au moins provisoire, qu'avait scellée un double mariage : Songtsen Gampo avait épousé une princesse de Shangshung, fille ou sœur du roi, et avait donné à ce dernier sa sœur Semakar. Le temps passa. Semakar n'avait pas d'enfant. Son frère, qui s'en inquiétait, car de toute évidence il souhaitait avoir un neveu sur le trône de Shangshung, apprit que Limirya avait conservé sa première épouse et que Semakar n'habitait même pas la même maison que lui. Il ne lui vint pas à l'esprit que cette situation pouvait ne pas être du fait de sa sœur, ou il feignit diplomatiquement de ne pas y songer, et lui envoya un messager pour la rappeler au devoir. Ce messager eut quelque peine à la trouver : elle n'était pas dans la capitale. La réponse de Semakar aux injonctions de Songtsen Gampo fut un chant en quatre parties qu'elle chargea le messager de lui répéter. En outre, elle lui remit une parure scellée, que seul Songtsen Gampo pourrait ouvrir.

Les tibétologues sont des gens très soupçonneux. Ils ont cherché le sens caché des propos de Semakar, et ils en ont trouvé plusieurs. Dans la première partie de son chant, la reine de Shangshung décrit sa situation : sa résidence semble belle et on a vanté sa richesse? Tout cela est faux. Ses serviteurs sont ses ennemis, sa nourriture est grossière, *« poisson et blé dur amers à mâcher »*, et ses troupeaux inexistants, puisqu'il s'agit d'animaux sauvages. Les chants de Semakar, même s'ils sont plus que vraisemblablement apocryphes, utilisent largement le procédé de l'allusion : ils peuvent de ce fait avoir plusieurs lectures, tout comme les chansons si célèbres attribuées au VIe dalaï-lama, quelque mille ans plus tard. On peut hésiter sur le sens des phrases, mais on ne peut douter néanmoins que Semakar ait été mécontente, soit parce que son orgueil de femme avait été blessé, soit, ou également, parce que son orgueil de princesse puissante avait été atteint.

La deuxième partie du chant décrit une chasse au yak sauvage; c'est un appel au rassemblement des clans et à la guerre contre le « yak sauvage » – le roi de Shangshung – dont la tendre épouse promet la dépouille aux vainqueurs. *« Holà! Dans les pâtures du Nord, là-haut, il y a le solitaire, le yak sauvage de Phoma. »* L'attaque sera bien menée : certains feront rouler des pierres sur lui depuis les hauteurs; d'autres, plus bas, le frapperont de leur fléau; d'autres, à mi-hauteur, décocheront leurs flèches dans le ventre de l'animal. Quand il sera tué, les uns emporteront les cornes, d'autres la chair, d'autres la peau ou la longue queue. Ne dit-on pas qu'il n'y a de pire fureur que celle de la femme dédaignée?

La troisième partie engage les vainqueurs à ne pas se laisser frustrer de la victoire, à l'exploiter à fond; elle conseille au pêcheur qui a ferré sa proie de ne pas s'en détourner : *« Ne penchez pas à droite, il y a l'oiseau, petit démon, ne tirez pas à droite, il y a la loutre au dos argenté... »* Enfin la dernière partie du chant raconte un voyage de Yarpa à la haute vallée de Kyi (sans doute la vallée à l'est de Lhasa), et évoque un certain nombre de sites et de régions du Tibet. Ce pourrait être une évocation de la croissance de l'Empire tibétain, mais le ton est celui de la poésie la plus nostalgique. Semakar semble y rêver d'une paisible chevauchée dans son propre pays; elle croit entendre le pas des chevaux, le bruissement du vent sur les champs de céréales et les éclaboussements des loutres dans la rivière, tandis que déjà se prépare le repas qui marquera la fin du voyage.

Quand Songtsen Gampo eut entendu ce chant tel que le messager le lui répéta, il ouvrit le paquet scellé et y trouva quelques belles turquoises. Le sens du message que lui adressait Semakar ne lui apparut pas immédiatement. Il était pourtant bien simple : s'il refusait la guerre, s'il abandonnait sa sœur, alors, se conduisant comme une faible femme, il n'avait plus qu'à se parer de la coiffure et des joyaux d'une femme. Il faut qu'il ait répondu comme il convenait à cette version tibétaine de *« Rodrigue, as-tu du cœur? »* : le Shangshung fut conquis, une fois de plus et sans doute pas définitivement, car il semble que la réduction complète de ce royaume ait occupé plusieurs règnes.

L'histoire de Semakar est un drame en quatre actes, mais elle ressemble aussi un peu à un western, avec son bon et son méchant, avec son héroïne maltraitée (mais à vrai dire pas tout à fait innocente) et avec ses voisins, vassaux ici, là propriétaires. La nature y est belle et généreuse; on y entend le piétinement des troupeaux et les cris furieux de la chasse. Mais, le soir venu, les morts trop faciles sont oubliées et, en contemplant l'image paisible des rivières et des récoltes, on n'aspire plus qu'à un bon repas, après la chevauchée.

Les poèmes, épiques ou lyriques, les louanges et les énigmes sont nombreux déjà dans les fragments conservés de l'ancienne littérature tibétaine. Plus tard, l'influence de la littérature indienne y ajouta plus de jeux de mots et de subtilités un peu byzantines que de grandeur lyrique. Mais, pour l'essentiel, la poésie tibétaine est restée ce qu'elle était, avec sa vigueur, et parfois sa verdeur, son rythme et sa musicalité, que ce soit dans l'épopée, la geste infinie de Gesar, où tant de traits rappellent l'époque héroïque du Tibet des clans et des rois, ou bien dans les chants alternés, expression quotidienne des hommes autant que des femmes, où l'on retrouve, miraculeusement préservés, l'harmonie, la force et parfois aussi l'humour de la poésie tibétaine ancienne.

Tromperies, poison et querelles de famille

Entre histoire, mariage, politique et poésie, s'inscrivent bien des destins de femmes du Tibet ancien. On les trouve moins facilement dans les rôles de mère, qui tentent rarement les mémorialistes, ou bien en mères politiques, comme la grande Thimalö. Il se trouve cependant quelques dames du temps jadis pour répondre aux plus traditionnels lieux communs, donc quelques amoureuses, mais avec elles, et c'est aussi un lieu commun, le poison n'est jamais loin.

S'il est un poncif que les Tibétaines nous ont épargné avec beaucoup de délicatesse, c'est celui de l'adultère. Il faut croire que les dames furent exceptionnellement fidèles à l'époque monarchique ou, beaucoup plus vraisemblablement, que l'adultère comptait peu. Il a déjà été question du roi Tabu Nyazi, qui sut si bien s'enrichir des querelles de ses voisins. La tradition veut qu'il soit né aveugle, en raison d'une faute de ses parents, et que ceux-ci, en conséquence, aient été enterrés vivants. Par la suite, Tabu Nyazi recouvra la vue. Il s'agit donc d'une sombre histoire, et l'on voudrait bien savoir si l'entrée des parents dans la tombe ne coïncida pas avec la majorité de leur fils, mais cette tragédie est éclairée par une phrase symptomatique de l'attitude des Tibétains à l'égard de l'adultère, et contraire au point d'en être drôle à celle des Occidentaux. Au moment de franchir le seuil de la tombe, le malheureux père sembla mettre en doute que ce qui ressemblait si fort à un sacrifice pût rendre la vue à son fils. Aussi lui proposa-t-il l'aide d'un fils adultérin qu'il avait eu : *« Il y a une femme du pays Sumpa à laquelle je me suis uni.* Elle n'a été adultère qu'une seule nuit. *Elle a un fils de moi... »* Si près de la mort, le pauvre roi ne cherchait sans doute guère ses arguments, mais que la brièveté de l'adultère ait été pratiquement considérée comme un brevet de vertu à de quoi surprendre.

De fait, l'adultère n'est qu'exceptionnellement mentionné dans les sources anciennes, même s'il est pris en compte par le code moral qu'édicta Songtsen Gampo, ou bien qui fut édicté à son époque. La morale tibétaine, souvent pleine de sagesse, relativisait manifestement la question. Malgré le peu de cas qui en est fait d'une façon générale, il a cependant fourni son thème à une séquence de la *Chronique* de Dunhuang, et donné ainsi à la littérature quelques belles pages de poésie.

Le souverain Düsong, qu'une mère vraisemblablement abusive n'avait cependant pas laissé s'étioler, ce roi vigoureux qui égorgeait les sangliers et que n'effrayait ni les yaks sauvages ni les fauves, venait de disgracier son ministre Gar et, avec lui, tout ce clan jusqu'alors si puissant. Gar se suicida, certains membres du clan préférèrent se réfugier en Chine, afin d'éviter le massacre. Après l'année 698, le nom des Gar ne fut plus souvent prononcé dans l'histoire tibétaine. La *Chronique* de Dunhuang prête au souverain un chant assez long, qui ne laisse planer aucun doute sur son opinion : « *... Les vers de terre et les fourmis tentent d'imiter les oiseaux... Les fils de Gar espèrent devenir rois... Le crapaud espère voler...* »

Or Düsong avait pour maîtresse une dame du clan Choro. Elle résidait dans le pays de Dam, région de lacs et de tourbières, au nord-est de Lhasa, sur la route de Chine, une bonne région pour l'élevage, une bonne région pour la chasse. On avait déjà l'esprit caustique au Tibet et, si les chansons satiriques du temps ne nous ont pas été conservées, comme l'ont été heureusement beaucoup de celles qui ont fait les belles heures des cabarets de Lhasa jusqu'à nos jours, peut-être peut-on trouver leur esquisse dans un chant de la *Chronique* de Dunhuang, où le seigneur Khege Donang s'adressait à la dame de Choro avec une verdeur dont le sel et même le sens sont bien difficiles à saisir aujourd'hui. Mais, ce qui est plus étonnant, c'est que la dame attaquée par ces vers eut le droit de réponse, et qu'elle l'utilisa avec la même verdeur, car le rédacteur de la *Chronique* lui a prêté sa plume comme il l'a prêtée au souverain et au seigneur moqueur. Toutefois, la présence dans la *Chronique* de cet échange de flèches prouve qu'il ne s'agit pas seulement d'une aimable pochade. Il y a là, certes, des personnages qui ne dépareraient pas un vaudeville : le souverain, victorieux sur le champ de bataille comme dans le lit des dames, mais pas si malin que cela, c'est Khege Donang qui le dit; un seigneur dont on sait mal ce qu'il fait dans l'histoire, mais qui a une langue de vipère; la maîtresse enfin, à qui l'on peut parler de façon osée, mais qui répond avec un bel esprit qu'elle n'a nullement cherché ce qui lui est arrivé et que, si elle a dû accepter le souverain, il n'est pas question pour elle de s'abaisser en dessous d'une situation déjà peu relevée.

Les choses deviennent un peu plus claires si l'on précise les rôles : Düsong demeure le souverain qui chassa les Gar en 698 et mourut en 704. Le seigneur Khege Donang à la langue acérée fit partie de ceux qui se révoltèrent, en 705, lors de la difficile succession de Düsong, contre le parti de Thimalö. Il y laissa la vie. Manifestement, les femmes ne lui portaient pas chance. Mais on peut se demander pourquoi il montrait tant d'insolence à l'égard de la dame de Choro, dont le sort n'était peut-être pas si enviable. On a pu établir qu'elle avait appartenu au clan Gar : elle avait été l'épouse du frère du ministre déchu. Son mari s'était enfui en Chine. Il ne semble pas qu'elle devint de son plein gré la maîtresse de Düsong, mais plutôt qu'elle s'accommoda plus ou moins d'une situation de fait. La fortune de guerre sourit rarement aux femmes.

Avec l'apogée de la dynastie, le règne de Thisong Detsen (né en 742), le rythme des affaires passionnelles paraît s'être considérablement accéléré, surtout si l'on en croit les sources tardives. Les textes anciens donnent en fait peu d'indications à ce sujet, et il est pratiquement impossible de savoir si les actes, souvent répréhensibles, de nos dames étaient commis sous l'empire de leurs sens ou dictés par leurs passions politiques...

Thisong Detsen eut cinq épouses. Il est surtout question d'une dame de Tsepong, qui fut mère de ses fils et successeurs, et, plus discrètement d'une dame de Dro. Les sources tardives, sans doute par un souci d'édification pour le moins curieux, révèlent sur certaines de ces dames une belle collection de scandales. Toutes les conditions du désordre étaient désormais réunies : une dynastie ancienne et puissante, mais dont l'empire, devenu démesuré, passait lentement aux mains des administrateurs et des généraux; des clans avides et exigeants, désireux de se tailler des empires dans l'empire; une culture et des traditions en pleine révolution sous l'influence conjuguée et parfois contradictoire du bouddhisme et des cultures indienne et chinoise; des souverains qui ne se battaient plus ou qui se battaient moins, préférant la philosophie aux chevauchées et aux combats; des moines à la Cour; un clergé nouveau, sinon des clergés concurrents, établi et doté généreusement, sans que pour autant ait été prononcée de façon formelle l'exclusion des cultes anciens et de leurs ministres, incitation à peine voilée à la violence... La situation était explosive et elle l'était d'abord au palais royal.

Plus tard, vers le XIIIe ou le XIVe siècle, on ne détestait pas verser quelques larmes, et l'on contait volontiers ces tragédies avec des détails qui ne sont pas forcément en faveur de leur authenticité. Un jeune et savant religieux avait gagné la faveur du pieux roi Thisong Detsen, pour la plus vive jalousie des tenants des cultes anciens qui se trouvaient encore à la Cour. Pour ne pas se priver de ses enseignements, le roi cacha le jeune homme dans un pavillon de son parc; il lui portait lui-même ses repas, disent les chroniqueurs avec une belle imagination. Notons cependant que, selon les mêmes sources, le pieux roi faisait peu poétiquement acquitter le prix de ces repas par le peuple, au moyen d'un impôt. La dame de Tsepong, voyant son époux s'absenter chaque soir, crut à une intrigue, suivit son mari pour découvrir la femme et découvrit le moine. Or, nous dit-on, celui-ci était beau, extrêmement beau. La reine se laissa aller à la tentation, avança une proposition... Mais le jeune homme se drapa dans sa vertu. Incapable de supporter ce dédain, elle lacéra ses vêtements et courut chez son mari, criant que le moine l'avait violée. Thisong Detsen n'en crut pas un mot, mais le scandale était fait : il dut exiler le jeune moine qui, dit-on, trouva refuge au Tibet oriental.

Au XIVe siècle, un volume entier fut consacré à la vie de ces dames illustres, à l'histoire des reines du temps jadis. Il faut plutôt y chercher des illustrations symboliques que de véritables portraits historiques, encore qu'il s'y trouve souvent plus qu'un fond de vérité. Mais si cette littérature bouddhisée rapportait des histoires aussi scandaleuses, c'était aussi pour pouvoir rappeler les choses à la décence et les dames à leur mesure. Cette remise en place est explicitée par des litanies bien senties : les dames, même les reines, sont qualifiées, notamment, de « poison des démons *tsen* (l'une des nombreuses catégories de démons du Tibet) », de « démons aux mauvaises œuvres », de « marécage des Enfers », ou encore de « prison du cycle des renaissances ». On aura compris que ce vénérable ouvrage n'est pas véritablement féministe.

Si Thisong Detsen eut cinq épouses, il n'en eut pas pour autant de nombreux enfants. Il eut une fille, dont la mort le mit au désespoir, mais seule la tradition tardive nous en parle. L'un de ses fils mourut jeune, ou bien dans les circonstances qui n'ont pas encore intéressé les historiens. On crédite en général le pieux roi de trois fils arrivés jusqu'à l'âge adulte. Il faut dire que ces dames, déjà peu prolifiques, s'entendaient à semer le désastre dans sa progéniture. Le prince Mune Tsenpo fut appelé au trône. Il avait épousé la dernière femme de son père, une dame de Poyong. On ne sait pas très bien si ce mariage avait eu lieu après la mort de Thisong Detsen, ou la dernière année de sa vie, année qu'il aurait passée dans une sorte de retraite religieuse, mais il eut lieu en tout cas, et conformément à la volonté du vieux roi. Il est inutile de préciser que ce mariage mécontenta fort la mère du prince, la dame de Tsepong, qui empoisonna son fils. La logique de cette réaction n'apparaît pas immédiatement – peut-être préférait-elle tout simplement voir sur le trône un autre de ses fils. Cependant, son second fils ne pouvait régner : il avait du sang sur les mains. Il avait tué, par inadvertance dit-on parfois, le fils d'un conseiller de son père. Il n'est pas impossible qu'il ait commis ce crime à l'instigation de sa mère. Quoi qu'il en ait été, il fut banni et vraisemblablement assassiné peu après par la famille de sa victime. On se demande comment le troisième fils de l'aimable dame de Tsepong, Thide Songtsen, parvint à monter sur le trône. Il épousa une dame du clan Dro, et trois de ses fils ont laissé un nom à l'histoire, mais avec bien des incertitudes.

En 815, Thitsug Detsen, appelé aussi Relpatchen, succéda à son père. Son frère aîné, Tsangma, était entré en religion. Cependant, les plus hautes responsabilités du gouvernement étaient alors exercées par des conseillers ecclésiastiques, en particulier un certain Dranka, qui avait déjà eu un rôle important sous le règne précédent. Le nouveau souverain, fort pieux, dit-on, instaura une dîme pour assurer la subsistance du clergé bouddhiste. Ses libéralités ne lui firent pas que des amis et certains songèrent bientôt à mettre sur le trône son frère Langdarma. Deux conseillers s'y employèrent, nous apprend la tradition tardive, qui précise que, bien entendu, il s'agissait de conseillers laïques et suggère leur appartenance au parti des cultes anciens. Dans un premier temps, ils convainquirent le roi d'exiler son frère Tsangma, ce qui fut fait. Selon certaines sources, le jeune moine fut peu de temps après empoisonné par deux dames, dont l'une pourrait avoir été l'épouse de son frère Langdarma. Dans un deuxième temps, ils accusèrent le brillant conseiller Dranka d'être l'amant de la reine, une dame de Choro. Il existe plusieurs versions de cette vilaine histoire. Selon l'une d'elles, la reine eut vent de la calomnie et se suicida; son époux, ce monarque si pieux et si compatissant, fit alors dresser un bûcher et y mit à rôtir fort diligemment l'innocent conseiller. Selon une autre, Dranka fut d'abord éloigné de la Cour, envoyé à Nyethang (une bourgade qui existe encore, au sud de Lhasa, non loin de Tsangpo), où ses successeurs le rejoignirent et l'étouffèrent en lui enfonçant une écharpe dans la gorge, un procédé d'exécution sommaire devenu classique par la suite. La reine, apprenant alors de quoi on l'accusait, se précipita de la plus haute terrasse du palais et se tua. De nos jours, le conseiller Dranka est honoré comme protecteur de Nyethang, mais aucun culte n'entoure le souvenir de la pauvre reine. Enfin, les deux conspirateurs tordirent le cou du souverain pendant qu'il dormait après avoir absorbé quelques coupes de chang (la bière d'orge). C'est une fin peu glorieuse pour le troisième des souverains inspirés qui furent, selon la tradition, les piliers du premier bouddhisme tibétain.

Langdarma monta sur le trône, mais n'y resta pas longtemps : il fut assassiné par un moine. Sans doute a-t-on beaucoup médit de ce roi, dont on sait finalement peu de chose. Mais la tradition tardive a choisi d'en faire le traître du drame, et n'a pas lésiné sur les moyens. Ce qui est certain, c'est qu'après lui le pouvoir central s'effrita, la dynastie se scinda en petits groupes sans véritable légitimité, l'empire fut perdu. Une révolte populaire paracheva le désastre. C'est peut-être là qu'est la vérité; dans ces belles histoires de rois, de reines et de moines, on néglige un peu trop les petits. En tout cas, c'en était fini de la monarchie, même si les sources tardives se croient obligées de fournir encore les généalogies d'héritiers peu crédibles : trois ou quatre siècles après, ces « héritiers » étaient les ancêtres des familles nobles du Tibet, qui protégeaient ou finançaient les auteurs des chroniques. Dans cette liquidation assez mélancolique de la monarchie tibétaine, le dernier mot fut apporté par une femme, l'épouse principale de Langdarma, une dame du clan Nanam, pense-t-on en général, bien que le nom de Tsepong ait aussi été prononcé. A la mort de son mari, elle adopta un enfant de son propre clan et le mit sur le trône, assurant la régence, mais consacrant ainsi la fin de la dynastie.

Les femmes et la Première Diffusion du bouddhisme

Tandis que le domaine royal s'accroissait jusqu'aux dimensions d'un empire, tandis que les guerriers tibétains gagnaient les places fortes d'Asie centrale et s'emparaient même, un instant, de la capitale chinoise, un conquérant plus paisible entrait au Tibet : le bouddhisme.

La tradition veut que le roi Songtsen Gampo ait ouvert le Tibet à la Sainte Doctrine. Vraisemblablement, le bouddhisme avait fait au Tibet quelques pas timides, avant le VIIe siècle. La tradition parle en effet de sûtra (textes reproduisant la parole même du Bouddha) tombés du ciel sur le toit du palais royal, quelques générations avant Songtsen Gampo, sûtra qu'on rangea prudemment dans le Trésor, car personne ne saisit alors de quoi il s'agissait. Il est aussi question de quelques religieux venus de l'Inde, vers la même époque, et qui s'en retournèrent, faute d'être compris. La tradition nous apprend enfin que Songtsen Gampo envoya des jeunes gens étudier en Inde et qu'à leur retour l'écriture tibétaine fut créée, d'après un modèle indien. Mais il se peut que cette « création » ait eu quelque rapport avec l'installation au Tibet, à cette époque, de religieux bouddhistes venus de l'Inde ou du Cachemire. Les chroniques classiques ne donnent de Songtsen Gampo qu'une image stéréotypée, mensongère peut-être : fédérateur et organisateur de l'empire, créateur de l'écriture et des lois, introducteur et premier apôtre du bouddhisme... Mais il était d'abord le bodhisattva Chenrezi, celui-là même qui, au temps jadis, avait délégué sur terre un singe qui fut l'ancêtre des Tibétains. Pourquoi s'étonner dès lors qu'il ait multiplié les hauts faits et les miracles? D'autant que deux de ses épouses, les reines bouddhistes, l'une népalaise, l'autre chinoise, étaient également l'émanation de divinités. Songtsen Gampo édifia, dit-on, les premiers temples bouddhistes du Tibet. Ce furent d'abord, à l'instigation de ses deux reines bouddhistes, le Jokhang et le Ramoche de Lhasa. On se souvient qu'il fallut, pour y parvenir, surmonter la jalousie des reines, faire cesser leurs querelles de préséance, enfin soumettre la démone du sol tibétain qui, chaque nuit, détruisait le travail de la journée. La réalité semble avoir été un peu différente, mais, si l'on peut douter que la princesse chinoise ait été un tel parangon des vertus bouddhiques, du moins a-t-elle existé, ce qui ne paraît pas aussi certain pour la princesse népalaise. Après cette première impulsion, selon la tradition, il n'y eut plus que des progrès plus modestes, mais réguliers, jusqu'à la seconde moitié du siècle suivant, où Thisong Deṭsen donna un appui décisif au bouddhisme. Il est vrai que lui aussi était un bodhisattva. Il promulgua un édit qui faisait du bouddhisme la religion d'Etat, même si l'ensemble du pays, tant s'en faut, était loin d'y être gagné; le sanskrit fut imposé comme langue religieuse et base des textes canoniques, car il avait été jusque-là en concurrence avec d'autres langues, le chinois notamment; monastères et collèges d'enseignement se multiplièrent; un clergé nombreux, riche et puissant, participa aux plus hautes charges de l'Etat. Et tout cela buta sur le maigre personnage de Langdarma, dont le meurtre ouvrit, selon la tradition, un siècle de persécution pour le bouddhisme tibétain.

Rien n'est moins sûr que cela. S'il est difficile de retracer l'histoire réelle de la première expansion du bouddhisme au Tibet, il faut rappeler qu'en même temps que le malheureux Langdarma s'attirait les foudres des mémorialistes par une attitude sans doute peu favorable au clergé, mais aussi beaucoup plus certainement par son incapacité à régler les difficultés économiques du pays et à maintenir son autorité sur ses généraux, une vaste persécution du bouddhisme commençait en Chine et qu'elle a vraisemblablement inspiré les chroniqueurs tardifs. Ils ont ainsi pu jeter un voile pieux sur près d'un siècle d'histoire tibétaine. Il faudra bien des recherches encore pour le soulever.

Le bouddhisme, en gagnant les hauteurs tibétaines, suscita des vocations féminines, et même, pourrait-on dire, d'abord des vocations féminines, si l'on tient compte des deux reines, chinoise et népalaise, de Songtsen Gampo. Mais il faut reconnaître que, face aux vigoureux portraits des « politiques », les silhouettes des protectrices du bouddhisme au Tibet ancien sont un peu falotes, mal documentées ou déformées par la légende dorée. La figure de la seconde princesse chinoise, Jincheng, est infiniment plus intéressante, surtout si l'on fait abstraction de l'irritant problème de son mari. Selon la tradition tardive, elle vint de Chine pour épouser un prince réputé pour sa beauté et vit dans son miroir la mort accidentelle du jeune homme, dont elle dut épouser le vieux père. En fait, les textes anciens sont formels, ce vieux père, le roi Thide Tsugtsen, n'avait que six ans lors de l'arrivée de Jincheng... Pourquoi n'aurait-elle pas épousé après tout le jeune souverain, avec le difficile handicap d'avoir quinze ans de plus que lui ? Ce qui est certain, c'est que son mariage ne servit pas un instant la cause de la paix entre les deux pays. Personnellement et politiquement, Jincheng semble avoir connu l'échec. Dans cet esprit, les chroniques tardives la décrivent errant mélancoliquement dans un Lhasa qui paraît avoir été bien négligé depuis les grands travaux qu'y avait faits Songtsen Gampo, retrouvant et remettant en état la fondation de sa « tante » Wencheng... Moins poétiques sont les mentions des *Annales* chinoises. Dès son mariage, ou son semblant de mariage, elle intervint ou on la fit intervenir entre Chine et Tibet. Lorsque les Tibétains perdaient des territoires aux mains des Chinois, sa situation devait être intenable. C'est sans doute ce qui arriva en 723, lorsqu'elle adressa une lettre brève mais éloquente au roi du Cachemire : « *Si vous êtes sincèrement dévoué à la Chine, je désire m'enfuir pour me réfugier auprès de vous. Etes-vous disposé ou non à me recevoir ?* » Le roi du Cachemire demanda aussitôt l'aide armée d'un roi voisin, au cas, aisément prévisible, où les Tibétains viendraient en force récupérer leur souveraine. A son tour, le roi voisin prévint l'empereur. Mais Jincheng ne partit pas pour le Cachemire et ce beau relais de courrier à travers l'Asie centrale nous laisse finalement sur notre faim. Jincheng semble décidément être la princesse des questions sans réponse. Quelques années plus tard, en 729, une ambassade chinoise au Tibet vit le souverain et la princesse impériale. L'année suivante, une ambassade tibétaine alla en Chine demander les *Classiques* au nom de Jincheng, et les obtint. A ce moment-là, la situation de la princesse semblait s'être améliorée, puisque cette même année 730, selon les *Annales* de Dunhuang, elle pouvait renvoyer un conseiller et le remplacer par un autre. Mais elle fut aussi, et peut-être avant tout, une ardente bouddhiste et, si l'on en croit certaines sources anciennes, elle en mourut. Non contente de restaurer les fondations de l'époque de Songtsen Gampo, elle intervint auprès du souverain pour qu'il autorisât des moines de Khotan, arrivés en grand nombre dans le nord-ouest du pays, à y pénétrer plus avant et à s'y installer. Sept monastères auraient été construits pour eux. Du reste, il vint aussi de Chine, à cette époque, un grand nombre de moines bouddhistes. Tout cela devait se passer vers 735. Quatre ans plus tard, Jincheng mourut, faisant don de ses biens à la communauté bouddhiste. Il y avait alors une grande épidémie de variole, il n'est pas impossible que la princesse en ait été victime, tout comme le prince royal Lhebön, mort et enterré aux mêmes dates qu'elle, coïncidence qui a inspiré des commentaires très fantaisistes. C'est à ce prince que la tradition tardive veut qu'elle ait été promise en 710, chose impossible, on l'a vu, puisque son père n'avait alors que six ans. Toujours est-il que les religieux khotanais furent accusés d'avoir importé la maladie, et expulsés. L'édification de la Sainte Doctrine était également une affaire politique. Quant à Jincheng, Tibétains et Chinois étaient alors en si mauvais termes que l'empereur, lorsqu'une ambassade vint, en 741, lui annoncer sa mort, retarda de plusieurs mois le deuil officiel de la Cour.

La religion nouvelle, comme c'est souvent le cas, semble avoir davantage consolé des femmes tristes qu'elle ne gagna de femmes heureuses. La tradition tardive nous dit que l'une des épouses de Thisong Detsen fut la grande mystique Yeshe Tsogyel, mais cette tradition est précisément si tardive et si peu historique qu'il a paru plus raisonnable d'évoquer la riche personnalité de cette grande dame dans le contexte du Tibet classique. Une épouse de Thisong Detsen entra pourtant bel et bien dans les ordres : elle le fit semble-t-il très modestement. Mais de cette vocation, ou de ce renoncement, l'histoire et l'archéologie ont conservé quelques preuves indéniables.

Thisong Detsen est pour la tradition le deuxième des trois grands souverains bouddhistes de la Première Diffusion, après Songtsen Gampo et avant son petit-fils Relpatchen. On dit qu'après une minorité difficile, pendant laquelle les adversaires du bouddhisme avaient repris des forces, il se rangea du côté de la Sainte Doctrine. Il édifia alors à Samye un monastère considéré comme le premier du Tibet, au moins pour l'importance, sinon pour la chronologie, fit du bouddhisme la religion d'Etat, encouragea et protégea les traducteurs de textes canoniques, orchestra une controverse où s'affrontèrent les partisans de l'école du bouddhisme indien et chinois... Est-il étonnant, dans cette atmosphère de ferveur, que l'une de ses reines ait choisi la religion ? Lorsque Thisong Detsen eut construit le monastère de Samye, à une date qui ne fait pas l'unanimité des sources, mais qu'il paraît raisonnable de situer autour de 779, les reines, dit-on, ou du moins certaines d'entre elles, édifièrent des temples à proximité de l'édifice principal. Injustice du sort, seul a subsisté de nos jours celui qui est attribué à la peu compatissante dame de Tsepong, qui n'hésita pas à empoisonner l'un de ses fils.

Gyemotsen, dame de Dro, fonda un temple plus petit, parce qu'elle n'avait pas d'enfant pour l'entretenir après elle et parce que son pays était trop éloigné pour que sa famille pût s'en charger. C'est du moins ce que disent les sources tardives. Or, sous le porche du temple principal de Samye, est suspendue une grosse cloche de bronze, qui porte à l'épaule une inscription de deux lignes, indiquant qu'elle est un don de la reine Gyemotsen et de son fils. Les sources indiennes notent la naissance d'un fils de Thisong Detsen en 760. Peut-être s'agissait-il du fils de la dame de Dro ? En tout cas, ce fils devait être encore vivant lorsque fut construit le monastère de Samye, et devait même avoir atteint l'âge d'homme, ce qui cadre mal avec la tradition qui veut que le fils aîné du monarque soit mort en bas âge. Il n'en reste pas moins que la dame de Dro offrit une cloche au nouveau monastère, et que son fils, mort ou vivant à cette date, ne monta pas sur le trône. Les années passèrent.

On a retrouvé à Dunhuang de nombreux manuscrits, en chinois et en tibétain, qui traitent de la fameuse controverse qui opposa au Tibet, à cette époque, partisans des écoles indienne et chinoise du bouddhisme. On a souvent localisé cette controverse à Samye et pensé qu'elle avait pour base une opposition entre les méthodes subitistes (prônées par certains moines chinois) et gradualistes (issues de la tradition indienne), peut-être même entre bouddhistes orthodoxes et tantristes. En fait, elle s'étendit à l'ensemble des communautés bouddhistes du Tibet et connut aussi des aspects politiques et économiques. Thisong Detsen avait déjà penché en faveur de l'Inde en choisissant le sanskrit comme base de traduction des textes canoniques : il écartait par là les traductions chinoises qui en avaient déjà été faites. Sans doute favorisa-t-il aussi le parti de l'Inde dans la controverse. Toujours est-il que, selon la tradition, le parti chinois fut vaincu; il est même question d'exil, de vengeance et d'assassinat. L'influence de la Chine et du bouddhisme chinois fut cependant considérable sur le Tibet ancien. Une dizaine d'années avant la controverse, qu'on situe en général vers 792, des maîtres chinois étaient encore invités officiellement au Tibet. Mais l'abbé de Samye était indien. Les documents chinois nous apprennent que le maître Mahâyâna, qui fut défait lors de la controverse, avait auparavant initié à la doctrine chinoise (il faut entendre au bouddhisme *chan*) l'impératrice née dans le clan Dro, que cette dame était devenue nonne et avait elle-même conduit à la religion une tante maternelle du souverain et trente dames de la noblesse. La tradition tibétaine le confirme et précise qu'elle prit dans les ordres le nom de vénérable Jangchub. On ne sait pas comment elle accepta la « condamnation », d'ailleurs très relative, de son maître spirituel lors de la controverse. Ce qui est certain, c'est que le parti chinois pâtit de cette défaite infiniment moins que ne le veut la tradition. Il y avait autrefois au monastère de Thamdrug au Yarlung une cloche très semblable à celle de Samye. Son inscription précisait qu'elle avait été donnée par notre reine devenue nonne, Jangchub, afin d'assurer une longue vie à son beau-fils le souverain Thide Songtsen, qui régna des environs de l'an 800 à 815. La cloche avait été fondue par un certain abbé Rinchen, qui venait de Chine.

Il est curieux qu'une femme si engagée en faveur de la Doctrine, et si généreuse, n'ait pas été célébrée par la Seconde Diffusion. Dans la belle reconstruction du premier bouddhisme tibétain qu'on fit à partir du XIIe siècle, une figure bien réelle comme celle de Jangchub fut délibérément négligée, peut-être parce qu'elle n'appartenait pas à l'orthodoxie indienne, à moins qu'elle n'ait été déjà complètement oubliée, ce qui paraît encore plus vraisemblable. On lui préféra, quand il fallait vraiment des modèles féminins, des modèles plus littéraires.

3

Image de la femme selon la tradition bouddhique orthodoxe et dans les contes

La Seconde Diffusion du bouddhisme au Tibet

D'un cauchemar qui dura un siècle, du milieu du IXe au milieu du Xe siècle, cauchemar hanté de défaites, de désordres, de persécutions et de destructions, le Tibet se réveilla bouddhiste. C'est du moins ainsi que la tradition nous présente l'histoire. En fait, si l'on sait relativement peu de chose de l'époque monarchique, on en sait bien moins encore des heures de sa chute. On nous dit que le mauvais roi Langdarma, pendant les deux courtes années de son règne, persécuta le bouddhisme au point que ses maîtres durent s'enfuir aux confins du pays : à l'ouest, où se réfugièrent aussi certains descendants supposés de la dynastie, et à l'est, dans les régions frontalières de la Chine. Qu'en fut-il exactement, désastre ou simple repli, comment le dire ? Les chroniques, plus tardives, sont souvent contradictoires, les dates ne coïncident pas. Les destructions ne semblent pas avoir été aussi importantes qu'on l'a dit : les tombes royales, symboles de la dynastie, furent certes pillées, mais les plus grandes fondations du bouddhisme, le Jokhang de Lhasa, ou le monastère de

Samye, semblent avoir subsisté, au moins en partie. La simultanéité de la persécution du bouddhisme en Chine, au milieu du IXe siècle, est une coïncidence troublante. Qu'elle ait inspiré les plaintes des chroniqueurs tibétains ou non, elle a sans doute servi à masquer quelque peu des réalités vraisemblablement discordantes.

Quoi qu'il en ait été réellement, ce siècle fut néanmoins une période de repli pour le Tibet. Privé désormais de ses ouvertures sur l'Asie centrale, il se trouva relativement isolé, du moins plus qu'il ne l'avait été pendant les siècles précédents. Cependant, les courants de la pensée bouddhique ne cessèrent nullement de traverser le pays : ainsi des pèlerins chinois se rendirent encore en Inde par le Tibet et les contacts demeurèrent nombreux avec l'Inde et le Cachemire. De même qu'il est difficile d'admettre que le Tibet ait surgi du néant historique, au début du VIIe siècle, avec son écriture et ses armées, comme Athéna casquée sortant de la cuisse de Zeus son père, de même on a peine à croire que, si la persécution fut vraiment aussi radicale qu'on l'a dit, la réimplantation du bouddhisme se soit faite aussi rapidement au Xe siècle. A l'est et à l'ouest du pays se produisit une renaissance religieuse qui gagna bientôt le Tibet central. Partout, temples et monastères, de dimensions encore modestes, furent construits ou reconstruits. Les traductions de textes canoniques du bouddhisme, déjà d'un volume considérable à l'époque de la Première Diffusion, se multiplièrent. Quand l'apôtre indien Atîsha vint au Tibet, en 1042, et qu'il visita le monastère de Samye, fondé à la fin du VIIIe siècle, il ne put cacher son étonnement devant le nombre des ouvrages que contenait sa bibliothèque. Dès les premières années du XIe siècle, de nombreux « Trésors », textes cachés par les maîtres de la Première Diffusion, ou révélés par des divinités, furent « découverts » en grand nombre, comme on le verra plus loin. Ce mouvement de découvertes, de révélation de textes, n'a jamais cessé depuis.

Autour des sanctuaires nouvellement édifiés ou bien réorganisés, se réunirent des communautés religieuses de plus en plus nombreuses. Des écoles commencèrent à se distinguer les unes des autres. On allait étudier en Inde ou au Cachemire, et les plus grands maîtres ne dédaignaient pas de venir au Tibet : Atîsha ne fut pas un exemple unique, loin de là. Il faut croire que les Tibétains étaient las de leurs monarques guerriers, car il n'était plus guère question, dès cette époque, de princes ou de seigneurs laïcs autrement que dans le rôle de donateurs. Mais il est vrai que l'on a affaire désormais à une histoire essentiellement religieuse et rédigée en tout cas par des religieux. Le pouvoir politique n'était pourtant pas uni, lors du triomphe de la Seconde Diffusion, aux Xe et XIe siècles, mais il est difficile d'en établir un état précis et certain. Principautés ou seigneuries, de taille très variable, coexistaient : si leurs luttes semblent avoir été assez fréquentes, elles n'étaient cependant pas constantes. Comment la vie monastique aurait-elle pu se développer dans des vallées toujours en guerre ? Les liens entre les princes, quels qu'ils aient été, et les communautés monastiques, esquissées ou déjà bien organisées, se sont manifestement tissés de bonne heure. Il est vrai aussi que la religion en ces temps-là fut parfois affaire de grandes familles : ce fut le cas des souverains du Tibet occidental qui soutinrent le mouvement de renaissance du bouddhisme, dans la seconde moitié du Xe siècle. Mais la religion fit aussi de grandes familles : dès la fin du XIe siècle, autour du monastère de Sakya nouvellement fondé, se développa une école dont le rayonnement fut immense, mais aussi une famille puissante et bientôt richement apanagée, dont les chefs étaient également les hiérarques de l'école.

Au XIe siècle, le Tibet était sorti du silence et en était sorti bouddhisé, au point que les mémorialistes les plus sévères ne prenaient plus guère la peine de fustiger les hérétiques et autres ennemis de la Doctrine, tant ils semblaient être devenus discrets. Mais dans le même temps, le bouddhisme avait transformé le Tibet, il avait modifié ses traditions, soumis ses démons, effacé certains de ses usages, composé avec d'autres, créé une écriture qui lui servit à réécrire l'histoire du pays... Logiquement, l'image des femmes, plus peut-être que leur statut réel, difficile à définir, semblait être désormais comparable à celle que l'on en avait dans les pays bouddhistes. Le bouddhisme aurait donc également changé les femmes du Tibet; il a en tout cas tenté de le faire. Avec la Seconde Diffusion, la Tibétaine idéale devint une donatrice. Si la générosité du rôle lui convenait, il n'est pas certain qu'il en ait été de même de son humilité et de sa passivité. Et cependant, si l'on cherche des silhouettes féminines dans les sources littéraires du Tibet classique, il faut reconnaître qu'elles n'ont plus la densité qu'elles avaient au temps de la monarchie. Les Tibétaines, devenues bouddhistes, se sont également, et du moins dans les livres, indianisées, ce qui n'est pas étonnant puisque la plupart des grands modèles littéraires venaient désormais de l'Inde.

Le bouddhisme orthodoxe et les femmes

Au Ve siècle avant notre ère, le bouddhisme est né et s'est développé en Inde, dans un pays dont les traditions ne sont pas précisément féministes, même si quelques textes très anciens y révèlent parfois de surprenantes plages de tolérance. Le bouddhisme s'est formé dans un monde patriarcal. Son fondateur fut un homme, qui n'a jamais renié sa nature d'homme. La nouveauté de son message a d'abord été d'offrir le salut à tous, et de l'offrir sans distinction de race ni de caste, ce qui était une innovation véritablement révolutionnaire. La voie ainsi ouverte était d'une lumineuse simplicité : chacun pouvait et peut s'y engager, c'est affaire de prise de conscience, puis d'efforts persévérants, rien qui soit impossible à la nature humaine.

La voie fut également ouverte aux femmes, mais peut-être plus d'une façon théorique que pratique, et non sans hésitations; de fait, on ne peut vraiment dire qu'elle l'ait été de la même façon qu'aux hommes. En termes simples, un homme qui a formé la pensée de suivre la Doctrine du Bouddha et de tenter de s'affranchir du cycle des renaissances, peut espérer, dans le meilleur des cas, arriver en l'espace d'une seule vie à l'illumination, à l'état de bouddha, d'où plus aucun retour dans le monde de souffrances qu'est le nôtre n'est à craindre. Une femme, elle, doit d'abord en principe, à force de mérites, obtenir une renaissance sous une forme masculine, avant de prétendre à la Libération complète et définitive. Les Tibétaines d'aujourd'hui en sont encore largement convaincues et n'y voient la marque d'aucune injustice : qu'importe que la voie soit longue, du moment qu'elle existe. Les féministes trouveront là sans nul doute la preuve d'un indéniable sous-développement revendicatif. Cette attitude n'est-elle pas plutôt la marque d'une grande sagesse, qui prend en compte les notions de relativité les plus fondamentalement enracinées dans le bouddhisme, et laisse de côté bien des règlements passablement mesquins et tristement humains édictés par certains des maîtres qui diffusèrent la Doctrine du Bouddha ? Mais, sans vouloir faire au bouddhisme un procès d'intention assez ridicule, indigne de sa grandeur, et qui mésestimerait ses facultés d'adaptation et d'évolution, il n'en reste pas moins que le message du Bouddha s'adressait incontestablement sans distinction au brahmane et au balayeur, mais qu'il faisait quelques distinctions entre le brahmane et sa femme, entre le balayeur et la sienne.

Si l'on s'en tient à l'« histoire » du Bouddha, sans considérer les développements ultérieurs du bouddhisme et les commentaires de ses écoles, en particulier de l'école du Nord, le Mahâyâna, qui fut l'une des sources du bouddhisme tibétain, force est de reconnaître que la part faite aux femmes est bien mince. Le Bouddha se méfiait des femmes. Son esprit, si grand qu'il ait été, ne parvint qu'avec peine et comme à regret à une décision à leur sujet. A dire vrai, ce sujet lui fut pratiquement imposé par ses disciples, en particulier par Ananda, celui d'entre eux qui montrait les plus grandes vertus de compassion et qu'il préférait, peut-être pour cette raison. Ce fragment de dialogue témoigne des prudences du Bouddha mieux que ne le ferait un long commentaire : « Ananda : *Comment devons-nous nous conduire, Maître, à l'égard des femmes ?* Le Bouddha : *Ne pas les voir, Ananda.* Ananda : *Mais si nous les voyons, que devons-nous faire ?* Le Bouddha : *Ne pas leur parler, Ananda...* Ananda : *Mais si elles nous parlent, Maître, que devons-nous faire ?* Le Bouddha : *Rester pleinement éveillé, Ananda*[1]. » C'est que le Bouddha recommandait à celui qui voulait s'engager sur la voie du salut de choisir la vie monastique, c'est-à-dire, et très fermement, le célibat. La trinité fondamentale du bouddhisme, qui en résume les principes essentiels, Bouddha, Dharma (la Doctrine), Sangha (la communauté monastique), est sans équivoque sur cette importance reconnue aux religieux.

Cependant, la vie des laïcs n'était pas pour autant ignorée ou méprisée. Mais l'on ne peut dire que la description des rôles réciproques de l'homme et de la femme représente une grande innovation par rapport à la tradition indienne. Le mari doit honorer, respecter, aimer sa femme, lui être fidèle, assurer sa situation et son confort. La femme doit être bienveillante, accomplir ses devoirs à la perfection, être bonne pour son entourage, être fidèle, et active dans le quotidien. L'homme protège, la femme administre et exécute, les tâches sont raisonnablement réparties, et la situation paraît tout à fait idyllique. Le point de vue le plus original que le bouddhisme développa à l'égard des femmes fut sans doute de ne pas leur faire gloire de leur fonction traditionnellement considérée comme essentielle, la maternité – bien au contraire. N'attache-t-elle pas indissolublement la femme au monde de la souffrance et des passions, au cycle des renaissances, n'en fait-elle pas l'agent principal ? Cela n'exclut certes pas le respect, ainsi qu'en témoigne la vénération qui entoure la figure de la mère du Bouddha : mais ses vertus sont plus proches de celles de la vierge que de celles de la mère. Les circonstances de la conception furent miraculeuses; l'enfantement se fit par l'aisselle; la jeune mère mourut sept jours après la naissance,

1. Traduction de Léon Feer, *Extraits du Kandjour*, 1883.

pour ne pas encourir le risque de relations sexuelles après avoir donné naissance à un Bouddha... Mère admirable, sans doute, mais si peu femme.

La logique voudrait alors que le Bouddha ait engagé les femmes au célibat, comme il le faisait à l'égard des hommes. Il n'en fit rien. Pourquoi les femmes quitteraient-elles leur maison et la vie familiale pour les aléas de la vie monastique ? Si elles le font, dit le Bouddha à Ananda, la règle du Dharma ne sera pas maintenue longtemps. L'explication donnée est, certes, sensée, mais aussi un peu hypocrite : si les femmes entraient dans les ordres, ce serait alors comme une famille avec beaucoup de femmes et peu d'hommes, elle serait facile à attaquer et à léser. Comprenons que les femmes étaient jugées trop fragiles pour la vie monastique, surtout pour le monachisme itinérant qui était de règle alors. Et l'objection est manifestement inspirée par la raison, si l'on en juge par l'histoire de la Tibétaine Yeshe Tsogyel que nous retrouverons plus loin, attaquée et violée durant l'une de ses pieuses pérégrinations. Mais cette objection fut maintenue bien longtemps après la construction de monastères et de couvents dans les pays gagnés au bouddhisme.

Le Bouddha considérait également qu'une communauté féminine, courant des risques pour elle-même, en aurait fait courir de bien plus grands à la communauté masculine. Pour la tradition bouddhiste, les femmes sont des tentatrices. Leur nature est animale, associée à des désirs innés, auxquels la nature des hommes échappe..., elles sont irresponsables et leurs appétits excessifs sont incontrôlables. C'est un point de vue qu'on retrouve fréquemment dans les écrits des médecins tibétains qui décrivent minutieusement toutes sortes de maux féminins dus le plus souvent, selon leur diagnostic, aux débordements d'une sexualité frisant l'hystérie. Cette appréciation sévère ne signifie nullement que toutes les femmes étaient considérées par le premier bouddhisme comme des prostituées en puissance, d'autant que le blâme attaché à ce terme en Occident est loin d'être repris par la tradition indienne et, à sa suite, par la tradition bouddhique. Il existe bien sûr quand même des femmes vertueuses, et respectées pour cela, dans la mesure où l'on sait bien que la vertu des femmes est fragile. Mais force est de constater que les figures féminines les plus connues de l'histoire du Bouddha sont, après celle de sa mère, celles des filles du démon Mâra venues l'induire en tentation et qui échouèrent pitoyablement. Moins célèbre sans doute est la figure de la tante et mère adoptive du Bouddha, seconde épouse de son père. Elle entendit l'Éveillé (il n'était pas encore devenu le Bouddha) prêcher la Doctrine. Longtemps, elle le supplia vainement de la laisser entrer, et de laisser entrer les femmes dans la communauté monastique. Enfin, cédant à ses larmes et aux objurgations du bon Ananda, le Bouddha y consentit, mais il ne le fit, semble-t-il, qu'à regret, en imposant aux nonnes huit règles de base, qui s'ajoutaient à celles qui étaient imposées aux moines et qui soumettaient étroitement leur communauté à celle des moines. Notons que parmi les quelque deux cent cinquante règles disciplinaires assorties de sanctions en cas de manquement, les relations sexuelles avec une femme étaient considérées comme une faute grave pour un moine, mais qui n'entraînait qu'une expulsion temporaire de la communauté; donner des conseils religieux à une femme, en plus de cinq ou six mots et sans témoins, ou demander à une nonne d'une autre communauté de laver ou de réparer sa robe, était des fautes, mais des fautes quand même mineures.

Avec le temps, le bouddhisme précisa sa position à propos des femmes. Certains courants allèrent dans le sens de la sévérité et de l'exclusion presque totale; d'autres vers la pitié et la compassion; d'autres enfin, partant du fait que le Bouddha avait finalement accepté les femmes dans la communauté monastique, glissèrent imperceptiblement vers des concepts plus égalitaires.

Le bouddhisme tibétain a fondé ses dogmes en partie sur ceux que développa l'école du Nord du bouddhisme indien, le Mahâyâna (le Grand Véhicule). L'un des apports de cette école, par rapport au premier bouddhisme dont elle était issue, fut de créer la figure des bodhisattva et leur rôle déterminant dans le processus de libération des êtres vivants. Un bodhisattva est un être de compassion qui, sur le point d'échapper définitivement au cycle des renaissances, c'est-à-dire de devenir bouddha, sursoit à cette suprême réalisation et conserve, au moins temporairement, la faculté de revenir dans le monde aider les êtres vivants. Or, avec le temps, certains de ces bodhisattva montrèrent une apparence féminine : ce fut le cas de Târâ et aussi celui de Guanyin en Chine. En bonne logique, puisque un bodhisattva, qui pouvait très rapidement devenir bouddha, était une femme ou du moins avait une apparence féminine, il devenait difficile de refuser aux femmes la possibilité de devenir bouddha sans avoir au préalable obtenu une réincarnation masculine. Sans doute s'agit-il d'une logique trop occidentale, car, parmi les maîtres du Mahâyâna comme parmi leurs lointains disciples, jusqu'à nos jours, les réactions sont loin d'être unanimes.

Au chapitre de la sévérité figurent les traditionnels compliments dont sont abreuvées les femmes : faibles, menteuses, immorales, attachées aux sens, bref, incapables d'assurer leur propre salut, mais très capables de compromettre celui des hommes. Peut-être que de vilipender ainsi les femmes encourageait les hommes sur la difficile voie du célibat. Mais la description donnée par le grand maître Nâgârjûna n'en est pas moins attristante : « *Le désir pour une femme vient de ce que l'on pense que son corps est propre. Mais il n'y a rien de propre dans un corps de femme. La bouche est pleine de salive répugnante et d'ordures entre les dents, le nez de fluides, morve et mucosités, les yeux d'ordures et de larmes...* » D'une façon moins désobligeante, mais d'autant plus catégorique, le *Sûtra du Lotus de la Vraie Loi* décrit les futures Terres pures du Bouddha comme des lieux merveilleux, peuplés de dieux et d'hommes, et dont toute peine et toute femme seront absentes...

Cependant, dans un autre texte, un pieux moine envisageant la perspective de son propre salut, frappé de commisération, préférait y renoncer si les femmes devaient encore renaître comme femmes et donc être dans l'impossibilité d'atteindre à l'Illumination. Et que dire de l'héroïque dévouement du bodhisattva qui voulait convertir les deux cents belles et diaboliques filles de Mâra, celles-là mêmes qui tentèrent vainement le Bouddha ? Il les sentait prêtes à être sauvées, mais chacune clamait qu'elle n'accepterait sa loi qu'après avoir reçu... ses hommages. Il se transforma en deux cents dieux ; chacune des belles succomba en se croyant seule distinguée. Mais quand leurs désirs furent satisfaits, toute passion disparut d'elles, et elles écoutèrent le prêche du bodhisattva. De tels récits prêtent peut-être à sourire. Il faut pourtant se garder de le faire : plus que du mépris ou simplement une certaine distance, ils révèlent un souci réel pour un problème posé, et auquel le Mahâyâna, finalement, n'apporta pas de solution complète. Certes, de temps en temps, des phrases détachées de leur contexte font espérer qu'un maître plus audacieux a dépassé les contradictions qui marquent certaines positions bouddhistes. On lit ainsi avec intérêt que le Mahâyâna ne voit aucune différence entre un homme et une femme, car masculinité et féminité ne sont que des créations de l'imagination. Mais qu'on lise plus avant, et l'on verra bien que le salut des femmes ne peut se faire comme celui des hommes.

Avec le temps, le bouddhisme étendit son rayon d'action. Peut-être trouva-t-il dans ses voyages, dans la rencontre qu'il fit d'autres religions, dans les nécessités nouvelles d'un certain prosélytisme, les raisons de la formation, puis de la multiplication de son panthéon, celles de l'introduction des figures féminines, ou de la féminisation de certaines figures initialement masculines. Le *Mañjushrîmûlakalpa*, qui est, il est vrai, un texte tardif et fortement teinté de tantrisme, déclare que les bodhisattva, qui ont conservé la faculté d'apparaître dans le monde, peuvent y prendre, pour le salut des êtres, les formes les plus diverses, celle d'une formule sacrée, d'herbes médicinales, de créatures ailées, d'ogres... et même de femmes.

Le Mahâyâna, à travers ses textes, montrait trois tendances à l'égard des femmes. Ou bien il leur refusait purement et simplement l'accès aux Terres pures du Bouddha, et niait la possibilité pour elles de devenir bodhisattva, sauf à renaître d'abord en hommes. Ou bien il leur concédait la possibilité de devenir des bodhisattva, de rang inférieur, et à condition de changer miraculeusement de sexe durant leur vie, ce qui est un thème fréquent de la littérature bouddhique populaire. On disait également des femmes très avancées dans les voies de la méditation qu'elles avaient deux sexes, celui de leur état présent, féminin, et celui de leur état futur, une réincarnation masculine. Car la bisexualité réelle, envisagée par les textes, malgré sa rareté, était considérée comme un état plus négatif encore que celui de femme, puisqu'il cumulait les pouvoirs sexuels excessifs des deux sexes. Ou bien encore, mais exceptionnellement, le Mahâyâna, reconnaissant l'impermanence et l'inexistence de tous les phénomènes, ne considérait plus le sexe, masculin ou féminin, comme une entité immuable. Des textes comme le *Sûtra du Diamant* n'utilisent plus l'image mâle pour écrire l'asexualité, l'extinction même de la possibilité des passions, nécessaire à la réalisation bouddhique. Dans le *Sûtra de l'enseignement de Vimalakîrti*, il est dit qu'une déesse résidait dans la demeure du bodhisattva Vimalakîrti, et qu'une conversation s'engagea entre elle et Shâriputra, l'un des disciples du Bouddha. Elle l'accusa moqueusement de conserver des habitudes de discrimination qui le liaient donc encore au monde des sens. Ses arguments étaient si bien venus, et montraient une telle élévation d'esprit que Shâriputra lui demanda pourquoi elle ne changeait pas son sexe féminin pour le sexe masculin, montrant par ces mots qu'il la jugeait digne des plus hautes réalisations. Elle expliqua alors qu'elle avait médité douze années durant sur les caractéristiques innées des sexes sans pouvoir en trouver : comment dans ces conditions aurait-elle pu en changer? Puis elle transforma Shâriputra, en lui donnant sa propre apparence, et se donna l'apparence de Shâriputra. Elle lui demanda ensuite pourquoi il ne changeait pas son sexe féminin. Il avoua ne pas savoir comment il en était venu à cette apparence-là. Et la déesse de lui faire observer, non sans ironie, que, s'il pouvait prendre l'apparence d'une femme, les femmes aussi pouvaient changer d'apparence, et que, s'il n'était pas une femme, bien qu'il en eût l'apparence, les femmes, qui en avaient l'apparence, n'étaient pas davantage des femmes... Autre signe d'évolution, Vimalakîrti décrivait sa Mère, et celle de tous les bodhisattva, comme Perfection de Sagesse, figure féminine fréquemment représentée par le bouddhisme mahâyâniste ou issue de lui; et son Père comme Habileté dans les Moyens. Sagesse et Moyen forment un couple sur lequel s'appuient nombre des démonstrations du tantrisme.

Une image tantrique : l'union de Sagesse et Moyen

On a dit souvent que le tantrisme a influencé les derniers développements du Mahâyâna, et que cette influence en adoucit un peu les points de vue à l'égard des femmes. Le tantrisme est né de concepts communs à l'ensemble de la pensée indienne. A l'époque médiévale, il a marqué tous les courants religieux : hindouisme, bouddhisme, jaïnisme... L'apport du tantrisme, essentiellement ses aspects pratiques et ritualistes, est venu conforter certaines tendances du bouddhisme, accentuées par le Mahâyâna. Ainsi, pour le bouddhisme, l'enseignement est filiation. Pour le tantrisme, les pratiques rituelles ont valeur initiatique et se transmettent de maître à disciple : leur caractère secret tient en fait à la spécificité de la transmission. Le bouddhisme cherche la Libération du cycle des renaissances par la Connaissance, la Conscience absolue de l'existence des phénomènes, du Vide qu'ils représentent. La démarche est difficile : cette conviction absolue, la Sagesse, est longue à acquérir. Les pratiques ritualistes du tantrisme sont des moyens considérés comme pouvant conduire plus rapidement à la Libération. On comprend mieux alors que les textes de base du bouddhisme, les sûtra, qui sont censés reproduire la parole même du Bouddha, et ceux du tantrisme soient considérés comme la trame et la chaîne d'un même tissu; c'est du moins ce qu'il en est pour les pays qui, comme le Tibet, ont adopté le bouddhisme « tantrisé » du Vajrayâna (« Véhicule du Diamant »). La Sagesse, la Perfection de Sagesse, que certaines écoles du Mahâyâna ont définie comme Vacuité et d'autres comme Pure Conscience, a été décrite formellement dans les textes comme féminine, qu'elle soit considérée comme une divinité ou non. Pour le tantrisme, elle est la contrepartie féminine du Moyen, masculin : le couple est pratiquement indissociable, puisque l'une ne peut être atteinte sans l'autre. Les développements métaphysiques et ritualistes de cette union eurent un large écho au Tibet, on le verra plus loin. Mais on pourrait penser que le premier écho en a été dans l'image. C'est un fait que l'iconographie tantrique représente fréquemment l'union de Sagesse et Moyen, symbolisés par deux divinités en union sexuelle, mais c'est une convention, et la représentation féminine y manque singulièrement de substance. Si l'on considère l'image somptueuse de la femme que l'art de l'Inde ancienne nous a laissée, on peut être surpris que le Tibet n'ait rien fait de tel, et le regretter. En fait, le Tibet a un peu négligé la représentation de l'homme et de la femme; il est vrai que ses divinités ont une apparence humaine, mais ce n'est précisément qu'une apparence. On peut expliquer cet éloignement général du réalisme (même si la représentation de l'union sexuelle est, à nos yeux du moins, conventionnellement réaliste) par l'indifférence, ce qui n'est sûrement pas le cas, ou bien y trouver la preuve de ce que les Tibétains n'attribuent à la différenciation sexuelle de leurs divinités qu'une valeur toute relative et qui leur permet d'abord de visualiser des symboles. De fait, les divinités, peintes ou sculptées, ont parfois un aspect singulièrement androgyne. Il n'y a rien de charnel dans les silhouettes masculines et féminines représentées en union sexuelle. Elles appartiennent à un autre monde et leur apparence réduite aux lignes et privée de substance n'est qu'une concession à notre monde d'illusions, même si les observateurs étrangers, occidentaux ou chinois, y voyaient et y voient encore parfois, en fonction de leurs propres tabous, une image pornographique. Car l'art tibétain a prouvé qu'il pouvait rendre toute sa substance à la représentation humaine : ses portraits, en particulier ses portraits sculptés, en témoignent. Mais, comme un fait exprès, ce sont des portraits d'hommes, des portraits de grands religieux – les Tibétaines, en dehors de quelques figures légendaires ou divinisées, n'ayant jamais, semble-t-il, atteint en religion à une notoriété qui justifie le portrait. Les représentations de divinités isolées ne semblent pas rechercher davantage le réalisme. Certes, il est dit qu'à l'époque monarchique, on prit de beaux hommes et de belles femmes pour modèles des statues. A l'époque classique, les visages des divinités féminines, qui constituent pratiquement la seule représentation de la féminitude, sont en général assez stéréotypés; leurs corps, lisses et idéalisés pour les divinités paisibles, hideux et déjetés pour les divinités farouches, témoignent de leur nature profonde. Les caractéristiques sexuelles sont représentées dans l'art tibétain, mais la femme en est souvent absente.

Quelques figures féminines dans la littérature

Il n'en est pas de même dans la littérature, où l'image de la femme, même si cela ne saute pas aux yeux, est plus tranchée, plus vivante et plus diversifiée, bien que très fortement marquée par le bouddhisme indien. Bien évidemment, les Tibétains écrivirent eux aussi de savants commentaires sur la question des rapports de Sagesse et Moyen, mais ils étaient précisément destinés à des savants et pouvaient aller directement au concept sans beaucoup s'embarrasser de figuration : l'image féminine y perdit sa valeur de relais et succomba à l'abstraction. La diffusion des modèles, des archétypes du bouddhisme, de ses concepts, auprès des laïcs et même des religieux non instruits, devait se faire de façon plus simple. Une littérature d'édification se développa, largement inspirée de celle de l'Inde : contes et apologues moraux et, mieux encore, puisqu'il n'était point besoin de disposer d'un livre ni même de savoir lire, mais seulement d'écouter, livrets dramatiques, où se mêlent narrations et récitatifs et dont les interminables péripéties étaient représentées en plein air, lors de fêtes qui attiraient de grandes foules.

La littérature populaire tibétaine est l'héritière de traditions mêlées, indigènes et étrangères. Elle n'a retenu des femmes, à travers ces concepts différents, parfois contradictoires ou simplement hésitants, qu'une image passablement stéréotypée et essentiellement bouddhiste : quand elles ne sont pas une leçon ou un principe de morale déguisé d'un masque féminin, silhouettes aussi fréquentes que peu consistantes, les femmes sont mauvaises, c'est-à-dire sensuelles et enflammées par tous les appétits, éternelles perturbatrices de la malheureuse sérénité des hommes et de leur chasteté naturelle bien connue. Elles sont causes des pires calamités et mettent en péril le salut des hommes qu'elles approchent et qui se laissent prendre à leurs pièges. Néanmoins, quelques-unes d'entre elles sont bonnes, vertueuses, obéissantes, pieuses bouddhistes, toutes qualités qui ne leur valent en général que souffrances et chagrin, la rétribution des actes (entendons des bonnes actions) étant loin d'être immédiate. Mais du moins peut-on espérer qu'elles y gagneront, sinon le salut (qui leur demandera bien sûr au moins une renaissance encore, masculine), du moins une certaine rémission : la quasi-certitude d'avoir progressé sur la voie du salut. Somme toute, et pour trancher un peu brutalement, dans la littérature tibétaine, l'archétype féminin hésite entre la garce et l'idiote, avec une dominante statistique en faveur de la garce. Il n'est pas certain d'ailleurs que les dames tibétaines soient très sensibles à l'injustice de ces portraits. On peut imaginer que, comme toutes les femmes du monde, lorsqu'elles regardent la garce déployer ses talents, elles voient leur meilleure amie dans le rôle, et que l'apparition de la femme vertueuse leur paraît être un hommage personnel.

Toujours est-il qu'au Tibet le public qui se pressait aux représentations théâtrales, et qui dans sa grande majorité ne savait pas lire, était un public passionné et averti, qui connaissait tous les personnages, leur nom, leur rôle, leur histoire (peut-être même leurs tirades, comme de vieux abonnés de la Comédie-Française) et jusqu'aux moindres détails de leurs costumes. Ce public n'était nullement gêné par l'origine manifestement indienne de la plupart des histoires qu'on lui contait ainsi : si par hasard il en avait été conscient, le caractère tibétain des costumes et du spectacle dans son ensemble contrebalançait cet exotisme, d'ailleurs souvent très atténué. Il se souciait bien davantage de l'émotion qu'il pouvait tirer des actes et des épreuves des héros et des héroïnes apparus devant lui. La malheureuse déesse ailée, séduite par le prince Norzang et contrainte à la fuite par la cruauté des autres épouses de son mari, parviendrait-elle à se sauver ? La pure Zuginima triompherait-elle de l'impure fille de caste vile ? La reine chinoise, dans l'histoire du saint roi Songtsen Gampo, réussirait-elle à surmonter l'hostilité de la reine népalaise ? Il faut bien noter que, si elles n'ont pas toujours le rôle principal, les femmes tiennent des rôles importants et relativement nombreux.

Une épouse soumise

L'une des plus célèbres de ces « pièces », que les traducteurs occidentaux ont autrefois, et non sans raison, appelées « mystères », par comparaison avec la dramaturgie médiévale, porte le nom de son héros, Jime Kunden. Il s'agit de la traduction tibétaine d'un *Jataka* indien, celui du prince Vessantara, l'une de ces belles histoires où l'on comprend vite que le héros, incommensurablement vertueux, était une manifestation du futur Bouddha. Ces *Jataka* sont souvent regroupés dans les livres occidentaux sous le nom de « Vies antérieures du Bouddha ». Pour être des plus édifiante, l'histoire de Jime Kunden n'en est pas moins simple. Un prince vivait, riche et heureux, avec sa jolie femme et ses trois beaux enfants. Doux, bon, compatissant, il distribuait ses biens aux malheureux. Quand il donna à un ennemi du roi son père le joyau qui protégeait le royaume, son père, excédé, l'envoya en exil. Il partit donc. Son épouse se lamenta mais le suivit, fidèlement et respectueusement, avec ses enfants. En route, il distribua encore bagages et provisions. L'épouse, la pauvre Mende Zangmo, en larmes, portait ce qui restait de leurs biens. Un jour qu'elle était allée chercher la maigre pitance familiale, le prince offrit les enfants à des brahmanes qui les voulaient pour serviteurs. Elle pleura encore, mais n'en suivit pas moins son époux. Plus tard, quand il fit don de ses yeux à un aveugle, elle était toujours à ses côtés, fidèle, admirable épouse, dont le propos n'est que larmes, douleur et obéissance. Heureusement, les mérites incomparables du prince furent finalement reconnus. Il regagna triomphalement le pays de son père, ses enfants lui furent rendus. On sut qu'il serait un jour le Bouddha. Quant à la princesse, ce modèle d'obéissance et de vertu conjugale, elle renaîtrait comme roi, ce qui lui donnait de bonnes chances d'atteindre un jour à la Libération, et confirme l'impossibilité généralement reconnue aux femmes, si vertueuses qu'elles soient, d'y atteindre en une vie...

Le vice et la vertu

L'histoire du Zuginima oppose la Doctrine juste, le bouddhisme, aux doctrines hérétiques, la pureté au vice, le bien au mal. Ces principes opposés (mais le sont-ils vraiment ?) sont illustrés dans la pièce, non pas par un homme et par une femme, mais par deux femmes.

Jadis, en Inde, un roi fatigué par l'âge appela son fils au trône. Ce faisant, il lui prédit une période de succès pour l'hérésie, puis le triomphe de la Doctrine. Un jour le jeune roi aperçut une jolie fille occupée à se laver les cheveux. C'était une fille de caste vile (rappelons que la scène est en Inde), mais elle chantait et dansait si bien que le roi ne songea pas un instant à cette naissance indigne de lui. Il revit la jeune fille : elle s'était encore parée, maquillée, parfumée. Il n'y résista plus. Malgré les conseils de son entourage, il l'épousa. Quant à ses cinq cents autres épouses (cinq cents paraît être un chiffre forfaitaire dans ce genre de conte), au lieu de se livrer aux divertissements d'une jalousie active (ainsi que le font traditionnellement les cinq cents reines des contes, non moins traditionnellement délaissées par un jeune roi que leur nombre effrayait peut-être), elles acceptèrent bien volontiers la fille de caste vile comme leur propre reine. Des plaisirs ordinaires à la débauche, il n'y a qu'un pas. Sous l'influence de la nouvelle reine, ces dames le franchirent rapidement. Le texte ne donne pas de détails, mais il est manifeste que le personnel du palais était scandalisé.

Cependant, un chasseur égaré dans une forêt avait rencontré une jeune fille aussi belle que réservée, qui paraissait vivre dans cette solitude. Elle ne répondit ni à ses compliments, ni à ses questions, l'aida à sortir de la forêt et le pria alors de ne pas révéler sa présence. Mais sans doute le chasseur estimait-il que la parole donnée à une femme n'avait pas à être respectée. Il voyait dans cette fille un morceau de roi et n'eut rien de plus pressé que de révéler son existence à son souverain qui, malgré ses cinq cent une épouses, s'enflamma aussitôt. Il se précipita dans la forêt, vit la jeune fille et lui offrit de partager son trône, déjà partagé cinq cent une fois. La jeune fille ne le regarda même pas et s'enfuit. Le roi revint le lendemain. Cette fois, il accabla la jeune fille de compliments, mais elle s'enfuit comme la veille. Le roi, décidément fin connaisseur de femmes, estimant que les jeunes filles apprécient les propos impudiques, décida de lui en tenir, dès le lendemain. Malgré la traduction très retenue du tibétologue Jacques Bacot, il est évident que, de nos jours, ce roi n'aurait pas échappé au procès pour harcèlement sexuel :

La vue de ton visage, pareil à l'orbe du soleil,
M'agite autant que tout un jardin de lotus de chair.
Je voudrais épanouir certain lotus bleu
D'une anthère amoureuse devenue énorme
Et serviablement tenue dans ta main[1].

Bien entendu, la jeune fille s'enfuit et, comme il était logique, le lendemain le roi tenta la violence, ou du moins la promesse de violence, sans plus de succès. Cette fois, il se lança à la poursuite de la jeune fille, découvrit sa retraite et celle de son père, un brahmane âgé. La présence de ce saint homme arrêta le roi qui s'essaya à un autre genre classique : il menaça de se suicider et obtint enfin une réponse, un refus, ou un demi-refus, puisque la jeune fille, vertueuse mais imprudente, s'en remettait à son père pour la décision. De fait, le roi, sans plus de difficulté qu'un pieux chantage, obtint la main de la jeune fille, à condition de pratiquer désormais la Sainte Doctrine, c'est-à-dire le bouddhisme. Le vieil homme remit à sa fille un collier de cent une perles : « *Vous autres, femmes, êtes bavardes et de petite cervelle. Cela vous expose aux mésaventures. Ne te sépare jamais de ce talisman*[2]. » A peine la jeune fille était-elle partie avec le roi que le vieil homme mourut de chagrin. Son corps se trans-

1. Traduction de Jacques Bacot, *Zuginima*, 1957.
2. *Ibid.*

Demeures des anciens rois (en haut, au Yarlung) ou bâtiments monastiques (en bas, à Sakya), les constructions du Tibet semblent procéder des montagnes qui les portent. Il est vrai que la plupart de ces montagnes sont des divinités respectées et honorées : ne sont-elles pas le support et les protecteurs de la vie des Tibétains ? *Photos KB.*

Les Tibétains disent qu'ils sont nés d'un singe et d'une démone (en haut, peinture conservée au Potala). Sous ces apparences modestes se cachaient des dieux, qui réapparurent sous les formes plus nobles du roi Songtsen Gampo et de ses épouses, chinoise et népalaise (en bas à gauche, Jokhang de Lhasa). Mais les dieux n'ont pas toujours cet aspect paisible, comme le montre le visage de la protectrice de Lhasa (en bas à droite). *Photos AC et KB.*

Le dieu des femmes réside, dit-on, à la cuisine, mais il reste en général invisible. Cela n'enlève rien à son prestige, que ce soit à l'heure du repas, dans une maison aisée du pays sharwa (Tibet oriental, nord du Sichuan, en haut) ou dans une cuisine plus sommaire du Tibet central, où une femme, après avoir vigoureusement baratté le thé avec du sel et du beurre, le verse dans un thermos, modeste concession au modernisme (en bas). *Photos KB.*

L'année est ponctuée de grandes fêtes religieuses (en haut, à Gyantse), qui attirent la foule dans les monastères. Ces fêtes sont l'occasion de fabriquer et de vendre des ex-voto de terre crue (en bas à droite) que les dévots déposent dans les innombrables lieux saints, petits ou grands, ou, à côté d'éphémères guirlandes d'oriflammes, sur le chemin des pèlerinages. Au Tibet oriental, l'un des plus célèbres pèlerinages (en bas à gauche) est celui de l'Amye Machen, tout à la fois montagne et divinité protectrice. *Photos KB et MFL.*

La piété des humbles est marquée de gestes simples, déposer une offrande ou faire tourner un moulin à prières rempli de formules saintes que l'inlassable mouvement multiplie à l'infini. Le moulin que tient la nonne âgée (en haut) n'est pas différent, sauf pour la taille, des imposants moulins placés en batterie à l'entrée du monastère de Labrang (Tibet occidental) et qu'une paysanne actionne à son passage. *Photos MFL.*

L'image que les Tibétaines offrent le plus souvent est celle du travail. On les voit travailler aux routes, porter les charges les plus lourdes (en haut), vendre au marché les denrées qu'elles ont apportées, ici du genévrier (en bas à gauche), ou tout simplement filer la laine. *Photos MFL.*

Dans un pays où le bois est rare, la bouse séchée est un combustible précieux : c'est la tâche des femmes de la ramasser (en haut, région de Dingri, Tibet méridional). Mais elles conduisent aussi bien chevaux et mules et procédent à la traite (en bas, en pays sharwa). *Photos KB.*

La meilleure détente est sans doute celle du marché, occasion pour les jeunes filles de se faire remarquer des jeunes gens, et pour les couples mûrs de se divertir en paradant dans leurs plus beaux atours (Tibet oriental). *Photos MFL et KB.*

L'enfance est brève au Tibet. La petite fille du pays sharwa, dans sa chaude robe de peau lainée, n'a pas encore d'autre souci que celui de se faire gâter, mais les deux gamines malicieuses, de bien peu ses aînées, exercent déjà le métier plutôt rude de bergère. Mais qui sait, demain, sous l'inspiration de quelque divinité, peut-être deviendront-elles de grandes saintes ?
Photos KB.

Etre maîtresse de maison, puissante et respectée, ce qui ne signifie pas forcément très fortunée, tel est le rêve de toutes les femmes du Tibet. Ces dames, qu'elles vivent au Tibet central (en haut) ou au Tibet oriental (en bas) peuvent paraître redoutables, mais qu'on se souvienne des trésors de bonté déployés par la plus célèbre d'entre elles, Mme Marpa...
Photos MFL.

Et quand l'âge est venu, il reste encore l'art d'être grand-mère, même, comme ici, sur le chemin d'un pèlerinage. *Photos MFL.*

Les pasteurs nomades sont sans doute moins nombreux que jadis. Mais, on les retrouve dès que l'on s'écarte un peu des vallées cultivées, avec leurs troupeaux, leurs chiens et leurs grandes tentes noires, plantées pour plusieurs semaines, ou pour une simple halte, pour laquelle il n'est pas nécessaire de débâter toutes les bêtes, même si la neige tombe pendant la nuit (au centre). *Photos KB et MFL.*

forma aussitôt en une statuette du Bouddha, preuve de sa sainteté.

Rentré dans son palais, le roi, par amour pour sa nouvelle reine, à laquelle est enfin donné son nom de Zuginima, le roi régna conformément à la Doctrine. Inutile de dire qu'il négligeait complètement ses cinq cent une premières reines et que celles-ci prirent fort mal la chose. Elles s'assurèrent les services d'une sorcière. Celle-ci s'introduisit auprès de Zuginima qui, « *parce qu'elle était jeune et femme* », crut à la sincérité de ses propos mensongers, lui montra son collier, que la mauvaise femme vola et remplaça par une imitation. Désormais, Zuginima était privée de toute protection. La sorcière tua l'éléphant royal, en répandit les morceaux sanglants autour de Zuginima endormie et appela le roi, qui fut épouvanté : Zuginima était-elle une ogresse? La sorcière récidiva avec un cadavre ramassé dans un cimetière. Puis elle tua le très jeune frère du roi et le disposa sur la couche de Zuginima. Cette fois, c'en était fait d'elle, mais ni le roi ni son vieux père ne purent se résoudre à la tuer de leurs mains : ils la remirent à des bourreaux. Le peuple, navré, convaincu de son innocence, la suivit vers le lieu du supplice; en marchant, elle exhortait les gens à pratiquer la Doctrine et à entrer de bonne heure en religion au lieu de s'exposer aux peines du mariage... Les bourreaux, eux non plus, ne purent tuer la jeune femme, ils l'abandonnèrent aux bêtes fauves. Celles-ci bien entendu épargnèrent Zuginima, qui revint à la cabane de son père. Elle comprit vite qu'il était mort et, quand elle eut trouvé ses reliques, elle entra en méditation. Mais, pendant douze ans, elle ne parvint à aucun résultat, en raison de la légèreté avec laquelle elle avait traité les conseils de son père et montré son collier à la sorcière. Il lui fut enfin précisé qu'elle n'atteindrait pas l'Illumination dans cette vie, à cause de cette faute. Sans se décourager, elle devint ascète et acquit une nouvelle réputation. D'errance en errance, elle passa un jour par son ancien pays. Sans la reconnaître, la sorcière lui confessa ses crimes : Zuginima lui donna son pardon et, bientôt, toute la vérité fut connue du roi. La fille de race vile, qui jadis avait séduit le roi et perverti son gynécée, eut les yeux arrachés, la sorcière les genoux tranchés. Des faiblesses du roi, de celles du chasseur, il ne fut bien sûr pas question. Zuginima s'apprêtait à reprendre la route, mais le roi et ses sujets la supplièrent de rester.

En fait, l'histoire aurait pu s'arrêter là : Zuginima repartant après avoir démontré que la vie mondaine n'est source que de douleur et que seule la pratique de la Doctrine, et sa pratique exclusive, peut conduire à la Libération. C'eût été une fin bien austère et une apologie peu séduisante de la Doctrine. Aussi, un dernier chapitre, ou un dernier acte, illuminé de visions, traversé d'apparitions, comme le bouquet d'un feu d'artifice, voit Zuginima reprendre sa place sur le trône et devenir mère d'un fils paré de toutes les vertus. Lorsque cet enfant fut en âge de régner, Zuginima et le roi entrèrent en religion.

Une vocation contrariée

Le drame édifiant de Nangsa a un écho plus véritablement tibétain. La scène est au Tibet, bien que le prologue, racontant deux vies antérieures de l'héroïne, soit situé en Inde. Les descriptions n'ont pas cette richesse et cette flamboyance tout indienne qu'on trouve dans l'histoire de Zuginima; elles ont plus de vie, plus de réalisme et plus d'âpreté. Enfin le séjour de l'héroïne dans le domaine des morts et son retour relèvent du phénomène des *delok*, les « revenants de l'au-delà », particulier à l'aire de culture tibétaine. En outre, la pièce a un caractère, sinon féministe, du moins beaucoup plus économe des lieux communs utilisés à l'égard des femmes. La distribution déborde la liste habituelle des personnages conventionnels, les portraits sont plus aigus, ce ne sont plus entièrement des clichés. Il est vrai que l'on attribue parfois à Nangsa une existence réelle, au XIIe siècle, et qu'il s'agirait alors d'une biographie romancée. Surtout, c'est, au contraire des contes hérités de l'Inde, une description vivante, expressionniste, de la vie quotidienne du Tibet et des Tibétaines. Derrière le souci d'édification se lit un témoignage et cela rend le récit, le « mystère », de Nangsa d'autant plus captivant.

En Inde, un couple de brahmanes âgés eut une fille. Celle-ci, travailleuse, attachée à ses parents, mais légère dans ses propos, manqua involontairement de respect à sa mère, qui lui prédit une renaissance malheureuse sous la forme d'une biche. La fillette mourut bientôt et renaquit effectivement sous cette forme. Un daim prit soin d'elle et la protégea, un faon naquit, mais un chasseur mit cruellement fin à cette idylle. Tous devaient renaître au Tibet.

Au pays de Nyang (la région de Gyantse), naquit une petite fille qu'on appela Nangsa. A quinze ans, elle était incomparablement belle, pieuse, modeste, bref, parée de toutes les qualités, et son vœu était d'entrer dans les ordres. En été, le seigneur donna une fête, afin de choisir une épouse pour son fils. La beauté de Nangsa attira l'attention du jeune homme. Elle fut conduite devant lui, malgré sa réticence, et les propos qu'on lui tint furent ce mélange de muflerie et de gaillardise considéré d'ordinaire comme le langage de la virilité et qu'il est convenu de ne pas trouver plus choquant dans la bouche du bon roi Henri que dans celle d'un roitelet tibétain du XIIe siècle. La flèche ornée de soies aux cinq couleurs auspicieuses, signe d'alliance, fut placée sur le dos de la jeune fille. Elle rentra chez elle, mais ne trouva aucun secours auprès de ses parents, ou bien parce que le seigneur les avait effrayés, ou bien parce qu'un mariage, pour eux, c'était un mariage, bien préférable au triste métier de nonne. Nangsa dut se résoudre à cette union, sans doute flatteuse, mais qu'elle ne souhaitait pas, puisqu'elle avait formé d'autres projets. Ce mariage fut l'occasion de grandes fêtes. Un fils naquit.

Il existe plusieurs versions du drame, qui diffèrent surtout par des détails. Il en ressort que Nangsa ne fut pas heureuse dans la maison du seigneur. Comme on lui en avait remis les clés, la sœur de son mari, qui les avait tenues jusqu'alors, la prit en grippe. Nangsa connut des jours très durs : elle avait à peine accouché que sa belle-mère la renvoya travailler aux champs. Elle était trop bonne fille pour empêcher sa belle-sœur de prendre le meilleur de la nourriture et des vêtements; l'époux n'était guère présent ou voulait ignorer les injustices faites à sa femme.

Un moine mendiant se présenta un jour. Nangsa n'avait rien à lui offrir, sinon d'entrer dans la maison et de supplier sa belle-sœur, car de toute évidence, la remise des clés n'avait été qu'un leurre. Bien sûr, la mauvaise femme refusa toute aumône. Nangsa donna ce dont elle pouvait disposer, bien peu de chose, mais la belle-sœur en fit une montagne, accusant Nangsa de dilapider le bien de la famille. Prévenu, le mari battit sa femme sans plus s'interroger – le principe est universel.

Or un célèbre lama vivait dans un monastère du

voisinage. Il connaissait une prophétie faite par le grand saint Mila Repa à propos de Nangsa. Il se déguisa en mendiant et se présenta chez elle. Elle le reçut dans son appartement et lui donna ce qu'elle possédait d'argent et de bijoux, sans doute ses biens propres, reçus de ses parents lors de son mariage. Le mari survint à cet instant et la battit tant et plus. La belle-sœur enleva pudiquement l'enfant de la chambre, mais revint bien vite pour aider son frère à battre Nangsa, tant et si fort qu'elle mourut. Au bout d'un moment, l'enfant reparut, trouva la chambre silencieuse et sa mère morte. Il pleura. Ses cris attirèrent son père qui, constatant la mort de Nangsa, esquissa un geste de regret : bien entendu, il n'avait pas voulu cela; bien entendu, il n'est pas question de tuer quand on se met à deux pour battre une femme. Il fallut bien organiser les funérailles.

Pendant ce temps, Nangsa descendait dans le monde des morts, dans cet intermédiaire terrifiant, le Bardo, où ont lieu le jugement et le châtiment des morts, avant leur renaissance. A son tour, elle comparut devant le Juge, mais dans ses actes la part du bien excédait de très loin celle du mal; en outre, le Juge la pensait capable de faire encore beaucoup de bien et il la renvoya dans le monde des vivants. Son esprit réintégra donc son corps abandonné et les hommes venus pour emporter le cadavre tremblèrent en le voyant bouger. Le fils, le mari, entendant la nouvelle, se précipitèrent, mais elle n'accepta de rester qu'à cause de l'enfant. Plus que jamais, elle souhaitait entrer dans les ordres. Très vite, le mari prit ombrage de ses prières; de nouveau, elle fut maltraitée, battue quotidiennement et finit par aller se réfugier chez ses parents, qui ne lui firent pas bon accueil. Finalement, elle se retira dans un monastère. Dès que la nouvelle leur fut connue, son mari et son beau-père vinrent assiéger l'endroit, menaçant de tuer le lama. Désespérée, Nangsa monta sur le toit et là, aux yeux de tous, comme un être d'Illumination, comme un bouddha, elle disparut dans le ciel, dans un arc-en-ciel, sans laisser de corps sur la terre. Mari et beau-père furent consternés, ils jetèrent leurs armes et s'en retournèrent. Gageons que leurs beaux serments firent long feu.

Pour d'autres versions, Nangsa tint à entrer au couvent malgré les supplications de son enfant, tout comme Jeanne de Chantal dut enjamber le corps de son fils couché en travers de la porte. Quand elle y fut, chacun, fils, mari, parents, vint la prier de revenir et elle expliqua à chacun les raisons de sa retraite. Que la fin soit scéniquement dramatique, ou qu'elle ne soit qu'un murmure de sereines bénédictions, la pièce de Nangsa ne s'achève pas dans une apothéose à flonflons. Tout a été dit, point n'est besoin de conclure : une fillette pure et bonne, contrainte sans violences réelles ou apparentes à un mariage qui lui répugnait; une mère aimante, une femme dévouée, qui tentait d'exercer aussi le devoir de compassion; les insultes, les calomnies, les coups, la mort et le pardon d'apparence inutile. Mais l'essentiel n'est-il pas qu'on nous dise qu'elle disparut dans le ciel, sans nous préciser qu'elle eut une renaissance ultérieure? Se pourrait-il qu'elle ait atteint la Libération, dans l'espace d'une vie de femme?

Silhouettes de femmes dans les contes et l'épopée

Autrefois, et même encore de nos jours, le Tibet était parcouru par des conteurs plus ou moins inspirés, des *Manipa* qui répétaient les récits des « revenants de l'au-delà », des *Drekar*, chanteurs de vœux et grands connaisseurs de belles histoires... Beaucoup de ces contes sont d'origine indienne, mais pas tous. En outre, au fur et à mesure que des versions écrites en sont publiées, on ne peut qu'être frappé par la richesse des détails proprement tibétains qui en ressortent, que la trame soit indienne ou non. C'est ce qui en fait tout le prix, car les thèmes appartiennent en général à la tradition universelle : il y a des Cendrillons et des ogresses dans le légendaire de tous les pays.

Ce que ces contes ont de précieux, c'est le nombre, la précision, voire la cruauté des détails qu'ils nous fournissent sur les femmes. Nous savions, par exemple, que les Tibétaines accouchaient parfois à l'étable. Cependant, il y a loin entre l'usage d'une famille modeste, mais solide, et la détresse d'une pauvre fille. Tel est le conte du jeune noble qui aimait une servante. On le maria à une fille de son rang, et il mourut de chagrin, tandis que la servante, dans l'étable, donnait naissance à un fils. Au matin, la mère du jeune homme trouva la servante évanouie, à peu près vidée de son sang, l'enfant gisant entre ses jambes... Quelle qu'en soit la conclusion, ce ne sont pas là des contes de fées et, s'ils nous offrent une honnête cohorte de pestes, de bavardes, d'empoisonneuses, de jalouses, de grincheuses et de garces, ils nous montrent surtout que, bien que ni indiennes ni chinoises, les Tibétaines n'ont pas, n'ont jamais eu la vie facile et que leur sort était et est encore bien souvent loin d'être enviable.

Résidant dans un district où ils rayonnent, plus souvent que réellement itinérants, les bardes, aujourd'hui comme hier, connaissent et récitent ceux des innombrables chapitres de l'épopée de Gesar, le héros tibétain par excellence, dont ils ont reçu la transmission. Quelques épisodes ont été fixés par écrit, à des dates vraisemblablement assez tardives. Même si le nombre des publications de versions de Gesar paraît aujourd'hui élevé, ce n'est encore qu'une infime proportion du considérable trésor que représente l'épopée. Ses origines semblent fort anciennes, puisqu'un roi Phromo Kesaro, d'une dynastie turque régnant au Gandhâra, était vers le milieu du VIIIe siècle le beau-père du roi de Khotan, et que des textes tibétains fort anciens, retrouvés à Dunhuang, mentionnent parmi les rois voisins du Tibet Gesar, le roi du Nord. Que ce Gesar du VIIIe siècle ait été ou non le modèle du héros de l'épopée, qu'il se soit contenté de lui donner son nom ou que celui-ci soit venu par une tout autre voie jusqu'au Tibet, cela n'est pas notre propos.

Dans l'épopée de Gesar, tout le Tibet est décrit, depuis ses lointaines origines, dans un tourbillon de divinités et de démons, entre des dieux-montagnes et des vallées fabuleuses, dans le tumulte des combats et le galop des chevaux. La poésie n'y perd jamais ses droits. Le dogme y est parfois quelque peu indécis et ne montre pas toujours, il s'en faut de beaucoup, l'orthodoxie rigoureuse des « mystères » bouddhiques. Pour cette raison, Gesar n'a pas droit de cité, du moins officiellement, dans certains monastères. Mais tous les Tibétains connaissent au moins quelques-unes de ses aventures, de celles des héros qui l'entourent, de ses ennemis et de quelques personnages féminins qui traversent les récits. Mais il faut reconnaître que, bien qu'un souffle épique les soulève parfois, les dames de Gesar n'échappent guère à la convention. N'en prenons qu'un exemple. Dans le chapitre dit « Des remèdes », Gesar a quatorze ans. La Mère Céleste, son inspiratrice et sa protectrice, pense que le jeune garçon devra bientôt lutter contre le Démon du Nord et qu'il devra alors disposer de remèdes miraculeux nécessaires au Tibet. Ces remèdes sont entre les mains des « noirs hérétiques » de l'Inde, définie comme principal « continent des remèdes ». Gesar devra donc gagner l'amitié de la fille du roi de ces hérétiques, émanation d'une déesse bouddhique, et s'emparer de la clé du trésor des remèdes.

Aussitôt, Gesar se met en campagne. Une série de transformations magiques et de ruses lui donne de premiers succès. Des signes inquiétants apparaissent, qui effraient les « noirs hérétiques ». Mais Gesar parvient à se glisser jusque dans leurs rêves pour les rassurer et mieux les abuser, puis, sous la forme d'un devin, il réussit à pénétrer dans leur forteresse. La fille du roi est une douce et pieuse princesse. Dans ses rêves sont apparus de mauvais présages de destructions. Elle a rêvé aussi que le devin était un imposteur, ce qui est tout à fait exact, on le sait. Tout cela, elle vient le dire à l'assemblée, et le roi son père la remet gentiment à sa place : « *Ma fille, trêve de bavardages! Pourquoi aurions-nous la tête tournée par des forces magiques? Pourquoi des ennemis se lèveraient-ils spontanément contre nous? Notre doctrine est inébranlable. Hier, notre devin* [donc Gesar...], *dans sa prescience, nous a annoncé que tes rêves, ma fille, seraient mauvais, que ce serait le résultat des magies des Tibétains bouddhistes et des bönpo du Shangshung. Tu n'as pas entendu, ma fille, les prédictions que le devin a faites hier. Allons, ma fille, va te distraire avec des vêtements de soie et de plaisantes douceurs. Tu as foi dans les dieux des bouddhistes et tu les vénères : leur fourberie et leurs mensonges sont apparents.* »

Le lecteur, ou celui qui écoute le barde, comprend

bien que ce n'est là que le propos d'un hérétique abusé par le héros Gesar. Mais l'attitude du roi, tout hérétique qu'il est, est bien caractéristique : quoique princesse des « noirs hérétiques », la jeune fille est quelque peu bouddhiste, on le tolère, à condition qu'elle ne passe pas les bornes, et c'est déjà considérable, mais des convictions de femme n'ont pas beaucoup de poids. Toutefois, quand bien même elle aurait le don de voyance, qu'elle ne se mêle pas d'intervenir à l'assemblée, ce qui est affaire d'homme, et qu'elle retourne vite à ses bonbons et à ses chiffons.

Gesar, qu'aucun stratagème ne rebute, se transforme alors en une jolie fille et se présente à la princesse, en se prétendant malade. Seuls les remèdes des « noirs hérétiques » peuvent « la » sauver, et le grand Padmasambhava, qui soumit au VIIIe siècle les démons du Tibet (n'oublions pas que la jeune fille est de sensibilité bouddhiste), lui a conseillé de s'adresser à elle. La princesse a bien quelques doutes, mais le nom de Padmasambhava les emporte et elle ouvre le coffre du trésor des remèdes, dont Gesar s'empare évidemment, à l'insu de la pauvre fille. Si prévenu en faveur de Gesar que soit le lecteur ou l'auditeur, il ne peut que s'indigner ou s'apitoyer de la sottise de cette malheureuse qui laisse enlever tous les trésors des siens, dont elle cause la perte, inéluctablement. Ainsi sont les femmes, bavardes, sottes et crédules, indiscrètes et grandes faiseuses d'histoires. Du moins celle-ci, contrairement à la fille du roi d'Ys, agit-elle par pitié et non par désir.

Dès qu'il a enlevé le trésor des remèdes, Gesar met le feu à la forteresse des « noirs hérétiques » et tous sont consumés. La princesse seule est épargnée et, lorsque Gesar lui révèle sa véritable nature, elle réagit avec toute l'humilité souhaitable, remerciant le héros d'avoir épargné à ses parents un sort plus détestable... et terminant par cette phrase qui ravira les féministes : *« ... Que j'en sois contente ou non, j'ai été séparée des miens. Que j'en sois malheureuse ou non, j'ai trouvé la Doctrine... Bien que j'aie un corps impur de femme, grâce à un* karma *pur, j'ai été prise en pitié par le roi... »* Quoi d'étonnant, après cela, que, quelques moments après, Gesar se flatte peu galamment d'avoir trompé la jeune fille ?

Les personnages de Nangsa ne sont-ils pas plus réels et, du moins en ce qui concerne les femmes, plus touchants ? En témoigne cette jeune fille qui s'étonne de ce que Nangsa, belle et riche, veuille entrer en religion, alors que la médiocrité de cette situation semble mieux indiquée pour une fille comme elle, pauvre, née de père inconnu et non mariée, trois boulets attachés au cou des femmes tibétaines et dont le premier, on le verra, n'était sûrement pas le plus lourd. Etait-elle sotte ou inspirée, cette Nangsa qui plaçait dans sa méditation chaque objet de son quotidien, fût-ce le plus modeste, et trouvait dans l'atelier de tissage où elle travaillait les éléments d'un étonnant paysage mystique ? Pour la mère de Nangsa, pratiquer la Doctrine n'était pas une grande affaire, en tout cas pour une femme : il suffisait de s'en rapporter à un bon lama, de préparer l'autel et les offrandes, de respecter les moines, de donner l'aumône aux mendiants aveugles. Pour Nangsa, s'arrachant aux bras de son fils, c'était tout autre chose : *« Gagner le ciel, pour une mère, est un abîme sans fond... »* Mère et fille ne semblent pas avoir eu beaucoup de points communs. Il est vrai qu'une sainte en puissance est rarement comprise par les siens et que, pour ce que nous savons des rapports entre mères et filles au Tibet, le respect est plus fréquent que la complicité.

Les femmes que la littérature tibétaine nous a montrées sont pour beaucoup fort irréelles et de ce fait d'une grande fadeur : héroïnes de romans pieux au lieu de l'être de romans roses, elles n'ont guère de consistance et fort peu d'intérêt. Elles ennuieraient aussi bien Mathilde de La Mole que la princesse de Clèves. Ces prix de vertu sont suivis de près par une série de braves femmes plus attirées par la bonne soupe que par le beau langage, par le confort de la convention que par le risque d'une pratique avancée de la Doctrine. Celles-ci répondent mieux de la réalité, mais elles sont encore loin du franc-parler des dames tibétaines, mais aussi de leur vivacité, de leur agilité d'esprit et parfois de l'acidité de leur langue, de leur gaieté, de leur courage et de leur immense dignité. Les trois phrases de la servante de Nangsa révèlent une terrible misère, mais aussi une misère banale et sans doute délibérément banalisée, quoique supportée sans une plainte. C'est celle d'une classe de la société, du moins au Tibet central, dont les droits cruellement limités ne font pas honneur à l'ancien Tibet. Il n'est que plus remarquable que cette servante si humble et si humiliée s'exprime si librement dans le drame de Nangsa.

Pour retrouver les Tibétaines telles qu'en elles-mêmes, il faudrait pouvoir entendre les chants alternés où hommes et femmes se donnent spontanément la réplique, au gré des heures et des tâches, ces chants où les femmes ne le cèdent en rien aux hommes, ni en verdeur, ni en esprit, ni en poésie. Mieux vaut aller maintenant chercher nos dames dans leur entière réalité, c'est-à-dire dans leur histoire et dans leur quotidien.

4

Les Tibétaines, jour après jour

Naissance

Même dans ce pays où les dieux font partie du quotidien et où les miracles les plus ahurissants ne doivent étonner personne, il faut naître comme ailleurs. Il faut naître et renaître au Tibet jusqu'à ce que l'Illumination, la Libération, l'extinction à la condition humaine et le passage à l'état de bouddha mette un terme à cette fatalité renouvelée.

La tradition chinoise veut que le mort enseveli soit le germe des vies futures. Au Tibet, la clé des naissances et des renaissances se trouve aussi dans la mort. C'est dans cet espace médian que se prend la mesure des actes du défunt. Quand ceux-ci, bons ou mauvais, ont été pesés, en quelque sorte, l'esprit du défunt cherche, pour reprendre vie, à pénétrer dans une matrice, par le merveilleux et infernal concours qui fait que sa quête coïncide, conformément à la tradition indienne, avec l'acte de chair des parents potentiels. Le choix est délicat : s'il est mû par l'attirance ou la répulsion, l'esprit risque de renaître dans un corps animal, non dans un corps humain. Et, lorsqu'il a choisi, il lui faut encore refermer la porte de la matrice où il a réussi à pénétrer. Dès cet instant, dit la tradition, s'il est appelé à une réincarnation masculine, l'esprit, le principe conscient, ressent de l'aversion pour son père; à une réincarnation féminine, de l'aversion pour sa mère. Sur cet instant initial de la vie, les croyances sont nombreuses. L'une d'elles veut que le sexe de l'enfant futur soit déterminé par les sentiments de la mère au moment où le principe conscient entre dans sa matrice. Aime-t-elle son mari? Ce sera une fille, et un garçon dans le cas contraire. Curieux conseil implicitement donné aux femmes, puisque, au Tibet comme ailleurs, la naissance d'un fils est de loin préférée à celle d'une fille et que, d'autre part, les textes religieux prennent bien soin de rappeler que l'acte sexuel, étant précisément un acte, engendre la misère humaine en même temps que l'embryon. S'agirait-il d'une façon de conseiller à la mère, à la femme, et alors qu'on lui reproche par ailleurs un tempérament excessif, d'éviter toute espèce de liesse, de plaisir, d'amour et de tendresse, le moindre mal étant pour elle de faire un fils, mais de le faire sans amour, à la façon de cet affligeant « devoir », jadis recommandé aux épouses en Occident, ce *« Ferme les yeux et pense à l'Angleterre »* qui, du moins, a fini par faire rire? En tout cas, il ne semble pas qu'un tel conseil, s'il fut jamais donné, ait été largement suivi.

Si l'être humain vient ainsi du monde des morts, ce sont néanmoins par de simples voies humaines. Il n'est pas étonnant que les textes qui voulurent, bien longtemps après sa mort, raconter la conception et la naissance du Bouddha aient glissé sur les aspects les plus rudes, comme pour souligner l'exemplarité de la similitude d'ensemble : le futur Bouddha pénétra dans le sein de sa mère par son flanc, et c'est par son flanc qu'il vint au monde. Il est certain que le Bouddha naquit, mais on ne peut dire que sa mère accoucha, telle est la mesure de la majesté.

Inspirée sans doute par la hauteur de l'exemple, la littérature tibétaine s'est attachée aux étonnants miracles qui entouraient régulièrement la naissance des grands maîtres, plutôt que d'insister sur les détails plus réalistes de celle-ci, et encore qu'elle le fasse parfois. Louable réserve, mais qui nous prive de quelques informations sur les femmes, sauf à considérer, ce qui déplaît apparemment toujours aux observateurs avertis, qu'au Tibet les enfants se font et naissent comme partout ailleurs au monde. C'est ce que nous prouvent notamment les précieux souvenirs de Rinchen Dölma Taring qui fut, dans les années vingt, la première Tibétaine à fréquenter un collège anglais. Mary-la, tel est le nom que lui ont donné ses nombreux amis, a mis au monde trois enfants et n'en fait pas mystère : ils lui ont coûté la somme de gêne, de souffrance et de joie que coûtent tous les enfants.

Toutefois, si l'on éprouve encore quelques doutes à ce sujet, l'information vient tout naturellement de la médecine, science fort ancienne et fort développée au Tibet. Ses principes sont réunis dans une collection de quatre textes fondamentaux, dont il existe des commentaires aussi nombreux que volumineux. De curieuses peintures complètent et illustrent l'enseignement qui y est contenu et montrent que la médecine traditionnelle s'intéressait à l'embryologie, même si ses principes ne sont pas tout à fait ceux de la médecine moderne...

Pour que la conception de l'enfant, garçon ou fille, ait lieu, il faut la semence du père, le sang de la mère, un principe conscient cherchant une réincarnation, ainsi que la présence, au moins symbolique, des cinq éléments, terre, eau, feu, air et vent, ce qui correspond au principe de la tradition indienne. La médecine tibétaine a étudié le cycle de fertilité féminin. De son bon usage, en quelque sorte, dépend aussi le sexe de l'enfant à naître. Les trois premiers jours du cycle portent peu de chances de fécondation, en outre, il est vivement déconseillé de la tenter alors, car ce serait néfaste pour la vie même du partenaire masculin (on pense à la crainte chinoise que les énergies femelles ne s'emparent des énergies mâles). Le onzième jour est également déconseillé, quoique moins fermement, car on est assuré que l'enfant sera une fille. Les cinquième, septième et neuvième jours donneront aussi une fille, mais ne sont pas frappés du même interdit relatif; il est vrai qu'on ne peut pas tout interdire. Bref, les « bons » jours paraissent être les jours pairs, car ce sont des jours à garçon. Si l'on compte bien, cela fait cinq jours à garçon pour quatre jours à fille, et encore, dont l'un est fortement déconseillé. Il devrait donc naître nettement plus de garçons que de filles au Tibet. On l'a souvent dit, d'ailleurs, depuis les textes chinois d'époque Tang jusqu'aux très sérieuses observations de voyageurs impressionnés par les milliers de moines que regroupaient les grands monastères. Cependant, les statistiques modernes, qui ne sont pas plus sûres, le contestent formellement. A qui se fier? Il n'est pas impossible, après tout, que cette rumeur tenace sur l'excédent des naissances masculines, qu'elle soit fondée ou non, ait pris origine dans les prescriptions des textes médicaux.

Si les composantes indiquées de la fécondation sont toutes indispensables, elles ne le sont pas d'une façon égale. Que domine la semence du père et l'enfant sera un garçon, le sang maternel et ce sera une fille, la parité des deux entraînant la naissance d'un hermaphrodite. Et comme il s'agit là d'un cas tout de même exceptionnel, c'est dire que le rôle des parents, s'il est complémentaire, ne peut être égal aux yeux de la médecine tibétaine. Ce qui est admirable, c'est que cette inégalité soit alternative. Néanmoins, les dames tibétaines semblent avoir appuyé leurs espérances sur une solide batterie de traditions et de superstitions classiques plutôt que sur la référence aux principes médicaux, qui ne paraissent d'ailleurs pas toujours très éloignés desdites superstitions.

On peut encore influer sur le sexe de l'enfant par des prières et des rituels appropriés, jusqu'à la troisième semaine de la grossesse. Délai bien court et qui fournit aux médecins une bonne excuse si le sexe de l'enfant n'est finalement pas celui qu'avaient déterminé leurs calculs et leurs supputations. Les parents qui n'ont pas la patience d'attendre le jour fatidique peuvent savoir s'ils auront fille ou garçon en s'adressant à un lama clairvoyant. On dit aussi que, si la mère perd du sang avant la naissance, ce sera un garçon, et une fille dans le cas contraire.

Au cours du développement de l'embryon, la semence paternelle donne naissance aux os, au cerveau et à la moelle épinière, parties évidemment nobles. Le sang maternel engendre la chair, les organes « pleins et creux » et les viscères, qui jouissent rarement d'un rang élevé dans la hiérarchie appréciative de l'anatomie... Vers le neuvième mois, l'enfant, garçon ou fille (et à condition que sa mère n'ait pas croisé la route ou l'ombre d'un cheval, dans quel cas son terme risque de n'arriver qu'au douzième mois, ainsi qu'il en est pour la jument), l'enfant, donc, commence à se sentir fort mal à l'aise dans le lieu obscur et malpropre – ce sont les textes qui le précisent – où il se trouve. Il se retourne alors et finit par quitter sa prison.

Lors de l'accouchement, les femmes étaient aidées

par une parente ou une voisine, mais bien souvent, dans le cas très fréquent des foyers isolés, sédentaires ou nomades, elles devaient procéder seules à leur délivrance. L'intervention d'un médecin était rare. Si Rinchen Dölma Taring en fit venir un lors de la naissance de son premier enfant, c'est qu'elle était grande dame et vivait en ville. D'ailleurs, Mary-la, malgré sa jeunesse – elle n'avait alors que dix-huit ans – paraît avoir disposé de quelques recettes personnelles, au moins aussi efficaces que celles de son médecin. Elle triompha de troubles divers durant sa grossesse et lors de l'accouchement grâce à l'absorption de quelques doses de... crème de menthe. Il faut dire que, parmi les produits de la conquête occidentale, la crème de menthe semble avoir joui à cette époque d'une indéniable popularité en Extrême-Orient. Les Occidentaux de Pékin n'appelaient-ils pas irrespectueusement le grand stûpa blanc du Beihai, construit pour la visite du Ve dalaï-lama, la « bouteille de peppermint »? Ce n'est sûrement pas cet aspect familier qui avait convaincu Mary-la d'user de cet étrange médicament, mais les maisons fortunées de Lhasa étaient alors fort bien approvisionnées en produits occidentaux.

La plupart des observateurs ont fait état de l'énergie et de la simplicité des Tibétaines, qui mettent leurs enfants au monde puis vont sans plus tarder à leurs travaux. De fait, si les taux de mortalité infantile étaient élevés, ceux de mortalité maternelle ne l'étaient pas moins, ce que l'on imagine aisément, dans des conditions d'hygiène en général effroyables. En outre, il ne semble pas que la médecine traditionnelle ait fait des prouesses dans le cas d'accouchements difficiles, loin de là : les médecins se révélaient en général incapables de remédier à une présentation défectueuse de l'enfant et ne parvenaient pas toujours à provoquer l'expulsion du placenta lorsqu'une difficulté se produisait sur ce point. Bien entendu, on ne dispose pas de données chiffrées sur ces accidents, somme toute fréquents si l'on en juge par le nombre des mentions de décès en couches dans les biographies et les mémoires. Mais faut-il pour autant croire ceux qui, lancés eux aussi à la recherche des Tibétaines, mais d'une manière plus statistique, voient dans ce taux de mortalité élevé, quoique imprécisé, l'une des raisons du « déficit » en femmes qu'ils pensent constater dans la population du Tibet jusqu'au milieu de notre siècle? Comme ils ne peuvent avancer de chiffres, la discussion demeurera sans fin. Retenons de tout cela que les Tibétaines sont en général robustes, et c'est heureux pour elles, en tout cas rompues à un quotidien impitoyable, et qu'elles sont mères sans se plaindre : il est vrai qu'on ne leur a guère laissé la parole.

Dans le célèbre drame de Nangsa, lorsque l'héroïne annonce à sa mère son intention d'entrer en religion, cette dernière proteste : « *Moi, j'ai d'abord souffert en te mettant aù monde, après t'avoir portée dans mon sein. Ensuite, j'ai eu la peine de te nourrir. Pense enfin, quand je t'eus posée à terre, au souci de ton vêtement et de ta parure. Alors que j'espérais te voir le soutien de notre vieillesse, oses-tu abandonner tes vieux parents et ton fils*[1]? » Pourtant Nangsa n'ignorait rien des rigueurs de l'enfantement : on a vu que trois jours après la naissance de son fils, on l'envoya faire la moisson. Pour être dure, l'histoire n'en est pas moins banale. Il n'y a pas si longtemps, les paysannes d'Occident avaient une vie tout aussi rude. Combien

1. Traduction de Jacques Bacot, *Trois mystères tibétains*, 1921.

d'entre elles retournaient aux champs le jour même de leurs couches ?

Si les médecins ne s'occupaient guère, en principe, des parturientes, cela ne signifie pas pour autant qu'ils ne soignaient pas les femmes : ils les soignaient pour toutes les maladies qui s'abattent sur elles comme sur les hommes. Mais on ne peut dire qu'ils aient beaucoup développé l'analyse de leurs maux spécifiques. Il ne s'agissait de leur part ni d'interdit, ni de pudeur, mais plutôt de l'habitude particulièrement marquée au Tibet d'attribuer les maladies des femmes à la fragilité de leur cerveau et celle-ci à la vivacité de leur tempérament. Les premiers maîtres du bouddhisme voyaient dans cette richesse un obstacle à leur entrée en religion. Les médecins tibétains ont été plus catégoriques encore : les femmes ont des appétits si exigeants qu'ils tournent aisément à l'hystérie, surtout s'ils ne sont pas satisfaits. Quelle revanche pour les femmes d'Occident, auxquelles fut si longtemps refusé le droit... à l'appétit, que d'imaginer ces pauvres messieurs tibétains, serrant les plis de leur vêtement et fuyant ces redoutables dames ! Plaisanterie facile et à dire vrai peu consolante : faut-il vraiment que toutes les références faites aux femmes soient d'ordre sexuel ? La Femme est-elle vraiment le Sexe, fût-il beau, et n'est-elle que cela, du pôle Nord au pôle Sud ? Les médecins tibétains n'ont pas un diagnostic très encourageant à cet égard et, comme il est répétitif et singulièrement dépourvu de nuances, n'en citons qu'un exemple.

La tradition médicale tibétaine révère un maître nommé Yutok, quelque peu mythique à dire vrai, qui aurait vécu à la fin du VIIIe siècle. Sa biographie, pour être largement apocryphe, n'en est pas moins significative. Parmi les cas de guérison qui y sont rapportés, et qui se ressemblent fort, l'un des plus développés est celui d'une nonne. Un médecin ennemi de Yutok, jaloux de sa réputation, avait une fille qu'il aimait tendrement. Cette fille était nonne, état qui ne lui convenait pas, car elle était tourmentée de désir insatisfait au point d'en tomber malade. Son père tenta vainement de la guérir, mais savait-il seulement ce dont elle souffrait ? Les choses allèrent si loin que la jeune fille semblait sur le point de mourir. Elle supplia son père d'appeler Yutok, mais il s'y refusa. La mère s'en mêla. Enfin, le vieil homme céda et Yutok vint visiter la malade. Et le père d'avouer son désespoir : *« Cette fille m'est plus chère qu'un fils. Guéris-la, je t'en donnerai le prix. »* Nul doute que la malade avoua au médecin inconnu ce qu'elle n'osait avouer à son père. La biographie nous apprend que la pauvre fille, déjà bien malheureuse de son célibat forcé, avait surpris un couple d'ânes en plein exercice de ses fonctions de reproduction. Elle avait alors cédé à ses appétits et cherché maladroitement une satisfaction solitaire dont elle payait chèrement les conséquences. Le rapport est clinique, il ne fait grâce ni des détails du mal ni des remèdes utilisés. Pour en finir, Yutok, fin psychologue, recommanda à la jeune fille d'abandonner son état de nonne et de choisir un vigoureux mari. Le conseil fut suivi et le vieux médecin, comblé par cette guérison, cessa d'être jaloux de son jeune collègue.

Il n'est guère de médecin, de nos jours encore semble-t-il, qui n'ait à son actif, ou du moins qui ne le dise, quelques cas d'hystérie, diagnostiqués surtout chez des femmes non mariées. Ils citent également des cas de nymphomanie, étant bien entendu que des excès parallèles ne sauraient se produire chez les hommes, dont l'équilibre et la mesure sont si bien connus. Quant au délicat problème de la stérilité, il ne semble abordé qu'avec discrétion, mais, chose rare, sans ignorer la stérilité masculine.

Il n'y a pas en tout cas de restriction à la consultation du médecin. Les femmes le voient, très simplement, qu'il s'agisse d'un religieux dépendant de quelque infirmerie de monastère ou d'un médecin de village. En outre, la profession a, de tout temps, compté des femmes dans ses rangs : elles avaient en général appris le métier avec leur père. La biographie de Yutok en cite quelques-unes. Cela ne signifie pas qu'il y en ait eu pléthore, ni qu'elles aient été tenues en estime particulière. Néanmoins, de nos jours, l'un des médecins de médecine traditionnelle les plus en vue dans le Tibet de l'exil est une femme.

Même si le médecin n'est pas intervenu dans l'affaire, ou peut-être à cause de cela, l'enfant est né et, en général, cette naissance est bien accueillie. Logiquement pourtant, ou du moins selon notre logique, les parents tibétains devraient être consternés de voir apparaître un être nouveau, ou renouvelé, dans le cycle des renaissances et de l'y avoir aidé. Il n'en est rien. Par inconséquence, ou parce qu'ils espèrent que la nouvelle incarnation sera un progrès par rapport à la précédente, ou bien tout simplement parce qu'ils sont humains, généreusement et magnifiquement humains, les Tibétains se réjouissent volontiers de la naissance d'un enfant, même si dans les familles nombreuses, où l'événement est pratiquement annuel, il finit par être accueilli avec un brin d'indifférence blasée.

Car une douzaine d'enfants n'était pas pour effrayer nos dames. Il est vrai que cela ne signifiait pas pour autant des enfants vivants. Entre les fausses couches, les accidents à la naissance et les morts en bas âge, il n'était pas toujours facile à une femme, à la fin de sa vie, de se souvenir sans hésitation de toutes ses maternités, parfois fort brèves, et de toutes ses espérances. Si Mary-la eut son premier enfant à dix-huit ans, ce qui n'était que banal, sa belle-mère mit au monde le dernier de ses fils à l'âge de quarante-neuf ans, ce qui l'était moins : rien au Tibet n'est à l'échelle de nos contrées aimables et mesurées. On a quelque peine à l'imaginer désormais dans nos pays où l'on ne fait plus d'enfants qu'avec une prudente parcimonie, mais pouvait-il en être vraiment de même dans un pays où la moindre fragilité était mortelle et où les épidémies régnaient jusqu'à une date récente comme la Peste noire régna sur notre Moyen Age?

Dans les années quarante, le neveu et la nièce de Mary-la perdirent en une semaine, lors d'une épidémie de dysenterie, leurs quatre très jeunes enfants. L'hécatombe ne fut pas moindre dans les villages alentour. Quelques mois plus tard, la jeune femme mit au monde une petite fille, mais ne survécut pas. Le père demeura seul avec le bébé. Pendant quelques années, il eut une conduite qui ressemblait à la folie, mais qui n'était que la marque d'un profond et compréhensible désespoir. Pourquoi les femmes auraient-elles l'apanage de la douleur? Mais il est vrai que les femmes du Tibet savent être discrètes dans leur chagrin. Lorsque la mère de l'actuel dalaï-lama perdit un nouveau-né, ses autres enfants, en particulier son fils aîné, Norbu, qui l'a écrit avec une infinie tendresse, ne virent que quelques larmes dans ses yeux : elle voulait épargner sa propre peine à leur jeunesse.

Les femmes préféraient encourir le risque de cette peine plutôt que de demeurer sans enfant. Soins, prières, charmes, pèlerinages, tous les moyens étaient bons pour écarter le spectre de la stérilité : une femme sans enfant, c'est une famille sans héritier, une terre en jachère, une maison en ruine, une façon de rompre l'enchaînement des actes qui n'a rien à voir avec la véritable Libération. Mais que pouvait faire cette femme? Engager son mari à prendre une seconde épouse, s'il en avait les moyens, mais c'était risquer de perdre sa position de maîtresse de maison; se retirer dans un couvent; pousser à une adoption avantageuse pour elle... Quoi qu'elle fît, elle était quand même la femme stérile, et il n'est pas encore de pays où l'on en ait fait un compliment.

La limitation des naissances ne paraît pas avoir été le souci des Tibétaines, jusqu'à ces dernières années où elle leur a été imposée. Pas plus qu'on ne pouvait imaginer nos dames se livrant à de savants calculs pour ne prendre des risques qu'en des jours à garçon prévus par le corps médical, on ne pouvait espérer les voir accepter une quelconque méthodologie en la matière. Il est certain que bien des femmes étaient lasses de ces maternités trop nombreuses, mais elles n'ont pas eu vraiment l'occasion de s'exprimer à ce sujet. Des cas d'infanticides ont été signalés, mais les filles n'en étaient pas victimes davantage que les garçons, nous assure-t-on. Il s'agissait manifestement de faits exceptionnels et que les observateurs n'ont mentionnés que pour donner une preuve de leur souci de bien voir et de tout voir. Car au Tibet, où le respect de la vie est l'un des principes fondamentaux du bouddhisme, on était assez tolérant dans bien des domaines pour que nombre de tragédies aient été évitées. On peut ajouter cyniquement que les pitoyables conditions du quotidien étaient souvent le plus imparable des infanticides. Ce geste aussi désespéré que désespérant fut cependant parfois, nous dit-on, celui de filles non mariées (et c'est un fait qu'il fallait dans certaines régions beaucoup de courage pour envisager d'élever un enfant sans père) et, chose plus curieuse, de femmes mariées, et mariées en polyandrie qui plus est, désireuses de faire disparaître le fruit d'un adultère trop visible. Les observateurs ont parfois un coup d'œil de miniaturiste, et il serait risqué d'en conclure sur un plan général. Il est également parfois question d'avortements pratiqués à l'aide de troubles préparations médicamenteuses, mais l'information est si sommaire qu'elle vaut à peine d'être mentionnée.

Hors de ces ombres pénibles, l'enfant est donc né. C'est une joie... enfin, surtout si c'est un garçon. Une princesse de Sakya a raconté la naissance, il y a une quarantaine d'années, de son premier enfant, une fille. La jeune femme ressentit aussitôt la déception de sa belle-famille et même celle, discrète pourtant, de son mari. Seule une de ses tantes, une religieuse âgée, vint la réconforter et lui dire qu'une fille était la meilleure façon de commencer une grande famille. De fait, c'était une attitude assez répandue que de préférer une fille comme premier enfant. La fille aînée n'est-elle pas en principe une aide pour sa mère, au fur et à mesure qu'elle grandit et que naissent ses cadets ? En outre, la tradition veut qu'une fille première-née soit l'assurance d'une longue vie pour ses parents : il faut bien les consoler. Lorsque naît une fille, donc, on s'en fait une raison. La naissance d'un fils est un plus grand événement, comme en témoigne la biographie du saint poète Mila Repa (1040-1123). Mila naquit à l'automne d'une année gouvernée par l'eau et le dragon. Son père était en voyage et sa mère aussitôt lui adressa une lettre (ce qui suppose qu'elle savait écrire, il ne faut pas être trop catégorique quand on parle de l'ignorance institutionnelle des Tibétaines) : *« Voici qu'au jour des travaux de l'automne, j'ai donné le jour à un fils. Viens vite lui donner un nom et célébrer la fête du nom*[1]. » Le père se hâta de rentrer et l'on fit une belle fête. Quatre ans plus tard naquit une petite fille. La biographie se borne à mentionner le fait et indique le nom de l'enfant, ce qui est déjà beaucoup; il n'est question ni de fête ni de joie des parents, mais il est vrai aussi qu'il s'agit de la biographie de Mila et non de celle de sa sœur.

Naguère, la nouvelle mère devait se garder de toucher un bien familial ou... ses propres cheveux, dans le moment qui suivait l'accouchement. L'eût-elle fait que les uns comme les autres risquaient de disparaître. Pour prévenir le risque, on lui mettait dans les mains une pierre ou un morceau de bois. Une cérémonie de purification avait lieu après la naissance, le troisième jour pour un fils, le deuxième pour une fille, car elle était moins pure et il fallait se hâter... Cette différence était loin d'ailleurs d'être respectée dans tout le Tibet. Jusqu'à cette cérémonie, dont le but était de purifier l'enfant des souillures de l'accouchement, on évitait d'entrer dans la maison de la nouvelle mère. C'était en général une courte cérémonie de caractère religieux, durant laquelle on brûlait de l'encens, le meilleur agent de purification. Après quoi la mère se lavait le visage et les cheveux à l'eau chaude et mettait des vêtements propres (ce qui ne signifie pas qu'elle avait conservé jusque-là des vêtements souillés). C'étaient là des relevailles bien discrètes par rapport à ce qu'a connu l'Occident chrétien, et la mère tibétaine ne paraît pas avoir été considérée en pécheresse repentante.

1. Traduction de Jacques Bacot, *Milarepa*, 1971.

Si l'enfant montrait de la santé, il fallait encore éviter qu'il ne changeât de sexe, crainte largement répandue dans la croyance populaire. Il ne semble pas pourtant que le cas ait été très courant, sans doute parce que les mères, et toutes les maisonnées derrière elles, déployèrent toujours des trésors d'ingéniosité pour l'éviter. Le péril venait essentiellement des sorts jetés par les ennemies de la mère. On l'avait deviné : c'étaient là des histoires de femmes. Qui, sinon une femme, vraisemblablement jalouse, aurait eu la perversité de faire en sorte qu'une mère s'endormît toute fière du beau petit garçon couché au creux de son bras, et fût réveillée par les cris d'une petite fille? La mère devait s'abstenir de se quereller avec ses voisines (une bonne habitude à prendre, de toute manière), s'abstenir également de les visiter et de manger ce qu'elles pouvaient lui offrir. Ce qui évitait bien des bavardages et des rancœurs. C'est à se demander si toutes ces histoires n'ont pas été inventées par un syndicat des maris avant la lettre. Pour plus de sûreté, la mère devait, dès la naissance, toucher du doigt le sexe de son fils et, si elle le pouvait, mettre un anneau d'or à son pénis. Les recettes de protection sont inconnues en ce qui concerne les filles; c'est sans doute que les mères n'auraient pas détesté les voir transformées en garçons.

L'enfant ne recevait pas de nom avant sa première année au moins. Cependant, le nom de Mila lui fut donné dès ses premiers jours : les coutumes peuvent avoir changé. Au Tibet classique, on appelait le nouveau-né : Petit, Fillette, Enfant, tout comme chez nous on disait volontiers Bébé, avant de se résoudre à rendre au cher petit un Anatole ou Timoléon plus conforme à son âge. Le plus souvent, on demandait au lama du monastère le plus proche de donner un nom à l'enfant, garçon ou fille. On le demandait parfois au dalaï-lama et l'on imagine quel honneur rejaillissait alors sur la famille et quels heureux présages sur l'enfant. Un nom, un nom personnel, car il ne s'agit pas de nom de famille, n'empêchait pas le surnom; de plus on pouvait être appelé à en changer, par exemple après une maladie grave. Certains noms, nettement péjoratifs, étaient, dit-on, destinés à décourager les mauvais esprits qui s'acharnaient à faire périr successivement tous les enfants d'une même famille : un surnom, à la limite de la bienséance, un nom opportunément changé, pouvait abuser le démon malfaisant, qui perdait la trace de sa victime, et conserver un héritier à une famille éprouvée par le deuil.

Le climat et les conditions de vie ont fait de la petite enfance au Tibet un temps de rude épreuve. On dira cyniquement que les enfants, garçons ou filles, qui survivaient n'en étaient que plus vigoureux, ce qui n'est sans doute pas inexact. Mais il ne faut pas croire que les Tibétains se sont jamais résignés tout à fait à cette fatalité. L'une de leurs coutumes funéraires les moins connues et les plus curieuses en témoigne. Dans plusieurs régions, lorsqu'un enfant meurt en bas âge, et surtout s'il n'est pas le premier à le faire et que la famille désespère de garder un enfant vivant, il est inhumé sous la couche de ses parents, afin de trouver prompte et rassurante réincarnation. Dans le même esprit, il est fréquent que l'on reconnaisse dans un nouveau-né la réincarnation d'un membre récemment disparu de la famille.

Enfance

Dans ses premières semaines au moins, et n'en déplaise aux partisans de la tragédie féminine éternelle et universelle, la toute petite Tibétaine ne semble pas avoir souffert de véritable discrimination, sinon peut-être dans la joie de ses parents. Dans un pays aussi rude, on pardonnerait assez volontiers aux parents une préférence pour des fils, capables de faire le pénible travail des champs et d'assurer la continuité de la famille. Ce serait oublier que, dans la division du travail, la part des femmes est aussi lourde, sinon plus, que celle des hommes. Quant à la continuité du sang, si la famille tibétaine est en principe patrilinéaire, un foyer ne meurt pas de n'avoir que des filles : on « invite » un gendre, voilà tout, même si la solution est moins flatteuse.

Garçon ou fille, les enfants grandissaient. Leur mère les nourrissait, parfois pendant plusieurs années, et nourrissait alors deux enfants à la fois, l'aîné et le cadet. Ce régime prolongé assure à l'enfant, dit-on, une jolie peau, et l'on voit tout de suite l'avantage pour une fille. Pourquoi faut-il alors que des observateurs à l'esprit chagrin disent avec insistance que les petites filles étaient fréquemment moins bien nourries, moins bien vêtues et, d'une façon générale, moins bien soignées que leurs frères? Bien que ces observations concernent des régions marginales et soient si limitées qu'il serait malhonnête d'en tirer une règle, l'impression de large bénévolence que l'on avait des Tibétains s'en trouve un peu ternie, et plus encore celle que l'on avait des Tibétaines, car il est peu de chose qu'on pardonne aux mères. D'autant que les observateurs donnent des faits qu'ils estiment avoir constatés de façon indéniable, des explications qui ne sont pas réellement flatteuses pour la nature féminine. L'une d'entre elles voudrait que la femme tibétaine ait cherché avant tout à assurer la solidité de sa position dans la maison de son mari. Le droit au toit et au feu, qu'elle gagnait par un labeur incessant, elle le gagnait aussi en donnant à sa belle-famille le fils ou les fils dont cette dernière avait besoin pour subsister et se perpétuer. Les filles étaient sans doute utiles aux alliances, et l'on ne faisait jamais fi de leur travail, mais elles ne méritaient pas le même investissement et la perte éventuelle en était à coup sûr beaucoup moins gênante. Bien entendu, on en a conclu qu'il y avait là une volonté délibérée de limiter la population féminine et que cette volonté venait des femmes elles-mêmes, de leur souci d'autodéfense, en allant jusqu'à y voir une raison au fameux déficit en femmes, qui reste néanmoins à démontrer.

Merveilleuses théories... Il n'y a guère de sociétés où la naissance d'un fils ne soit préférée à celle d'une fille et peu de mères qui n'aient un brin d'indulgence ou de fierté supplémentaire pour leur fils, même en nos temps où l'égalitarisme est de bon ton et devient parfois une réalité. On ne court pas grand risque à créditer les Tibétaines de ces attitudes-là : elles les ont eues et elles les ont sans doute encore peu ou prou, comme la plupart des femmes. Une fois de plus, le Tibet fait fonction de miroir, chacun s'y reconnaît ou reconnaît ses ombres. Que toutes ces propositions ne soient finalement appuyées que sur un nombre très réduit de constats ne paraît gêner personne et ne souffre en tout cas guère de contradiction : les Tibétaines ont incontestablement le verbe haut mais, jusqu'à présent, elles ne l'ont guère eu qu'en tibétain. En outre, lorsqu'on les interroge, ces dames, encore peu gâtées par les voluptés médiatiques, sont d'une remarquable et réconfortante pudeur. Et que répondre à qui vous demande avec autant de subtilité que de cordialité : « Chère madame, avez-vous des tendances à la nymphomanie, au complexe d'Œdipe ou à l'infanticide ? » La volonté de comprendre se traduit parfois en curiosités malsaines. Peut-être y a-t-il quelque satisfaction à considérer les gens sans plus de respect ni de discrétion qu'on ne le fait de poissons rouges dans un bocal, et de conclure, avec l'excuse de la science : « Mais au fond, ils ou elles sont tout à fait comme nous ! » La vie est rude dans les montagnes tibétaines et les erreurs de parcours y sont facilement mortelles. Que certaines femmes aient fait parfois des choix cruels était inévitable, mais qui peut le dire avec précision ? Et l'imprécision dans ce cas ne porte-t-elle pas tout le danger de l'injustice ?

Ce qui est certain, c'est que notre petite fille était initiée au travail dès qu'elle pouvait marcher, et que l'initiation tournait vite aux tâches véritables, variables bien sûr selon les régions et les classes sociales à laquelle elle appartenait. Les besognes d'une paysanne pauvre étaient plus rudes que celles d'une dame noble, cela ne signifie pas que cette dernière ait été incapable de mettre la main à la pâte; et leurs filles suivaient le mouvement. Pour les plus fortunées, les loisirs étaient encore nombreux jusqu'à l'âge du mariage, et un brin d'éducation plus livresque pouvait compléter la formation au métier de maîtresse de maison. Le quotidien pesait davantage aux épaules des plus pauvres : portant l'eau, le combustible et d'une façon générale tout ce qu'il fallait porter dans un pays où la roue était inconnue, la petite fille devenait vite bête de somme, comme tant de ses sœurs dans le monde. Du moins le Tibet n'y mettait-il pas d'acharnement : c'était affaire de survie, sans doute mal comprise, mais de survie quand même. Dans un pays où le printemps est des plus fugitif, il n'est pas étonnant que l'enfance ait été écourtée.

Trouver dans la littérature du Tibet classique la description des jours et des heures d'une petite fille est tout bonnement impensable. Il arrive cependant qu'elles fassent une apparition dans la biographie d'un parent : c'est le cas de Peta, la sœur de Mila Repa.

Mila et sa sœur étaient encore enfants lorsque leur père mourut. Il avait confié par testament le bien familial à l'un de ses parents, qui devait le restituer à Mila au jour de sa majorité. Bien entendu, rien n'était prévu pour Peta, la petite sœur, promise au mariage dans une autre maison ou à un modeste célibat sur les terres de son frère. Mais l'oncle ne respecta pas le testament : la veuve et les orphelins devinrent serviteurs sur le domaine qui avait été le leur. Quand Mila eut quinze ans, pour payer ses études, sa mère vendit un champ qui lui appartenait en propre. Il n'était pas question bien entendu d'études pour Peta. Pendant que le jeune garçon étudiait, sa mère et sa sœur habitaient chez l'oncle maternel, pas trop mauvais homme celui-là, et travaillaient ses champs. Peta se louait également sur d'autres terres, rude existence pour une fillette de onze ans, dont les seules distractions devaient être les projets de vengeance échafaudés par sa mère. Pour le mariage de son fils aîné, le mauvais oncle donna une grande fête. Grâce au travail de sa mère et de sa sœur, Mila avait étudié la magie. Il fit crouler la maison de l'oncle. On releva trente-cinq morts... Le temps passa. Mila étudiait au loin sous la férule du maître Marpa. Peta, incapable de cultiver seule le domaine, qui d'ailleurs n'était pas le sien mais celui de son frère, et sans doute persécutée par les voisins, s'en alla mendier sa nourriture au long des routes. Quand Mila revint au pays, il se retira dans un ermitage. Peta, venue par hasard mendier non loin de là, entendit parler de lui. Comme on lui disait qu'il mourait de faim, elle mendia pour le nourrir, puis travailla dur pour lui tisser un vêtement. La réponse de Mila fut un conseil austère, celui d'abandonner tout souci humain pour se consacrer à la religion.

En dehors de l'exaltation des vertus ménagères, l'éducation des filles n'a certainement pas troublé beaucoup les Tibétains qui n'ont donné au monde – mais faut-il s'en plaindre ? – ni Fénelon, ni Mme de Maintenon. Pourtant nombre de ces dames écrivaient, telle la mère de Mila, ou la femme de Marpa, qui le faisait même si bien qu'elle pouvait sans difficulté imiter l'écriture et la signature de son mari. Dans certaines dynasties religieuses, dans certaines familles nobles, les filles recevaient donc une éducation livresque sommaire, encore qu'on soit mal informé à ce sujet. Garçons ou filles, les enfants des paysans et des pasteurs ignoraient tout de l'école. Il y avait à Lhasa, au début du siècle, un certain nombre d'établissements qui accueillaient d'un bout à l'autre de l'année, sauf lors des fêtes du nouvel an, garçons et filles de familles fortunées, nobles ou non. On leur enseignait la lecture et l'écriture, des rudiments de calcul et quelques prières. Les filles quittaient ces écoles vers leur douzième année. L'éducation britannique que Mary-la reçut dans un collège de Darjeeling fut bien sûr une exception. C'était à la fois un geste libéral d'une grande famille, ouverte au monde extérieur – et au XXe siècle – et une manifestation de l'esprit d'entreprise tibétain : à son retour, Mary-la put se charger de toute la correspondance anglaise que nécessitaient les nombreuses affaires des siens. Exceptionnelle aussi, mais tibétaine, fut l'éducation que reçut Jamyang, l'une des dernières princesses de Sakya. Elle naquit il y a une soixantaine d'années au Kham, province du Tibet oriental, dans une famille aisée, mais nullement aristocratique, qui s'enorgueillissait cependant de compter deux religieux très importants de la région. L'un d'eux, oncle maternel de la petite fille, arguant du fait qu'elle était la seule héritière de la famille, car elle n'avait ni frère ni cousin, la fit entrer à l'école du monastère voisin. Ce n'était pas vraiment une école monastique, car tous les enfants qui y étudiaient n'étaient pas destinés aux ordres. Mais tous étaient des garçons. Et pour cette fille doublement unique, la situation qui eût pu être flatteuse manqua singulièrement de charme. Elle avait pourtant soigné sa toilette et sa coiffure, n'omettant dans celle-ci aucun des ornements d'ambre et de corail qui indiquaient qu'elle était encore célibataire (chose plutôt rassurante à dix ou douze ans). La classe était tenue par un vieux moine fort bonhomme, qui fut peut-être le seul à ne pas discuter la présence de la petite fille. Car les amies de cette dernière la plaignaient d'avoir à étudier, en plus de ce qu'elle devait apprendre chez elle comme future maîtresse de maison, et l'on imagine aisément ce que devaient chuchoter leurs mères. Les moines pensaient qu'elle voulait devenir nonne, ce qui n'était manifestement pas le cas. Ses petits camarades l'accablaient de réflexions méprisantes. Certes, on la grondait moins qu'eux, mais elle n'avait pas le moindre espoir de s'asseoir jamais à la place d'honneur, celle des bons élèves, non pas parce qu'elle était ignorante, mais parce qu'elle était femme... Quand une offrande de thé ou de nourriture était faite au monastère (c'était une façon courante, mais coûteuse, de gagner des mérites), elle restait à l'écart des distributions tandis que les gamins croquaient des sucreries en se moquant d'elle, et ne recevait quelque chose que si le vieux maître était là, car il partageait avec elle ce qu'il avait lui-même reçu. On estimait que l'offrande avait été faite au monastère, que les élèves mâles, même laïcs, faisaient partie du monastère, mais pas la fillette, le trouble-fête imposé. Souvenirs doux-amers, sans doute, dont Jamyang se consola, comme on le verra plus loin, par un mariage encore plus exceptionnel que ne l'avait été son éducation.

Mariages...

L'heure des femmes est en général celle du mariage. Pour les Tibétaines, comme pour la plupart de leurs sœurs, le mariage était, et est encore, l'indispensable passeport vers l'existence. En dehors du statut qu'il leur conférait, celui d'épouse et de mère, certes, mais peut-être avant tout celui de maîtresse de maison, elles étaient condamnées à des rôles de figuration plus ou moins médiocres. Un pouvoir réel, et d'autant plus que la famille était fortunée, était attaché à la fonction de maîtresse de maison. La position n'était pas de tout repos et impliquait une lourde part de travail, même dans les familles aisées : il serait tout à fait faux de penser que les dames de l'aristocratie demeuraient oisives, surtout lorsqu'elles vivaient à la campagne. La femme mariée, la maîtresse de maison, avait, en principe, la confiance de son mari, qui la consultait pour toutes les décisions d'importance; mère des héritiers de la famille, elle gérait directement ou indirectement une grande partie de ses biens et veillait à son bien-être. L'enjeu du mariage était donc de poids et méritait quelque considération : l'affaire était rarement laissée au hasard. Les mariages étaient pour la plupart arrangés par les parents, et parfois de fort longue date. Mais il y avait bien des cas curieux, qui débordaient largement celui des honnêtes mariages de raison.

Au XIe siècle, le grand maître tantriste Zurchen comptait parmi ses dévotes une veuve fortunée et sa fille. Il appela l'un de ses disciples, brillant sujet qui lui succéda plus tard dans sa lignée d'enseignement et qu'on appela Zurchung, et lui conseilla avec insistance d'épouser à la fois la dame et sa fille. Zurchung ne l'entendait pas de cette oreille, il ne voulait pas fonder une famille qui aurait risqué de le détourner de ses soucis religieux. Les chroniques nous ont conservé les propos du maître, ils sont du plus grand intérêt : *« N'aie donc pas l'esprit si étroit. Tu n'as aucune fortune. Devenu maître de la fortune de ces femmes, tu pourras obtenir quantité d'initiations* [l'enseignement des grands maîtres a toujours été onéreux, et bien des disciples doués durent renoncer, faute de moyens], *faire copier des livres et compléter tes études. Cela les aidera à gagner des mérites et toi tu accompliras tes vœux. »* Ainsi fut fait. Au bout de quelque temps, le maître appela le jeune homme : *« Il ne convient pas que tu demeures davantage dans la maison de ces femmes. Apporte donc ici, petit à petit, tout ce qui t'appartient, y compris les livres. »* Curieux conseil que celui du pillage de la demeure conjugale, assorti d'un déménagement à la cloche de bois. Zurchung eut un mouvement de gêne : *« Mais est-ce là bien agir ? Ces deux femmes ont été très bonnes pour moi. »* Les arguments du maître sembleront peut-être un peu spécieux, mais il faudrait être engagé sur une voie aussi haute que l'était la sienne pour en comprendre toutes les subtilités : *« N'aie donc pas l'esprit si étroit. Dans ces temps difficiles, tu dois t'efforcer de faire le bien de tous les êtres vivants en diffusant la Sainte*

Doctrine. Pour ces deux femmes, ce sera la meilleure récompense de leur bonté. Si tu continuais à ne t'occuper que d'elles deux, tu ne pourrais réaliser tes propres vœux ni faire le bien d'autrui. » Zurchung obéit et devint un grand maître. Le sort des deux dames n'est pas précisé. Peut-être trouvèrent-elles dans une vocation religieuse séparée la consolation de la perte de leurs biens et de celle de leur fugace époux.

Cet épisode curieux nous rappelle que, dans le bouddhisme tibétain, certains religieux des écoles non réformées se mariaient, d'autres cependant choisissaient le célibat, qui devint la règle pour les écoles réformées. Cette cohabitation de religieux mariés et non mariés, si l'on en juge par le nombre de termes péjoratifs qui visent les premiers, n'a jamais engendré, semble-t-il, la sérénité générale. Il y eut, certes, des familles de religieux sans histoire, mais si les chroniques semblent émaillées de faits quelque peu discordants, c'est qu'il faut prendre garde à ne pas confondre les véritables et légitimes familles, et les simples manquements à la règle.

De nos jours, et depuis longtemps déjà, les princes de Sakya, qui sont mariés et ont une famille, sont également les plus hauts dignitaires religieux de l'importante école Sakyapa. Il y a quelque quarante ans, le fils aîné du grand pontife de Sakya épousa Jamyang, la petite écolière du Kham. C'était indéniablement un mariage d'inclination, chose inhabituelle à Sakya, où les unions princières étaient volontiers politiques. L'affaire commença par une cour discrète du jeune prince : un sourire, une phrase aimable, l'esquisse d'un compliment, quelques pas de promenade, idylle bien innocente mais qui étonnera néanmoins peut-être l'Occident, plus habitué aux religieux célibataires, surtout dans les monastères, et qui a peine à imaginer un moine allant, entre matines et tierce, conter fleurette le plus légitimement du monde à une charmante fille, puis rentrant paisiblement prendre sa place au chapitre. De fait, une telle idylle paraît avoir été peu courante à Sakya et certaines réticences de la famille s'expliquent peut-être par cette nouveauté. D'autant qu'à Sakya la religion était omniprésente, imprégnait le paysage. Dans une vallée large ouverte, la « capitale » de la principauté est divisée en deux parties par une rivière.

Au nord, sur une pente plus abrupte, la vieille ville, celle de la fondation, étageait ses monastères, ses temples, ses grands stûpa, ses palais, son marché, ses bâtiments administratifs et ses maisons abritant quelque huit cents familles. Les façades sévères de cette ville forte n'étaient, par souci de sécurité, percées que de baies très étroites, mais étaient égayées cependant par un détail typique de l'architecture de Sakya dans tout le Tibet. Au lieu d'être couverts d'un enduit de teinte uniforme, les murs extérieurs étaient décorés de groupes de rayures verticales, tricolores, qu'on rafraîchissait au printemps en versant à la volée des seaux d'enduit depuis la corniche des toits.

Sur la rive méridionale de la rivière, le Grand Temple, fondé au XIIIe siècle, imposant ensemble monastique enclos d'une impressionnante muraille quadrangulaire, subsiste seul après les destructions.

A quelque distance vers l'est se dressaient les palais des familles princières. Mais ces palais étaient organisés comme des monastères. Certes, ils avaient une maîtresse de maison, mais le maître des lieux était plus souvent entouré de ses moines, enseignant ou méditant, qu'il ne l'était de ses enfants. Les fils entraient en religion, mais l'un d'eux au moins prenait épouse. Les filles devenaient nonnes, en principe, mais plusieurs renoncèrent à leurs vœux. C'était l'écho des cérémonies religieuses, plus souvent que d'aimables propos ou des conversations futiles, même chez l'épouse du hiérarque, que Jamyang entendait lorsqu'elle venait en visite au palais. Cependant, le jeune prince s'était décidé.

Il adressa à l'oncle de la jeune fille une demande de mariage écrite. L'oncle ne répondit pas non, mais il ne dit pas tout à fait oui. On imagine que le prétendant, tout à l'angoisse que sa famille n'acceptât pas ce mariage trop modeste, devait un peu négliger son quotidien religieux. Jamyang n'était pas moins anxieuse, d'autant que la famille de son soupirant, et surtout la mère de ce dernier, la regardait d'assez haut. Devant ces froideurs, le jeune prince menaça de renoncer à assurer la succession familiale, de choisir le célibat, puis, comme les beaux yeux de Jamyang ne rendaient pas cette menace très sérieuse, il remit à la noblesse de la principauté une demande officielle à remettre à ses parents : c'était un protocole établi, un peu comparable aux sommations respectueuses de jadis. Les messagers rapportèrent l'accord du pontife, on put alors préparer le mariage.

Si elle n'était pas noble, la fiancée ne manquait pas de moyens financiers. Elle fit acheter à Shigatse, la grande ville la plus proche, quelques beaux bijoux, en particulier le collier portant le reliquaire, typique des bijoux féminins au Tibet, et les meilleurs tissus pour son trousseau. La veille du mariage, ses cheveux furent lavés par une jeune fille dont l'horoscope était compatible avec le sien. Puis elle prit un bain froid, parfumé de safran, et acheva ses bagages, puisqu'elle ne devait plus revenir dans la maison qu'elle avait habitée.

Le matin du mariage, elle s'habilla, avala un repas léger de potentilles et de riz sucré mêlé de raisins, plat traditionnel réputé de bon augure. Après un rituel de protection, elle quitta la maison, en veillant à passer le seuil du pied droit (le pied gauche eût été néfaste), et monta à cheval, un cheval blanc.

Arrivée au palais de son futur beau-père, elle entra dans la grande salle d'audience où le marié la rejoignit. Tous deux s'agenouillèrent devant le hiérarque pour recevoir sa bénédiction. Dans la vaste salle, il n'y avait que trois moines, et pas la moindre femme. Il y eut une première bénédiction, accompagnée d'une légère aspersion d'eau colorée de safran; puis une autre, avec dispersion de grains de sésame; le hiérarque toucha alors la tête des époux avec son rosaire. Pendant ce temps, les moines faisaient le tour de la salle, maniant la clochette et l'encensoir, tandis que résonnaient les cymbales. Sur le toit du palais, des moines priaient et brûlaient de l'encens. Bientôt, ils descendirent jusqu'à la salle d'audience, portant un plat de farine d'orge grillé, la *tsampa*, et de beurre. Les mariés en lancèrent une pincée en l'air et en mangèrent une autre pincée. Les moines apportèrent aussi un bol de chang, la bière d'orge. Le hiérarque et les mariés y plongèrent le médius de la main gauche, puis touchèrent leur langue de ce doigt. Le mariage était fait.

Les mariés se rendirent ensuite chez l'épouse du hiérarque, y déjeunèrent rapidement et gagnèrent leur nouvelle maison. Le lendemain, la population de Sakya apporta ou envoya des cadeaux, que la nouvelle mariée fit aussitôt porter chez sa belle-mère. Quelques semaines plus tard, celle-ci donna à sa bru des bijoux, des vêtements et une coiffe telle qu'on en portait dans la région, un grand arceau orné de joyaux, pesant quelque vingt-cinq livres. Une semaine après, eut lieu pour les mariés une réception chez le hiérarque et son épouse : soixante-dix invités triés sur le volet, laïcs et religieux, tous nobles. Longue et fastueuse réception qui dura de deux heures de l'après-midi à deux heures du matin. On y dansa : danses d'hommes, exécutées par les nobles invités, danses féminines, exécutées par des femmes appointées spécialement pour danser, chanter et verser le chang. S'il y avait des dames parmi les invités, ce que l'héroïne du jour ne dit pas, elles ne dansaient pas. Concession au modernisme du milieu du XXe siècle, on écouta des disques de musique indienne et tibétaine.

Un mariage dans une famille de religieux de village ne revêtait sûrement pas la solennité qu'il avait à Sakya. Mais, avec moins de splendeur, certaines de ces maisonnées ne manquaient pas d'importance. On peut en juger par celle de Marpa, au XIe siècle. De retour au Tibet après des séjours en Inde, Marpa, âgé de quarante-deux ans, avait épousé Dakmema. La tradition veut que le maître ait eu huit épouses secondaires, ses partenaires dans les rites tantriques, mais si elles existèrent, on ne sait rien de ces dames. Pour orageux qu'il ait été, le mariage entre Dakmema et Marpa était un véritable mariage, ce qui n'était certainement pas le cas d'unions plus fugitives, dont il est question dans les textes parce que bon nombre de grands maîtres en sont issus...

Ainsi Zurchung, qui fit ses débuts comme époux d'une riche veuve et de sa fille, avait fait son chemin et était devenu un maître célébré. Il eut un fils et une fille d'une première compagne, puis d'une autre compagne, appelée Tsuktorma, encore un fils, qui devint lui aussi un grand maître. Elle étudiait dans un monastère. Il faut bien comprendre, bien que cela ne soit pas précisé, avec beaucoup de tact, que Zurchung s'y trouvait aussi. Les moines furent très mécontents de cette situation et voulurent chasser la jeune femme enceinte; une prophétie concernant l'enfant à naître les calma. Quand cet enfant naquit, son père fit abandon de tous ses biens. La jeune mère protesta : *« Vous saviez bien hier qu'un fils allait vous naître, et vous n'avez pas gardé un morceau de beurre à lui mettre dans la bouche. »* Zurchung répondit sans s'émouvoir : *« Si l'enfant a de la fortune, elle viendra à lui sans que j'aie à lui en conserver; s'il n'en a pas, tout le beurre que j'aurais pu garder ne lui servirait à rien. »* Il mourut à quelque temps de là, et l'enfant fut élevé par sa mère et son oncle maternel.

Si cette union-là eut, brièvement au moins, l'aspect d'un mariage, dans la mesure où les moines finirent par faire taire leur mécontentement, on ne peut dire qu'il en ait été de même de celle de Shönuwö, au XIIIe siècle. Peu après avoir fondé un monastère, il fit avec une nonne, Sherabgyen, sœur de l'un de ses disciples, le rite tantrique de « production d'un fils », rite qui réussit au-delà de toute espérance. Lors de l'assemblée du monastère, Shönuwö révéla que Sherabgyen était enceinte et exigea qu'elle fût chassée, ainsi que le responsable de son état, mais il se garda bien de dire qu'il était ce responsable. Sherabgyen s'en alla, sans trahir le coupable. On ne sait malheureusement pas si elle agit ainsi par crainte, par discipline, par amour ou par dégoût. L'enfant naquit et grandit. Sa mère ne lui révéla pas le nom de son père. Quand l'enfant eut cinq ans, Shönuwö fit aux moines de son monastère une offrande solennelle de thé et de nourriture : c'était une façon de se faire pardonner ses fautes, mais il n'est pas dit qu'il fit un geste envers Sherabgyen. Toujours est-il qu'il fit venir l'enfant et le reconnut publiquement pour son fils. L'enfant devint lui aussi un grand maître. Rien de plus n'est dit de la mère qui, de toute évidence, n'avait été que la matrice nécessaire.

Malgré tout ce que l'on peut en penser, à ne considérer que le petit côté des choses, il y avait une véritable différence entre un religieux marié, doté d'une famille et parfois accablé par elle, et un religieux pratiquant certains rites tantriques, dont le but, peut-être rarement atteint, était d'échapper au cycle des renaissances et non pas de s'y plonger. Drukpa Kunle (1455-1529), religieux marié, par la force des choses, et non sans reproche, de son propre aveu, était sévère pour ses semblables : *« ... brandissant comme drapeau leur robe monastique, ne préparant les offrandes que pour leurs femme et enfants, sans songer à la déception du Bouddha*[1]*... ».* Il qualifiait d'*« établissements de passions et de haines »* les monastères où vivaient des moines mariés, et n'était pas plus tendre pour les moines tantristes, ses propres élèves : *« Ils élèvent des mendiantes en feignant la pitié; ils font des enfants naturels par négligence*[2]*. »* Rien dans sa vie ne l'autorisait à être bégueule (et Dieu sait s'il ne le fut pas!), c'est une conviction plus profonde qui le poussait à protester, afin que la vie religieuse ne fût pas confondue avec la vie mondaine : *« Une tête ronde* [c'est-à-dire une tête rasée, celle d'un moine] *repose dans le giron d'une femme : qu'aurait dit le Bouddha s'il avait vu des choses pareilles*[3] *? »*

Un épisode de la vie de Rechung (XIe-XIIe siècle), qui fut le principal disciple de Mila Repa, donne un autre exemple de cette faille mal connue et mal comprise de

1. Traduction de R. A. Stein, *Vie et Chants de 'Brug-pa Kun-legs le yogin*, 1972.
2. *Ibid.*
3. *Ibid.*

la vie religieuse des hommes, où se glissaient des femmes. Comme la plupart des grands maîtres, Rechung chercha tout d'abord des enseignements très divers au cours de voyages qui lui firent parcourir une grande partie du Tibet. Il rencontra un maître, Asu, qui avait femme et enfant et devait les faire vivre. Ce maître imposa à Rechung, pour prix de ses leçons, de mendier afin de lui rapporter une bonne quantité d'orge. Il en coûta à Rechung une longue tournée, durant laquelle il accumula petit à petit le précieux grain : si pauvres qu'ils soient, les Tibétains ne sont jamais avares d'aumônes. Ajoutons qu'un maître non marié eut également demandé le prix (et parfois le prix fort) de son enseignement. Peut-être est-ce finalement chose assez raisonnable, même pour des hommes et des femmes déjà avancés sur la voie de la connaissance, d'avoir toujours à mériter, et de la plus humble façon, de recevoir un enseignement. A quelque temps de là, Rechung, toujours en quête d'enseignements et d'expériences spirituelles, séjourna au Yarlung. Il eut pour partenaire tantrique une jeune femme d'une très noble famille. Mais il apprit bientôt qu'elle avait un amant, un amant tout ordinaire, pas le moins du monde intéressé par la mystique tantrique. Saisi de tristesse, Rechung s'en alla, sage attitude où notre esprit faussé verra peut-être un peu de jalousie, mais qui n'était que prudence et ne l'empêcha nullement de fonder son propre monastère non loin de là. Il se peut qu'il existe dans un texte ignoré ou négligé par les mémorialistes une référence plus précise à cette jeune femme, à son histoire et à ses raisons. Pour ce que nous en savons, elle répond tout à fait du paysage féminin du Tibet classique : une suite de silhouettes fugitives, mais cependant assez consistantes pour que leur présence ou leur action ait parfois notablement modifié le comportement des hommes.

Dans les ordres où le célibat était de rigueur, une telle équivoque n'existait pas. Il arrivait cependant que des libertés fussent prises avec la règle. Ainsi chez les Gelukpa, un nom qui signifie « vertueux », le grand Sangye Gyatso (1653-1705) qui fut régent du Ve dalaï-lama, avait, dit-on, plusieurs maîtresses et un certain nombre d'enfants; ce fut l'un de ses fils qui lui succéda. Sans doute, comme dans certains ordres occidentaux, avait-il fait vœu de célibat, et non de chasteté. Dans les dernières années du Tibet classique, le régent, qui d'ailleurs aurait pu commencer par faire le ménage chez lui, exigea que des dignitaires gelukpa qui vivaient avec des femmes missent fin à ces inadmissibles liaisons. Un très vieux vénérable lui fit répondre qu'il préférait renoncer à ses titres plutôt qu'à une jeune personne qui lui donnait chaleur et compagnie pendant la rude saison d'hiver...

Ces exemples prouvent qu'au Tibet comme ailleurs la condition de maîtresse ou de concubine n'avait rien à voir avec celle de femme mariée, même en milieu religieux. Il est vrai que le mariage en milieu religieux ne représente quand même qu'un aspect secondaire du mariage au Tibet, et que fort logiquement l'essentiel des traditions, et plus encore l'essentiel des études, concerne le mariage des laïcs.

Les projets de mariage qu'avaient ou non formés leurs parents n'altéraient en rien la gaieté de la jeunesse. Et comme il fallait concilier un juste appétit de la vie avec les nécessités du quotidien, bien des travaux, même parmi les plus rudes, et surtout leur conclusion, la fin des semailles ou la fin des moissons, étaient prétextes à réjouissances : réunions, danses et chants alternés. La liberté des filles, du moins dans les villages, était très grande jusqu'à leur mariage. Lors des moissons, dit-on, bien des coquetteries et des intrigues s'achevaient dans la paille des meules. C'était un risque en général librement consenti et, s'il ne l'avait pas été, on n'en faisait pas grand cas. Les filles n'avaient pas droit à beaucoup de larmes.

Avec ou sans préambule, arrivait l'heure du mariage. Il faut vraiment que la fonction d'épouse, de mère et de maîtresse de maison ait eu de l'importance au Tibet pour que tant de types de mariage y aient coexisté et qu'ils aient eu tant de variantes de forme. Un gros volume aurait peine à rendre compte des étonnantes subtilités des mariages tibétains. Le Tibet devait être le pays du monde où il était le plus difficile d'échapper au mariage, si large était l'éventail des solutions proposées. Il n'est donc pas totalement injustifié que l'austère toit du monde tienne une partie de sa renommée en Occident de ses richesses matrimoniales, mais il est plus surprenant que cette renommée-là vienne de la seule polyandrie, qui existe pourtant dans d'autres régions du monde et n'y a jamais suscité le même intérêt.

Abominable, délicieuse polyandrie, qui a permis tant de clins d'œil avertis, de sous-entendus plus ou moins pesants, mais invariablement grivois. Merveilleuse polyandrie qui donnait aux curieux Occidentaux une vague révérence à l'égard des femmes tibétaines, révérence d'une nuance un peu particulière, qu'ils n'auraient pas songé à avoir pour leurs propres épouses. Passionnante polyandrie qui semble loin d'avoir révélé tous ses secrets, puisqu'il se fait chaque année de nouvelles publications à son sujet. Et pourquoi pas triste polyandrie, car elle ne paraît pas avoir assuré souvent le bonheur de ceux qui la pratiquaient ?

Une femme dotée de plusieurs maris, n'est-ce pas le monde renversé ? On l'imagine faisant le choix initial de ces messieurs, pesant les qualités de l'un ou le charme de l'autre, puis se livrant à une fête des sens dont elle seule décide en toute liberté. Car tel est bien le mot du scandale, liberté, avec son corollaire indépendance, puisque, pour une grande partie de l'opinion, la polyandrie était synonyme de l'indépendance des femmes et de leur liberté, surtout sexuelle bien entendu. Est-il besoin de préciser qu'il n'en fut jamais rien au Tibet ?

Le phénomène polyandre s'étendait à l'ensemble des populations tibétaines, même s'il est mieux connu des observateurs dans les régions de marches, particulièrement en Himalaya. On le rencontrait chez les agriculteurs sédentaires comme chez les pasteurs itinérants et, ce qui est plus troublant au regard des explications ou des justifications qui en ont été données, chez les riches et les nobles comme chez les pauvres et les roturiers. Il est impossible d'en dater les débuts, probablement fort anciens; il était solidement établi au XVIIIe siècle, comme en témoigna avec indignation le père Desideri. L'influence de l'Occident, à travers l'Inde britannique, lui porta les premiers coups au début de notre siècle. Dans les années quarante, un aristocrate de Lhasa, qui avait marié son fils aîné à une jeune fille élevée dans un collège anglais, se voyait refuser par cette dernière l'extension polyandre de son mariage au fils cadet. Il ne restait plus à ce digne seigneur qu'à se répandre en récriminations et à dire à qui voulait l'entendre qu'il n'y avait plus de jeunesse. Ce qu'il fit, pour la plus grande hilarité de ses auditeurs occidentaux. La polyandrie n'existe plus, en principe..., dans le Tibet d'aujourd'hui, si elle perdure plus ou moins discrètement dans les vallées d'ethnie tibétaine du versant méridional de l'Himalaya.

Quel que fût le régime du mariage, il pouvait avoir deux formes : ou bien la femme quittait la maison de ses parents pour aller s'installer chez son mari, ou bien elle était fille unique, héritière du bien familial et, dans ce cas, elle prenait un époux qui était « invité » dans sa maison. Le régime polyandre se pliait à cette règle. Dans le premier cas, le plus fréquent, les maris étaient presque toujours frères, et les spécialistes appellent polyandrie adelphique cette combinaison optimiste qui fait de trois ou quatre frères d'âge différent les époux d'une seule femme. Dans le second cas, rare d'ailleurs, il arrivait qu'une femme maîtresse de ses biens épousât un homme, puis un autre, qui n'étaient nullement parents, plutôt que d'épouser des frères. Le mariage polyandre pouvait être conclu d'emblée, globalement. La femme était mariée au frère aîné, les cadets étant considérés comme coépoux, même s'il s'agissait d'enfants en bas âge. Ou bien, sans que cela eût été précisé initialement, les cadets au fur et à mesure des années devenaient sans plus de cérémonie les conjoints de la dame des lieux. Les enfants étaient en principe considérés comme ceux du frère aîné.

De multiples justifications ont été proposées à cet étrange système. La principale, qui intéresse surtout les régions pauvres et les familles aux ressources limitées, bien que la polyandrie ait eu cours aussi dans la noblesse fortunée, était d'éviter une division de la propriété. Les frères fournissaient une main-d'œuvre suffisante pour la mise en valeur du domaine; la terre n'était pas partagée entre eux, en parcelles devenues insuffisantes pour nourrir autant de nouvelles familles; le nombre des enfants était forcément limité, puisqu'une seule femme, qu'elle ait un mari ou qu'elle en ait quatre, ne peut faire qu'un enfant en neuf mois. Le système aurait été, de l'avis des spécialistes, un facteur de stabilité de la population. Un autre motif convaincant paraît avoir été celui de la sécurité de la famille et des biens. Si le mari, agriculteur ou pasteur, exerçait aussi des activités commerciales, cas très fréquent, qui donc pouvait, pendant ses longues absences, procéder aux travaux des champs, surveiller le troupeau et accessoirement l'épouse, mieux qu'un autre et très officiel mari, de préférence de la même famille ? En outre, la polyandrie était une sorte d'assurance contre le veuvage redouté, car chacun sait bien qu'une famille sans homme est une famille ruinée.

Les causes invoquées n'impliquaient jamais le libre choix, la fantaisie ou le bon plaisir des femmes. Le cas de la jeune femme qui, il y a un demi-siècle, refusa d'épouser son beau-frère, paraît avoir été exceptionnel. Il y eut sans doute des femmes d'un caractère assez trempé pour tirer parti, sinon bonheur, d'une telle situation. Mais la plupart d'entre elles n'étaient, après la décision de leurs parents, que l'enjeu et les otages d'une organisation établie entre leurs maris. En dépit de l'humour développé qu'ont les Tibétains, bien peu de ces dames polyandres, qu'on croit si enviables, devaient être tentées de prendre les choses à la légère et de chanter : « *Mon Dieu, que c'est bête un homme ! Alors, ah ! Vous pensez, deux*[1] ! »

La situation des maris était loin d'être plaisante : l'égalité et la paix régnaient rarement entre eux. Les Tibétains, et c'est tout à leur honneur, se sont montrés fort discrets sur ces difficultés. D'ailleurs, malgré le vague extrême des chiffres, il ne semble pas que la

1. André Messager, *L'Amour masqué.*

polyandrie ait jamais été le régime dominant dans l'ensemble du pays, si cela peut être vrai localement. Ce que l'on sait de plus précis, on le tient des ethnologues qui ont patiemment observé, recueilli des témoignages et parfois des confidences. Ils ont vu un père et un fils partager la même épouse; ils ont vu les plus jeunes maris quitter volontiers la communauté mais se trouver alors privés de toutes ressources; ils ont vu l'implosion de la cellule polyandre par la venue d'une seconde épouse... Ils ont rarement vu des gens heureux en polyandrie, mais peut-être était-ce dû à leurs préventions.

Au début du siècle, la complication des alliances et des situations dans les familles nobles, en général mieux connues que les autres, était si grande que le tibétologue Nebesky-Wojkowitz pouvait écrire : « *Les différents régimes matrimoniaux embrouillent beaucoup les relations familiales dans ce pays. A bien considérer les tableaux généalogiques... j'en viens à la conclusion que, si l'on sait s'y prendre, on peut, au Tibet, devenir son propre grand-père*[1]. » Il faut dire que les dernières années du Tibet traditionnel furent marquées par une certaine décadence de l'aristocratie. Le résultat fort regrettable en fut que des situations qui devaient être fort pénibles pour les personnes impliquées, prêtent plutôt à sourire, tant elles semblent absurdes et cocasses, en particulier quand il s'y mêle des faits polyandres. Ainsi, dans les premières années de notre siècle, un noble de Lhasa épousa une dame dont il eut cinq enfants, l'aîné devenant normalement son héritier. Puis il divorça pour épouser une jeune et jolie femme qui lui donna un fils, Jigme, avant de mourir prématurément. Pour ce fils, il créa

1. *Ces montagnes où naissent les dieux*, 1957.

une nouvelle branche de la famille, ce qui allait à l'encontre des intérêts de sa première femme et des enfants nés de ce mariage. Notre homme avait passé la soixantaine, ce qui n'est plus la jeunesse au Tibet; il rencontra alors une aimable femme, mariée à un officier noble et mère de trois enfants. Il obtint du mari (et, on peut imaginer, de la femme) son accord pour un mariage polyandre et, bientôt, y associa Jigme, le fils de son deuxième mariage. De graves dissentiments ne tardèrent pas à éclater dans cette famille, si harmonieusement constituée... Le jeune Jigme divorça.

On n'a sans doute pas tant cherché les raisons économiques ou sociales qui ont conduit les Tibétains, depuis l'aurore de leur histoire, à prendre plusieurs épouses. On se borne en général à constater que c'était un choix interdit aux fortunes modestes, et par conséquent relativement peu répandu. Ces messieurs polygynes préféraient épouser des sœurs, car on disait que celles-ci, élevées ensemble, se chamailleraient moins par la suite, discipline que ne montraient apparemment pas les frères mariés en polyandrie. Les raisons véritables de ce choix collectif paraissent avoir été plutôt d'ordre économique; comme en polyandrie, on cherchait à ne pas morceler une fortune. Car pour ce qui est de la paix conclue entre les épouses-sœurs, Mary-la, qui fit quelques années partie d'une telle union, nous dit que son mari, qui avait épousé successivement, avant de l'épouser elle, la veuve de son frère puis deux de ses sœurs aînées, ne réussit à maintenir la sérénité familiale qu'en donnant une résidence séparée à chacune de ses épouses.

Les exemples de situation inextricable, en polyandrie ou en polygynie, pourraient être multipliés, que les familles impliquées aient été pauvres ou riches. Des drames en résultèrent parfois. Ils sont en général mal connus et les raisons en sont difficiles à démêler des décennies ou des siècles après.

Restaient les mariages ordinaires, peut-on dire, monogames, sans doute les plus fréquents. Ils avaient néanmoins avec les autres régimes un certain nombre de points communs : ils étaient presque toujours organisés par les parents, en général négociés par des intermédiaires, et il ne devait pas y avoir entre les époux, par leur côté paternel, de parenté plus proche que le septième degré. De mauvaises langues disent que cette dernière clause, pourtant considérée comme essentielle, était assez souvent malmenée. Il faut reconnaître que sept degrés de non-parenté, c'est exorbitant; Rome, qui l'avait d'abord exigé, n'a pas tardé à tempérer sa position. Une fois ce point assuré, il fallait encore vérifier que les horoscopes des futurs époux étaient en accord, fixer le prix de la femme, une somme d'argent ou des marchandises remises à la famille de la mariée, en dédommagement pour ce qui, après tout, était la perte d'une travailleuse. Ce dédommagement était parfois, avec quelque logique, versé à la mère et, dans ce cas, on l'appelait le « prix du lait ».

Au jour arrêté pour le mariage, la mariée, dûment sermonnée et parée de ses plus beaux atours, s'en allait vers la maison du marié, parfois accompagnée d'une escorte imposante. C'était son heure de gloire : pourtant son rôle était limité à une élégante figuration, tandis que son escorte échangeait avec le parti du marié des chants en forme de défi qui expliquaient l'alliance conclue. Quand la mariée avait reçu la flèche nouée de rubans aux cinq couleurs, elle entrait dans la maison de son mari. Il était de bon ton que la mariée montrât quelques signes de regret ou d'inquiétude. Inquiétude qui aurait pu ne pas être entièrement injustifiée, car dans certaines régions on pratiquait le mariage par rapt, réel ou simulé, lors duquel la fiancée choisie, prévenue ou non, était enlevée de façon plus ou moins dramatique par la famille du mari. A charge pour celui-ci de payer ensuite un dédommagement à sa belle-famille. Quant à la jeune fille, elle n'avait qu'à se faire une raison, ce qui ne lui était pas difficile, si elle était prévenue et consentante, ou bien à s'échapper, dans quel cas la honte écrasait la famille du ravisseur maladroit. En fait, avec le temps, cette curieuse coutume semble être devenue une simple convention, un rappel d'une époque plus violente, et les victimes de ces enlèvements étaient ni plus ni moins consentantes que toutes les filles à marier. Elles se devaient cependant d'offrir à la noce enchantée un beau numéro de résistance avant de succomber, là aussi était la tradition.

Si le rôle de la religion était en général fort réduit, à peu près limité à une bénédiction, parfois inexistant, les chants alternés étaient un élément très important de la cérémonie. Dans certaines régions, les unions se décidaient lors de joutes de chants entre jeunes gens. Bien entendu, éternelle vanité masculine, le garçon devait être vainqueur, mais comme il épousait « la » vaincue, heureuse défaite, on peut imaginer que bien des jeunes filles préférèrent, pour une fois, manquer de réplique et gagner un mari, par inclination personnelle ou, une fois de plus, pour obéir aux dispositions prises au préalable par les parents.

Beaucoup plus souvent qu'on ne le penserait devant l'extrême pauvreté de certaines vallées, le mariage donnait lieu à la rédaction d'un document écrit, et cet usage n'était pas en cours seulement dans la noblesse. On y précisait d'ordinaire l'arbre généalogique des conjoints ainsi que la nature et l'importance des biens apportés par chacun d'eux. On a pensé qu'il s'agissait là d'une manière de contrat, destiné particulièrement aux femmes, pour qui il aurait constitué une sorte de garantie. Cela reste à prouver. Mais du moins nous est-il ainsi confirmé que les femmes ne perdaient pas tous leurs droits dans le mariage et qu'elles pouvaient y conserver des biens propres. A propos de la fortune d'une famille, il est souvent question de biens masculins, essentiellement immobiliers, et de bien féminins, en général mobiliers. On retrouve là ce sens étonnant de la parité entre des éléments mâles et femelles qu'ont les Tibétains. De fait, la distinction entre biens masculins et féminins semble relever de cette conscience très tibétaine de la dualité des choses mondaines, davantage que d'une répartition effective de la propriété familiale, ne prenant effet, bien évidemment, que lors d'un héritage. Il faut donc distinguer entre biens familiaux, masculins ou féminins selon leur nature, et le bien propre de la femme, qui peut également être masculin ou féminin. Ce qui est réellement bien de la femme, c'est ce qu'elle a apporté personnellement et dont la jouissance pleine et entière lui a été garantie, par accord tacite ou écrit. Il peut s'agir d'un bijou, d'une turquoise, bien « féminin » s'il en est, comme ce fut le cas de la belle turquoise que Dakmema, la femme de Marpa, donna à Mila Repa pour qu'il pût acquitter le prix des enseignements dont il avait besoin. Marpa cependant contesta à sa femme le droit à disposer de ce bien, qu'il considérait comme sien, comme sa femme était sienne. Les choses sont parfaitement nettes dans l'histoire bien connue de Mila Repa. On se souvient qu'il fut orphelin de bonne heure, et que son oncle paternel s'empara du bien familial : terres, bétail et marchandises, biens masculins et biens féminins. Mais la mère de Mila possédait encore un bien en propre, un bien indépendant de la fortune familiale, qui n'y avait pas été inclus lors de son mariage et ne semble pas lui avoir été contesté lors de son veuvage. C'était un champ, bien « masculin » par excellence.

Vie de femme

Pour la jeune mariée, la partie n'était pas gagnée. Quel qu'ait été son régime matrimonial, il restait à savoir si le mariage du fils impliquait la retraite des parents, c'est-à-dire l'accession immédiate de la jeune femme au statut, aux charges et aux prérogatives de maîtresse de maison, ou bien si elle n'était que la bru, éventuellement une bru parmi d'autres et devait le rester jusqu'au décès de son beau-père. Bref, la jeune mariée, après s'être inclinée respectueusement devant sa belle-mère en entrant dans sa nouvelle maison, aurait-elle à la supporter longtemps ou non? Les choses en allaient différemment selon les régions. Ici le mariage du fils aîné signifiait qu'il succédait à ses parents. Ceux-ci s'installaient alors dans un appartement réservé de la maison, ou dans une petite maison sur le domaine, avec leurs enfants non mariés. Ailleurs, la maisonnée comprenait trois ou quatre générations et la nouvelle mariée pouvait attendre longtemps sa « promotion », d'autant qu'elle pouvait être en concurrence, non seulement avec sa belle-mère, mais avec les sœurs célibataires de son mari et avec d'autres brus, épouses de ses beaux-frères, surtout si elle n'avait pas rapidement d'enfant mâle.

Drukpa Kunle décrivait ainsi les « bonnes » brus : *« Elles vénèrent leur mari comme un dieu, sur leur tête. Portant dans leur cœur leurs beaux-parents, elles ne lèvent pas les yeux sur eux. Elles écoutent leur belle-mère et se tiennent à leur place. Elles aiment du fond du cœur leurs petits-enfants*[1]. »

La littérature, notamment dans le drame déjà cité de Nangsa, où l'héroïne, tiré de son lit d'accouchée par sa belle-mère, était battue par sa belle-sœur, a dressé quelques beaux portraits de furies domestiques. Dans un registre moins mélodramatique, Jamyang, la jeune princesse de Sakya, a décrit les premiers temps de sa vie d'épouse. Ses journées étaient très simplement organisées. Après les prières matinales, elle quittait sa maison pour se rendre au palais princier, chez sa belle-mère, tandis que son époux vaquait aux affaires du monastère. Sous la direction de la vieille princesse, elle se livrait aux délices de l'enfilage des perles ou de quelque autre ouvrage manuel délicat; le tissage était considéré comme indigne de ces dames, mais le tricot était autorisé. Jamyang prenait également des leçons, lisait, étudiait la grammaire. Sa belle-mère lui enseigna les prières particulières que devait réciter l'épouse du hiérarque des Sakyapa et elle l'initia à la gestion de l'important palais princier; elle l'assista lors de la naissance de son premier enfant, bref, elle se montra une belle-mère parfaite. La jeune femme suivait également, avec ses belles-sœurs, certains des enseignements que son mari donnait aux moines. Mais, en dépit de cette façade courtoise, il n'y avait guère de sympathie entre les femmes de la famille. La vieille princesse appartenait à la noblesse de Lhasa et ne semblait guère apprécier les origines modestes de sa bru. Hasard ou mesquinerie, les bijoux qu'elle donna à Jamyang, comme le voulait la tradition, étaient de qualité

1. Traduction de R. A. Stein, *Vie et Chants de 'Brug-pa Kun-legs le yogin, op. cit.*

médiocre, du moins de l'avis du mari amoureux, qui les fit reporter chez la donatrice... L'humeur de celle-ci n'y gagna sans doute rien. Mais les difficultés qui se produisirent lors de la succession du hiérarque transformèrent cette impression d'hostilité en certitude. La princesse douairière sembla d'abord soutenir son fils cadet contre son fils aîné. Le cadet, peu tenté par la vie publique, mit fin à toute équivoque en quittant Sakya et se retirant dans un autre monastère. La vieille dame fit alors à Lhasa, dont dépendait la décision, des interventions qui ne semblaient pas favorables à son fils ou à sa belle-fille. Bref, la succession échut à l'autre maison princière. Et Jamyang d'en conclure, probablement avec raison, que les problèmes de succession inhérents à la coexistence de deux maisons princières étaient dus surtout aux liens et aux intrigues des mères et des épouses des princes de Sakya avec les milieux gouvernementaux de Lhasa.

Il faut reconnaître que la belle-mère demeure un personnage redouté et souvent redoutable de la tradition tibétaine. Et à côté d'elles, il y avait aussi les sœurs abusives. Au début du siècle, l'une des sœurs aînées de Mary-la épousa l'héritier des Horkhang, très noble famille de Lhasa. Son mari mourut au bout de quelques années. A vingt ans, la jeune veuve avait deux enfants à élever et l'énorme fortune de son défunt mari à gérer. Mais ce défunt mari avait une sœur, une nonne, qui s'occupait du principal domaine familial et semblait peu disposée à laisser à autrui la gestion des biens Horkhang. Il ne s'agissait pas pour elle de défendre les biens de ses neveux, mais, – et on ne peut lui donner tort –, les intérêts d'un fils qu'elle avait eu, dit-on, d'un haut fonctionnaire religieux. Elle n'accepta de livrer les clés des caisses et des greniers des

Horkhang qu'à condition que ce fils, lorsqu'il aurait atteint l'âge de vingt-cinq ans, épousât la veuve de son oncle. Celle-ci aurait alors trente-sept ans, mais cela ne gênait nullement la redoutable nonne. En attendant, et sans nul doute pour qu'un homme compétent pût gérer les domaines Horkhang, la jeune veuve contracta mariage, du moins mariage provisoire, qui ne paraît pas appartenir à un type très courant, et mit au monde au moins six autres enfants ! Quand vint le temps de son mariage avec son jeune neveu, en femme raisonnable, et peut-être un peu lasse, elle décréta qu'elle avait fait assez d'enfants, avait eu assez de maris et reprit sa parole, ce qui causa un petit scandale, mais dut soulager vivement le jeune homme. Celui-ci épousa bientôt une jeune, jolie et très riche veuve, ce qui semblait être une vocation chez lui. Les vœux de sa mère étaient ainsi comblés.

Il y avait aussi bien sûr, et probablement surtout, des familles sans histoires, où les brus s'entendaient avec leur belle-mère, étaient chéries de leurs belles-sœurs et les entouraient des plus grands soins. Comme il est de tradition, le souvenir s'en est perdu. Mais à lire ce que Mary-la dit de sa propre belle-mère ou de ses belles-sœurs, on croit difficilement que seule la bonne éducation, tibétaine et britannique, a inspiré cette chaleur discrète : la pudeur au Tibet est assez souvent le voile de la peine pour être aussi parfois celui de la tendresse.

Que la belle-mère ait été une brave femme ou un tyran, la nouvelle mariée, par amour ou par raison, espérait s'entendre avec son mari et en être bien traitée. Drukpa Kunle, rarement optimiste, faisait des prières à ce sujet :

Des époux qui se contemplent face à face,
Quand bien même ils ne se font pas de bien cœur à
[cœur,
Qu'ils fassent pour le moins le vœu de ne pas s'entre-
[tuer[1] !

La sœur aînée de Mary-la, qui s'entendait mal avec son mari, rentrait chez sa mère chaque fois qu'elle s'était disputée avec lui. Le jeune homme venait alors errer mélancoliquement sous les fenêtres de sa belle-mère qui, l'apercevant et désireuse d'arranger les choses, s'écriait, non sans malice : « Quel bel homme passe dans la rue! » L'épouse en rupture de ban se précipitait, voyait son mari avec déception et finissait par regagner le domicile conjugal. D'autres maris n'auraient pas toléré une pareille indépendance. Marpa menaçait sa femme de son bâton, mais il n'est pas dit cependant qu'il l'ait jamais frappée. Parmi les supplices que les défunts subissent dans le Bardo, le séjour intermédiaire entre mort et renaissance, on décrit le châtiment de ceux qui ont maltraité parents, enfants ou animaux : il n'est pas apparemment question de ceux qui ont maltraité leur femme. De même que ne paraît pas prévu le cas où une femme aurait maltraité son mari, alors que le Bardo est fort bien organisé pour la répression des vices, crimes et simples défauts féminins.

Des mégères, il y en eut incontestablement. Biographies et chroniques en décrivent souvent, particulièrement au rayon des marâtres. Un grand maître du XIIIe siècle se souvenait d'avoir été sévèrement battu par sa belle-mère, alors qu'il n'avait que sept ans, parce

1. Traduction de R. A. Stein, *Vie et Chants de 'Brug-pa Kun-legs le yogin, op. cit.*

qu'il avait osé manger les restes du repas de son père. Il voulut s'enfuir, mais elle le rattrapa et voulut le jeter dans un précipice; on l'en empêcha mais elle continua néanmoins à maltraiter l'enfant et à le brimer de toutes les façons. Le genre ne paraît pas s'être épuisé avec le temps, mais il offre des variantes. Il y a un demi-siècle, un noble de Lhasa épousa en secondes noces une femme qui n'eut l'heur de plaire ni aux enfants du premier lit, un fils religieux et une fille, ni aux serviteurs de la maison, ni à la bonne société, car la dame avait, dit-on, un caractère éruptif, l'insulte prompte et, d'une manière générale, une langue de vipère. A la suite d'une vilaine querelle d'intérêts, le fils religieux accusa sa belle-mère d'avoir gravement diffamé le régent et, ce qui plus est, pendant les fêtes du nouvel an, le sommet de la dévotion à Lhasa. Le mari de la dame, qui faisait partie du gouvernement civil du dalaï-lama, fut prié de rester chez lui pendant l'enquête, par un louable souci de l'indépendance de la justice. Si la dame avait vraiment le verbe si haut, on regrette que n'ait été conservé de cette scandaleuse affaire qu'un sobre compte rendu. Elle se défendit, en tout cas, et accusa son beau-fils d'avoir tenu lui-même les propos incriminés. Problème délicat pour le gouvernement qui devait départager deux personnes aussi peu recommandables l'une que l'autre, mais qui se trouvaient être l'épouse et le fils d'un de ses membres. Le sentence fut sévère, mais elle avait quelque apparence de justice. La dame niait, certes, mais on la savait incapable de « rester à sa place » (un maître mot dans l'attitude des Tibétains à l'égard des femmes). En d'autres temps, elle aurait eu droit à une mutilation, cela lui fut épargné. Peut-être le régent n'était-il pas aussi innocent qu'il l'aurait dû et la faute de la dame était-elle d'avoir dit tout haut ce que chacun murmurait. Condamnée au fouet, ainsi d'ailleurs que son accusateur, la dame y échappa en payant une forte amende. Le fils fut fouetté, mais reçut une part de l'héritage paternel. Le père perdit son poste au gouvernement, ce qui semblait normal puisqu'il n'était pas même capable de gouverner sa famille, et les dommages et intérêts coûtèrent deux beaux domaines à la fortune familiale. De l'intérêt d'avoir une femme discrète.

Il y avait aussi des femmes jalouses, et la jalousie la plus cruelle peut être celle qui prive des disciples d'un ultime regard sur leur maître. Au XIe siècle, quand le sage Bagom mourut à quatre-vingt-dix-huit ans, sa femme ne permit pas à ses amis de se recueillir devant sa dépouille, elle procéda seule à la crémation du corps, à l'intérieur du temple. Mais ces dames donnaient aussi des raisons de jalousie et, sans faire allusion à celles qui n'étaient pas vertueuses, les dévotes exaspéraient parfois leurs époux surtout si, comme la belle Silima, femme d'un ancêtre mythique de la dynastie de Sakya, elles avaient des relations étroites avec un démon. C'était un temps où dieux et démons s'ébattaient en toute liberté, et il ne peut être vraiment question d'adultère. Il n'empêche que, lorsque naquit le fils de Silima, celle-ci était en train de se disputer avec son légitime mari, qui ne devait quand même pas manquer de raisons de se plaindre. L'enfant fut appelé « Né dans les querelles ».

Si l'on se souvient de l'habileté et de la générosité avec laquelle les dames maniaient le poison à l'époque monarchique, on ne trouvera pas trop étonnant que le soupçon ait encore souvent pesé sur elles jusqu'à nos jours. Il n'y avait guère de village qui n'ait eu sa femme marquée, sorcière, empoisonneuse, on ne savait pas très bien, mais en tout cas personne à éviter. Il s'agissait parfois de femmes seules, plus souvent de femmes mariées, et on ne les craignait pas tant pour leur charme que pour leur art très particulier d'allonger les sauces. En fait, ces dames avaient (et ont encore) la position à la fois menaçante et reléguée des rebouteuses et autres jeteuses de sorts de nos campagnes.

Il est beaucoup plus difficile de trouver dans l'histoire ou la littérature des références rendant justice au travail fourni par les Tibétaines, à leur générosité et à leur inlassable dévouement. Prenons donc ces vertus pour acquises et les défauts si minutieusement stigmatisés pour des exceptions.

Divorce, veuvage et remariage

On a dit bien souvent que les Tibétaines n'étaient pas sérieuses. A en croire certains voyageurs, il n'y avait qu'à claquer les doigts pour les voir s'empresser et céder aux moindres sollicitations; mais ils confondent liberté et facilité et cela ne les rend ni très sympathiques ni très crédibles. D'autres, à trop vouloir prouver les éminentes qualités de spiritualité dont font preuve les Tibétains, tombent dans l'excès inverse. Selon la tradition bouddhique, la femme souffre de déficiences mentales et physiques, huit de chaque sorte, pour être précis. Elle est en particulier considérée comme inconstante, volage et attachée aux sens. Une Tibétaine, Rinchen Lhamo, pouvait donc écrire en toute conscience, au début de notre siècle, que les filles du Tibet sont chastes et les épouses fidèles, mais que des tragédies se produisent parfois, que des hommes peuvent s'entre-tuer pour une femme et que certaines femmes, ne pouvant empêcher leur beauté, sèment sans le vouloir la perturbation dans les cœurs masculins. Rinchen Lhamo voyait dans cette faiblesse la raison de l'obligation faite aux femmes de se réincarner en homme avant de pouvoir prétendre aux plus hautes réalisations, point de vue partagé par la plupart des Tibétains. Mais Rinchen Lhamo était devenue par mariage Mrs. Louis King, et ses protestations de vertu ont un écho victorien qui laisse à penser que son très britannique époux dut quelque peu réviser sa rédaction.

Pour n'être pas un sujet d'élection de la littérature tibétaine, l'adultère fut cependant parfois cause de grands drames. D'ailleurs, on s'en méfiait. Si le deuxième doigt du pied droit d'une fillette ne touchait pas le sol, la croyance populaire assurait qu'elle était promise à l'adultère; il est vrai que, si son nez était vraiment très petit, on disait qu'elle tomberait amoureuse même de son père et de son fils, pour ne pas parler des autres hommes. Il n'est pas question de tels signes pour les garçons.

Sur les tragédies de l'adultère, les informations circonstanciées sont peu nombreuses, n'en déplaise aux amateurs d'histoires corsées. Elles concernent surtout la haute société, et à date tardive, c'est-à-dire à une époque où, de l'avis des observateurs occidentaux, qui manquaient d'ailleurs de points de comparaison, régnait chez elle une certaine décadence des mœurs. Mais, lorsque aux premiers jours de notre siècle, le frère du régent accusa un grand seigneur de concussion, le fit exiler et s'empara de son épouse, dont il eut plusieurs enfants, il est bien difficile de savoir si la dame était consentante, ou si elle ne fit que subir comme tant d'autres la force des choses. Il est vrai qu'en général les dames se montraient moins passives. À la même époque, le père du Panchen-lama eut, à Tashilhunpo, une liaison avec la femme d'un haut fonctionnaire de la ville. Cette femme tenta d'empoisonner l'épouse de son amant, faisant montre d'une jalousie vraisemblablement hors de proportion, car cette dame, extrêmement pieuse, était sourde et muette. Pour comble, l'adultère empoisonneuse s'y prit fort mal et ne réussit qu'à rendre malade... son amant. Un chien cependant laissa la vie dans l'histoire, et l'enquête fut ouverte. La mauvaise femme tenta de faire tomber l'accusation sur sa fille, heureusement en vain. Elle fut confondue, bannie et condamnée à une lourde amende, ce qui paraît bien peu. Quant au père du Panchen-lama, il paya lui aussi une amende et fut enfermé dans une forteresse, à l'autre bout de la province. Le mari trompé ne se contenta pas de cette justice. On ne sait s'il exerça quelque vengeance sur sa femme exilée, mais il fit chèrement payer à l'amant son honneur outragé. Il réussit à circonvenir le fonctionnaire qui avait la charge du prisonnier, et celui-ci fut battu à mort dans sa geôle.

Ces dames n'appréciaient pas toujours les fantaisies de leurs époux et, dans les villages, elles rendaient volontiers une justice expéditive qui fit que plus d'une maîtresse reçut une solide volée de l'épouse offensée. Le sort des enfants nés de l'adultère, en dépit de ce qui a été dit parfois, n'était en général pas brillant. On les gardait en principe dans les familles mais ils y avaient un statut inférieur propre à développer l'amertume, pas d'héritage en perspective et donc peu d'avenir. Mais comme le Tibet ne cesse de contredire les règles qu'il édicte, on connaît nombre de ces enfants qui firent de superbes carrières.

Lorsque la mésentente s'installait dans un couple, il fallait bien songer à la séparation. Comme partout au monde, la solution la plus facile était sans doute l'abandon. On quittait son foyer pour une femme mais aussi, chose plus étonnante, pour se consacrer à la religion. On parle ainsi d'un homme qui, au XIIe siècle, partit à la suite d'un grand maître en abandonnant femme et enfant dans un dénuement tel qu'ils furent contraints à la mendicité. Ce cas assez banal n'a été mentionné dans les chroniques que parce que le mari devint lui-même un maître célèbre. Il y avait des façons plus paisibles de mettre fin à un mariage. Mary-la fut mariée une première fois à un homme beaucoup plus âgé qu'elle, et qui avait déjà épousé sa belle-sœur et deux de ses sœurs. Elle n'était pas heureuse, malgré la naissance d'une petite fille. Il avait été plus ou moins convenu que le mariage prendrait fin si un meilleur parti se présentait. Il se présenta. Mary-la fut fiancée à un homme de son âge, séduisant, et qu'elle aimait manifestement. Quand elle quitta la maison de son premier mari, son seul chagrin fut de devoir y laisser sa petite fille. Dans les cas de divorce, il arrivait que les enfants fussent séparés, les fils avec le père, les filles avec la mère, mais la règle ne paraît pas avoir été uniforme ni absolue.

D'ailleurs, le divorce n'était pas une solution qu'on aimait beaucoup, surtout à la campagne : la rupture d'un couple posait trop de problèmes d'ordre économique. On ne s'y résolvait qu'en dernière extrémité. Les formalités étaient simples : l'une d'entre elles consistait tout bonnement pour le mari à ôter de la coiffe de sa femme la turquoise qui y symbolisait leur union. Chose curieuse, le divorce était, dit-on, plus souvent demandé par les femmes que par les hommes. Néanmoins, certains divorces tenaient plutôt de la répudiation. Des documents mentionnent des dédommagements entre époux. On trouve ainsi mention d'un usage selon lequel une femme qui avait un ou plusieurs fils pouvait obtenir la propriété d'un quart de la terre familiale pour les faire vivre, part réduite au sixième si elle n'avait que des filles...

La mort, plus souvent que le divorce, mettait un terme au mariage. On pourrait penser que les Tibétains, parfois un peu rudes, n'étaient guère émus par la perte de leur femme s'ils venaient à être veufs. Qu'on accuse alors de la même manière tous les hommes du monde. On a vu le chagrin d'un neveu de Mary-la, il ne fut pas unique, et parmi de nombreux exemples, on peut citer celui de Gampopa (1079-1153). Il fut d'abord médecin et était marié à une femme qu'il aimait tendrement. Quand il la perdit, son chagrin fut si grand qu'il ne voulut pas la remplacer. Quelque temps après, il entra dans les ordres et le Tibet y gagna un grand maître. La religion était aussi parfois la voie que choisissaient les veuves. Tel fut le cas, on s'en souvient, de l'aimable veuve qui aida le père Desideri.

Mais pour beaucoup de femmes, veuves ou divorcées, c'était la course au remariage. Exploiter la terre ou un troupeau, défendre les biens familiaux, acquitter la taxe et les corvées aux propriétaires, négocier les alliances et faire les offrandes aux dieux protecteurs, tout cela, c'était la tâche des hommes, il en fallait un à la maison. Qu'elles en aient eu envie ou non, les femmes devaient se remarier, et d'autant plus qu'elles avaient des enfants et pas de famille pour les aider. Car il arriva qu'en se remariant une femme laissât ses enfants à la famille de leur père. Mais établir une règle générale au Tibet est un exercice assez vain. En matière de remariage, la coutume du lévirat a été attestée. A dire vrai, elle n'était pas très répandue, mais il suffit, de l'époque monarchique à nos jours, de quelques cas attestés de remariage d'une veuve avec le fils d'un premier lit de son mari, pour que les observateurs chinois, particulièrement sensibles au sujet, en aient fait une règle générale – ce qui n'était certainement pas le cas – et, bien entendu, une preuve supplémentaire de la barbarie des Tibétains. Mais bien souvent une veuve épousait en secondes noces le frère de son défunt mari, et l'on peut penser que l'intérêt du domaine familial, et non celui des héritiers, primait dans un tel choix qui avait un léger parfum de polyandrie.

Le cas le plus flagrant, sinon le plus connu, fut celui de la mère de Mila Repa. Elle était née dans une famille noble et s'appelait Kargyen. Elle était belle, bonne maîtresse de maison, mais dotée d'un caractère entier qui la poussait à aimer ou détester sans partage. Elle aima le père de Mila, en fut aimée, et la naissance d'un fils mit le comble au bonheur qu'ils connaissaient dans leur belle maison neuve. Une petite fille naquit aussi, on l'a vu. Beaux enfants, beaux et riches parents, tout semblait pour le mieux. Cependant les gens du pays ne pouvaient s'empêcher d'être jaloux et de jaser un peu, car la famille paternelle de Mila n'était installée que depuis peu dans la région et faisait encore figure d'étrangère. Là-dessus, le père de famille mourut. La biographie de Mila dit que l'oncle paternel s'empara des biens dont le jeune garçon devait hériter. On a donc l'impression qu'il agit en tuteur abusif de la veuve et de l'enfant également incapables, au sens juridique du terme. D'autres sources disent qu'on voulut faire de Kargyen l'épouse du fils de l'oncle paternel, du neveu de son défunt mari, qu'elle ne l'entendit pas de cette oreille, refusa, et que l'oncle, furieux, s'empara de tous ses biens.

Solitudes

On comprend, mais en le regrettant, que les épreuves aient aigri la jeune femme. Spoliée de ses biens, humiliée aux yeux de tout le pays, à peu près abandonnée par sa famille, sinon par un frère assez peu fortuné qui devait lui faire payer en travail la nourriture qu'il lui donnait, Kargyen ne vécut plus que pour la revanche. Et ses enfants devaient la suivre sur cette voie. La petite Peta travaillait comme une femme adulte; de toute évidence, sa mère n'attendait rien d'autre d'elle. Quant à Mila, pour être allé un jour à la fête et être rentré un peu gai, il reçut une bonne correction. Et puis Kargyen avait la dent dure : le pays ne l'aimait pas, mais répéta à l'envi le surnom moqueur qu'elle avait donné à la femme du mauvais oncle. C'était un jeu dangereux, car il en est de même partout dans le monde : une femme a droit à la misère, mais elle n'a pas droit à l'esprit. On se souvient que, lorsque Mila eut quinze ans, l'oncle refusa de restituer le bien usurpé. Et Kargyen se saigna aux quatre veines pour payer les études de son fils, et par là sa vengeance. Elle vendit une partie de sa dot pour y parvenir, paya des jeunes gens, soigneusement circonvenus, pour tenir compagnie à son fils et le surveiller. Mila devint magicien, il ne l'avait sans doute pas vraiment désiré. Le malheur fait souvent les femmes abusives. Au jour de la vengeance, quand Mila fit crouler la maison sur la famille de son oncle, Kargyen ne put cacher sa joie, et ce devait être quelque chose de terrifiant que de voir cette femme misérable courir autour des ruines en proclamant sa joie. Le pays, qui ne l'avait pas prise en pitié dans sa plus grande misère, alors du reste qu'elle ne demandait rien et avait préféré le servage à la mendicité, le pays murmurait. Certains l'approuvaient en partie, d'autres lui donnaient tort, non pas à cause de sa vengeance, mais de la joie qu'elle en montrait. « Elle parle trop », disaient ces hypocrites. Le ton monta. Bientôt, on voulut tuer Kargyen, lui arracher le cœur comme on arrache au serpent sa poche à venin. Mais la prudence exigeait de ne pas tuer la mère avant d'avoir tué le fils. Le calme revint. Le mauvais oncle dut rendre une parcelle de terrain, bien suffisante pour des femmes. Mila, honteux de ses talents de magicien, était allé chercher l'enseignement de Marpa. Les années passèrent. Quand Mila revint dans son village, il ne trouva qu'une ruine à la place de la belle maison de ses parents. Les gens, sans le reconnaître après tant d'années, lui dirent que la maison avait été abandonnée par ses habitants morts ou disparus, et qu'elle était hantée. Quand il fut seul, il entra dans ce qui avait été la salle de la maison. Le foyer s'était écroulé. A côté, il trouva les ossements de sa mère, couverts de terre qu'avait soulevée le vent et d'herbes folles. Dans quel abandon était-elle morte? Triste sort que celui des femmes seules. Mila réunit les ossements, blanchis et fragiles, dérisoires reliques de la femme forte qu'avait été sa mère, et fit faire un stûpa pour les contenir.

La présence d'un mari, si médiocre qu'il fût, était donc préférable à la solitude. Quelle qu'ait été son issue, heureuse ou malheureuse, le mariage était un préalable d'ordre, l'échelon de base de l'organisation sociale. Mais il y avait des femmes qui restaient à l'écart de cet ordre. Qu'on se souvienne du cri de la servante de Nangsa : un mariage, même le plus humble, était hors de sa portée. A certains domaines laïques ou religieux du Tibet central était attachés, depuis leur concession initiale, des travailleurs dont le sort dépendait étroitement du bon vouloir du tenancier, noble seigneur ou intendant d'un monastère. Si le maître était bon, les choses n'étaient point trop graves, mais il en allait tout autrement s'il était mauvais ou même négligent. A dire vrai, on ne sait pas grand-chose du sort de ces humbles parmi les humbles, entre les accusations des uns et les dénégations des autres. Ils étaient attachés à la terre, il leur était impossible de la quitter, sauf si le seigneur en décidait autrement, ils ne pouvaient contracter alliance sans l'autorisation du maître... Ils furent le réservoir des serviteurs des monastères et des maisons nobles. Des garçons parvinrent parfois, à force d'industrie, et souvent par la voie monastique, à faire une carrière. Mais les filles... Si le seigneur ne les laissait pas s'établir, elles ne pouvaient qu'être servantes à tout jamais, portant l'enfant de l'un ou de l'autre et promises, dans la maison ou aux champs, à un labeur qui ne cesserait qu'avec elles. On ne peut ignorer les rudesses du Tibet ancien, et ces ombres soulignent que les femmes vacantes ou errantes, célibataires, nonnes, veuves, divorcées, mendiantes, prostituées, étaient un danger, comme est un danger le bétail qui divague. Dans un pays d'économie fragile, on ne prend pas à la légère le risque de voir la récolte piétinée par un troupeau errant.

Si la femme seule, tentatrice et menacée, est marquée par la méfiance, l'assimilation est cependant rarement faite entre elle et la prostituée. Ce n'est sans doute pas par bonté d'âme mais peut-être parce que la prostituée n'est pas l'objet d'une aussi nette réprobation qu'en Occident.

Assez curieusement, la tradition bouddhique lui donnait un rang assez élevé parmi les femmes : elle était considérée comme indépendante de la moindre autorité masculine et comme de la plus grande générosité, puisqu'elle se donnait à tous. Elle ne pouvait évoquer la vie familiale, cet obstacle à la vie monastique, même si la sexualité qu'elle servait était également un obstacle, mais finalement moindre. De fait, quelques prostituées apparaissent dans les textes canoniques, parfois en parallèle avec des nonnes, les unes comme les autres sont à l'extérieur du cercle féminin traditionnel, celui de la famille. Beaucoup plus tard, Drukpa Kunle les rapprochait aussi des nonnes, ne serait-ce que pour mieux moquer ces dernières. Mais certains religieux se montraient presque latins dans leur réprobation quand, pour stigmatiser l'horreur dans laquelle on doit tenir le tabac, ils disaient que c'était une plante née du sang menstruel d'une prostituée.

Des voyageurs ont prétendu qu'au Tibet les prostituées se trouvaient en foule sur toutes les routes (ce qui constituait une surévaluation manifeste du taux de fréquentation des routes tibétaines); d'autres observateurs ont écarté le problème en déclarant, peut-être un peu rapidement, que les Tibétaines étaient assez libres et la société assez permissive pour que la prostitution ait été sans objet. Le sujet reste en fait mal connu car, jusqu'à présent, la recherche s'est plus intéressée aux mystiques tibétaines qu'aux prostituées. Celles-ci semblent avoir été, bien plus que des femmes indépendantes, des femmes vacantes aux termes du constat qui fait de la situation de femme seule la plus incommode du Tibet. On dit qu'il y avait à Leh, capitale du Ladakh et important centre commercial, de nombreuses prostituées. Il s'agissait de femmes qui avaient contracté « mariage » avec des marchands musulmans venus de Yarkand et bientôt repartis, les laissant converties à l'islam mais dépourvues de ressources. Cela ne résout pas pour autant la question de leurs clients éventuels, car au Tibet comme ailleurs, la prostitution est une affaire d'hommes tout autant que de femmes. En tout cas, la communauté musulmane de Lhasa, stable et bien organisée, ne paraît pas avoir créé ce genre de situation. Au Tibet central, à Gyantse, le Pr Tucci nota une chanson de prostituée :

Si ton cheval n'est pas blessé au dos,
Laisse-moi monter sur son dos.
Si personne ne risque de te blâmer,
Conduis-moi à ta retraite solitaire.
Je dois grimper au rocher,
Montre-moi vite le chemin du rocher.
Je vais t'offrir mon âme,
Alors protège-moi de ton amour.

Et Lhasa même, la ville sainte, ne manquait pas de ressources en partenaires extra-conjugales et rémunérées. Si le procès dont il a été question plus haut, et qui opposa voici quelque cinquante ans une belle-mère forte en gueule à son beau-fils mécontent, eut un tel succès de scandale, ce fut que la diffamation concernait le régent, très haut dignitaire religieux, accusé d'être en ménage avec une prostituée. De cette dernière, on ne sait qu'un nom, Nying Asong, qui n'accuse pas plus le régent qu'il ne l'innocente. Et lorsque, au début du XVIIIe siècle, le jeune VIe dalaï-lama, aimable poète et réfractaire notoire à la vie religieuse, quittait discrètement le Potala, ce n'était certainement pas pour aller discuter de théologie. Et il y avait en ville, jusqu'à une date récente, de ces officines accueillantes où l'on buvait du chang, et où l'on rencontrait d'aimables personnes, faciles et vraisemblablement vénales. Dans ces « maisons de chang » naissaient les multiples chansons, politiques, satiriques et parfois licencieuses, caractéristiques de la vie de Lhasa.

Les femmes aux affaires

Les dames du Tibet semblent avoir été surtout mères et maîtresses de maison. Elles eurent en fait bien d'autres activités, du commerce à la médecine, qu'elles exerçaient toutefois avec une discrétion de bon ton, pour ne pas nuire au principe patriarcal de l'organisation familiale et sociale. Une femme devait tenir sa place, c'est-à-dire respecter et honorer beaucoup, travailler davantage encore, et se taire. Muette, les yeux baissés par une perpétuelle déférence, travailleuse inlassable, mère prolifique (de fils essentiellement) et belle de préférence, telle était la femme conforme aux traditions, et telles étaient rarement tout à fait les Tibétaines, grâces leur soient rendues!

Dans le domaine purement intellectuel, elles ne semblent avoir atteint qu'exceptionnellement à la notoriété. Apparemment, elles n'étaient pas assez recluses pour être beaucoup tentées par l'expression littéraire, et pourtant il s'est trouvé des poétesses parmi elles, plus nombreuses qu'on ne le penserait, même si leur célébrité n'a pas dépassé le cercle local ou régional. Les artistes, les dames polyglottes, semblent avoir été rares. On nous dit bien qu'à la suite d'une initiation religieuse la dame Agö, épouse et mère de religieux importants du XIIIe siècle, se mit à danser et à parler en sanskrit, mais cela semble quand même un peu trop beau pour être tout à fait vrai. D'une façon générale, les dames se contentèrent de participer par leurs dons à l'élaboration des grandes œuvres.

Il arrivait cependant que les capacités de gestion de ces dames s'étendissent au-delà de leur maison, voire du domaine familial. Une fille hérita, au XIVe siècle, de la principauté de Nel, mais il n'est pas dit qu'elle l'administra elle-même : elle tenait sans doute de son père un bataillon de fonctionnaires et ne tarda pas à épouser un haut dignitaire qui la remplaça vraisemblablement dans les tâches administratives qu'elle aurait pu avoir. L'Est du pays, en digne héritier des traditions des Royaumes des Femmes, semble avoir offert assez régulièrement à des femmes des postes de gouvernement. Ces dames pensaient sans doute que le mystère garantit le pouvoir, car on sait fort peu de chose d'elles, comme on sait du reste en général peu de chose de leurs principautés.

Cependant, le destin dramatique d'une reine de Derge montre que les difficultés s'accumulaient autour des femmes politiques, pour peu que la religion ou plutôt que les religieux y aient été mêlés. Au XVIIIe siècle, la principauté de Derge, au Kham, était un centre économique et religieux important. L'influence religieuse des Sakyapa y était prédominante, tant à la cour du roi qu'auprès des seigneurs de la région. Un célèbre maître de l'école non réformée des Nyingmapa, Jigme Lingpa (1730-1798), vint du Tibet central s'installer à Derge avec son disciple Dowa Drubchen. La jeune reine, Tsewang Lhamo, les rencontra et leur donna un rôle important à sa cour, ce dont les dignitaires sakyapa furent extrêmement mécontents. Le roi mourut. Il n'avait que vingt-deux ans et les deux enfants du couple, un garçon et une fille, étaient encore au berceau. La jeune reine devint donc régente et son règne, pour bref qu'il ait été (1790-1798) fut une période faste pour les Nyingmapa. Elle fit graver les planches d'impression des vingt-neuf volumes de textes canoniques propres à cette école, et que les autres écoles du bouddhisme tibétain ne reconnaissent en général pas, celles des œuvres de Jigme Lingpa, d'autres encore. Derge avait beau être un centre important d'édition et d'impression (on y « produisait » notamment une édition complète du canon tibétain, *Kanjur* et *Tanjur*, si volumineux qu'il fallait une caravane complète de yaks pour livrer la collection à ceux qui en avaient fait la ruineuse commande), c'était là un effort supplémentaire considérable. Attisées par les Sakyapa jaloux, les rumeurs ne tardèrent pas à courir. On accusa le plus jeune des deux maîtres, Dowa Drubchen, d'être l'amant de la reine, bien qu'il ait eu un bon quart de siècle de plus qu'elle. La révolte grondait. Il faut dire que la régente n'était pas très habile et qu'elle avait affaire à forte partie avec les Sakyapa offensés. Pendant tout le XVIIIe siècle, les Nyingmapa avaient été maltraités au Tibet central, d'abord par les Mongols dzungars lors de leur invasion, puis, plus sournoisement, par le gouvernement. Et voici qu'ils réapparaissaient, avec de nouveaux maîtres, avec leur canon et en une région où ils n'étaient jusque-là pas dominants. La révolte éclata en 1798 et vit la défaite des Nyingmapa. La reine fut emprisonnée, de même que son amant prétendu. Plus tard, ils furent condamnés à l'exil. Le petit prince, âgé de douze ans, fut mis sur le trône par les Sakyapa. Les reines de Derge continuèrent par la suite à attirer un sort contraire. Ainsi, en 1863, le prince de Nyarong envahit Derge, saccagea le pays pendant deux ans, et s'empara de la reine, veuve, et de son fils...

Au Tibet central, il est exceptionnel qu'on rencontre une femme sur le devant de la scène politique. Certaines d'entre elles eurent néanmoins manifestement une influence considérable.

A la fin du XVe siècle, le pouvoir des Phagmodrupa s'essoufflait au Tibet central. Les Sakyapa avaient tenu le Tibet uni sous leur administration pendant à peine un siècle. Les Phagmogrupa, autre école religieuse, en leur enlevant le pouvoir, au XIVe siècle, n'avaient pas maintenu longtemps la fiction de l'unité. Les seigneurs qui dépendaient d'eux tiraient à hue et à dia, se querellaient et se battaient. Bref, le pays était entré à nouveau dans une phase de turbulences. Une femme abrégea sans doute l'agonie des Phagmodrupa.

En 1457, à la mort de son père, Kungale avait pris ses fonctions de chef politique des Phagmodrupa. A vingt-cinq ans, il avait déjà exercé de considérables responsabilités, et son « règne » s'annonçait favorablement. Cependant, il avait épousé Chöpel Zangmo, une princesse de Rinpung, maison vassale dont le pouvoir et les appétits ne cessaient de croître. Le ménage ne s'entendait pas, malgré la naissance d'un fils. Une de leurs querelles, particulièrement violente, tourna au désastre, car la jeune femme en appela à son frère de Rinpung et les seigneurs vassaux prirent parti, qui pour l'un, qui pour l'autre des deux époux. A cette époque-là, le Tibet ressemblait assez à ce qu'il avait été, peut-être, aux débuts de la monarchie : une mosaïque de seigneuries plus ou moins unies sous l'autorité d'un prince. Lorsque les Phagmogrupa étaient venus au pouvoir, ils avaient restauré des forts anciens et en avaient construit d'autres. Ces forts, les dzong, étaient le siège des gouvernements locaux, et petit à petit, la charge en était devenue héréditaire. Les seigneurs de Rinpung avaient ainsi acquis une puissance qui leur permettait de rivaliser avec les Phagmogrupa dont chaque querelle, chaque combat amenuisaient le pouvoir réel.

En 1467, bien que encore fort jeune, le fils de Kungale et de Chöpel Zangmo fut nommé au siège monastique de Tsethang. Sans doute voulait-on séparer le futur hiérarque de sa tumultueuse mère. Mais Tsethang n'est éloigné de Ne'udong, la capitale politique des Phagmogrupa, que de trois ou quatre kilomètres. Pour compliquer les choses, la mère et le fils s'entendirent contre Kungale : les troubles recommencèrent. Ne'udong fut saccagée par les gens de Tsethang. La mort du jeune prince, puis celle de Chöpel Zangmo, ne calmèrent nullement le jeu, car les seigneurs de Rinpung continuèrent à grignoter le domaine des Phagmogrupa. Kungale mourut en 1483, mais les princes de Rinpung, parents de son épouse défunte, s'étaient emparés depuis deux ans de la réalité du pouvoir.

Conseillères discrètes et avisées, contestatrices plus ou moins inspirées, régentes ou souveraines, les dames politiques du Tibet classique ont rarement occupé le trône, mais elles ont été presque constamment sur les marches du trône. Les chroniques, rédigées par des hommes, ne nous apprennent que peu de chose sur elles. Si ces messieurs avaient été moins laconiques, peut-être aurions-nous maintenant les noms de quelques guerrières et de quelques héroïnes, qui semblent faire défaut. Il est possible que l'histoire tibétaine ne compte pas de Jeanne d'Arc, mais on ne peut imaginer que les interminables luttes entre principautés n'aient pas vu des femmes courageuses, auxquelles les circonstances imposaient d'organiser la défense d'un domaine ou d'un dzong momentanément privé de son viril défenseur. Sans doute firent-elles ce qu'elles devaient faire et n'en fut-il plus question la paix revenue. Jusqu'à présent, seul le héros Gesar est passé en épopée : les femmes qui se sont battues et sont mortes pour la défense du Tibet depuis 1950 sont mal connues ou considérées par l'occupant comme les suppôts de l'ancienne tyrannie.

Si l'on cherche vraiment une guerrière, doublée d'une politique, on en trouve bien une dans l'histoire tibétaine. Mais, épouse d'un prince des Mongols qoshots, elle n'était pas vraiment tibétaine. Au début du XVIIIe siècle, l'étoile de Sangye Gyatso, qui avait été le régent du Ve dalaï-lama et avait caché sa mort pendant plusieurs années, commençait à se ternir. Au siècle précédent, les Mongols qoshots avaient soutenu le dalaï-lama lors de sa prise du pouvoir temporel au Tibet. Les princes qoshots avaient conservé de ces temps de lutte un titre de gouverneur du pays, dont ils n'exerçaient plus les charges. Vers 1703, le prince Lhazang décida de reprendre ce rôle, d'autant plus que le nouveau dalaï-lama, le sixième, s'intéressait fort peu aux affaires de l'Etat. Sangye Gyatso et Lhazang en vinrent bientôt aux armes. Les troupes de Lhazang vinrent par le nord s'abattre sur Lhasa. Elles étaient divisées en trois ailes, et celle de droite était conduite par la propre femme du prince, Tsering Tashi. L'ancien régent fut vaincu et se retira au sud de Lhasa. Il est difficile de savoir pourquoi Tsering Tashi détestait si férocement le régent. On dit qu'il avait tenté de faire empoisonner son mari, ce qui n'était pas une raison d'affection. Pieuse bouddhiste, elle était disciple du fondateur de Labrang au Tibet oriental, et celui-ci, quoique de la même école, celle des Gelukpa, était un ennemi juré de Sangye Gyatso. Femme de décision, et de décision rapide et énergique, elle fit enlever et ramener le régent non loin de Lhasa. Là, malgré les supplications des moines de Drepung, elle le fit mettre à mort. C'était à l'automne de 1705.

Quand le pouvoir de Lhazang fut bien établi à Lhasa, au prix de quelques meurtres supplémentaires, elle se rendit auprès du Panchen-lama, qui résidait alors dans la capitale, et lui offrit de beaux présents, pour marquer les intentions pacifiques de son mari. Le Panchen-lama ne manqua sûrement pas d'apprécier l'envoi d'une aussi paisible ambassadrice. Mais la dame ne profita guère de ses victoires, elle mourut en 1708. Elle ne put connaître la mort de Lhazang, tué dix ans après lors de l'invasion des Mongols dzungars, et le sort tragique de ses enfants. L'aîné, marié à une princesse dzungare dont il était follement épris, laissa son père se faire massacrer. Mais les Dzungars, à qui il n'était plus utile, l'accusèrent de sorcellerie et l'écrasèrent entre deux chaudrons portés au rouge. L'autre fils fut emmené en captivité avec sa femme qui seule parvint à s'échapper. Les filles aussi furent conduites en captivité. L'une d'elles, donnée au fils cadet du souverain dzungar, s'enfuit avec le fils aîné et devint son épouse, donnant enfin un tour plus plaisant à cette sinistre histoire. Pour beaucoup de Tibétains, le sort tragique de Lhazang et de sa famille fut le fruit de la mise à mort du régent, par ordre de l'impitoyable Tsering Tashi.

La mort

Si, durant leur vie commune, les Tibétaines avaient souvent marché dans l'ombre de leur mari, les époux retrouvaient l'égalité dans la mort, et leurs funérailles n'étaient pas différentes. S'il y avait cent façons de se marier au Tibet, il y avait aussi une grande diversité de traditions funéraires. Certes, les inhumations, règle apparente de l'époque monarchique, avaient à peu près disparu, et la mort, dans le Tibet bouddhiste, sinon pour quelques hiérarques religieux, n'était plus entourée des fastes ni des rituels d'antan. La coutume la plus répandue était celle des « funérailles célestes », où le corps, conduit dans un lieu écarté, était livré aux oiseaux. Les ossements, pulvérisés ou brûlés, étaient ensuite dispersés. La crémation était, dans les hautes terres, réservée en principe aux grands maîtres religieux, mais elle était pratiquée plus couramment dans d'autres régions. Ailleurs encore, on confiait les dépouilles à la rivière. L'embaumement n'était pratiqué, semble-t-il, que pour les plus grands personnages de la hiérarchie religieuse, donc pas pour des femmes. Et ceux qui, au terme d'une vie toute dévouée au bien, en avaient fini des renaissances, ne laissaient pas de corps sur la terre; leur apparence se diluait dans un arc-en-ciel. Il est très réconfortant que cette mention-là apparaisse souvent, au hasard des lectures, à la suite d'un nom de femme, signifiant, on le reverra, que des Tibétaines ont su s'affranchir du cycle des renaissances, sans pour autant se réincarner en hommes, c'est-à-dire en l'espace d'une vie de femme.

Au crépuscule de leur vie, on peut se demander si, parmi les nombreuses qualités des Tibétaines, évidentes ou plus discrètes, il en était une qui primait toutes les autres. Une réponse paraît s'imposer : la bonté. Qu'elle soit la lecture féminine de la compassion universelle recommandée par le bouddhisme, qu'elle soit une réaction innée de ces femmes soumises à une si rude existence, qu'elle s'exprime dans le calme et la bienveillance ou dans les éclaircies de ces caractères plus portés aux giboulées (un trait typique du climat tibétain) qu'au beau fixe, la bonté est sans doute la vertu à laquelle on est tenté de demander une image des Tibétaines, au-delà de leur vie. Cela ne signifie pas, bien entendu, que statistiquement, il n'y ait pas parmi elles autant de poisons, de souillons, de pestes, de pleureuses, de menteuses, d'hypocrites, de coquettes, de marâtres, de gourgandines, de maquerelles et de mauvaises cuisinières que partout ailleurs dans le monde.

Mais il se trouve que le Tibet, sans doute parce que le besoin lui en est apparu plus impérativement que tout autre, a donné au monde une saisissante et paradoxale figure de bonté, et de bonté féminine, celle de Dakmema, la femme du maître Marpa (1012-1097).

Mme Marpa

Qui ne connaît Mme Marpa ? Grâce à la traduction, la biographie du saint poète Mila Repa a fait le tour du monde, et le chapitre le plus connu de ce texte est sans nul doute celui qui décrit la conversion et la mise à l'épreuve du jeune homme, c'est-à-dire celui de sa rencontre avec le maître Marpa et avec sa femme. Chère Mme Marpa, à côté des stéréotypes alambiqués ou sirupeux que sont parfois les portraits des saints hommes du Tibet, le sien est une bouffée d'air frais, un peu piquant, un peu acide, ce qu'est l'air des montagnes, et ce que fut sans doute cette montagnarde. Bien que l'histoire du Tibet soit désormais mieux connue, elle demeure sans doute la plus célèbre des Tibétaines. Il est vrai qu'à maints égards, elle en est l'archétype : mère aimante, hôtesse attentive, travailleuse sans faiblesse et querelleuse de haut vol. Ajoutons à cela un bon sens nuancé d'humour, sans lequel les Tibétaines seraient invariablement des saintes ou des démones, et l'on obtient l'image d'une femme énergique, avisée, capable de composer et de négocier, que ce soit en politique ou dans le commerce. Et comme de surcroît ces dames sont souvent fort belles, on comprend que ces messieurs aient parfois cherché à les mettre sous le boisseau, par crainte peut-être de manquer d'éclat à leurs côtés ou même d'avoir à leur céder le pas. Chère Mme Marpa, dont chaque geste était un hymne à la vie et qui reçut d'elle bien des désillusions, mais qui reste si vivante après tant de siècles. Femme modèle, Mme Marpa? Sûrement pas, si l'on en croit son mari, mais femme, tout simplement.

Marpa l'épousa, on l'a vu, au retour de son premier voyage en Inde. Il avait quarante-deux ans, et l'on peut penser sans grand risque qu'elle était beaucoup plus jeune que lui. On voudrait savoir ce qui guida le choix de ce maître déjà célèbre et s'il s'agit d'un traditionnel mariage arrangé. Dès les noces, les parents de Dakmema prirent leurs dispositions pour assurer la subsistance de leur fille en cas de divorce, tant le caractère du marié leur paraissait difficile. Le mariage de Marpa semble donc s'être arrangé plutôt qu'avoir été arrangé.

Femme d'un maître aussi renommé, Dakmema fut une maîtresse de maison importante et avisée, car il fallait l'être pour gérer seule les biens et les domaines de Marpa pendant les voyages qu'il fit encore en Inde. D'autant qu'il n'était pas un homme facile. Les chroniques rappellent que, si grandes qu'aient été ses réalisations dans le domaine religieux, aux yeux du profane il se souciait d'abord de sa famille, s'occupait de cultiver sa terre, d'élever toutes sortes de constructions et se querellait d'abondance avec ses voisins. La situation de sa femme devait être souvent inconfortable.

Le couple, installé au Lhodrak, province méridionale où Marpa était né, avait une grande maison et des champs que le maître ne dédaignait pas de cultiver, au moins pour impressionner ses futurs disciples, comme ce fut le cas pour Mila Repa. Cela lui attirait d'ailleurs les vaines protestations de sa femme : elle trouvait que ce n'était pas là une occupation digne d'un maître de son rang. De ses disciples, grands et petits, il recevait des cadeaux en abondance, comme prix de ses enseignements ou comme simple hommage. Un certain Marpa Gole lui donna un jour des vêtements et un cheval. Ailleurs, il est dit que cet homme, qui vivait à proximité d'une mine d'or, lui donna une grande quantité du précieux métal. Le maître Nok, qui était aussi son disciple, lui fit hommage de soixante-dix yaks femelles, d'une tente, d'un chien et d'une baratte (et le plus beau est que ce genre de détails soit scrupuleusement conservé dans les chroniques les plus austères), puis plus tard de tout son or, de ses turquoises, de ses soieries et de tous les ustensiles de sa maison. Ce dernier trait de révérente générosité dut mettre Mme Nok de fort mauvaise humeur, mais l'histoire, respectueuse des desseins des maîtres, ne nous le dit pas. La noblesse du pays avait donné à Marpa toutes les terres qu'il avait voulues, et il n'hésitait pas à les faire travailler par ses disciples, le pauvre Mila en sut quelque chose. Le maître possédait aussi des pâtures et des troupeaux. Aussi, même s'il mettait parfois la main à la pâte, Dakmema avait fort à faire pour engranger, ranger, comptabiliser et surveiller les produits du domaine et les dons des dévots. C'est donc une image peu conventionnelle, par rapport à la vision que l'Occident a souvent des maîtres tibétains, que les textes donnent du grand Marpa. C'est incontestablement une peinture fidèle de ce qu'était la vie dans les régions agricoles du Tibet au XIe siècle et en particulier, quelque surprise que l'on puisse en avoir, de la vie des maîtres religieux du temps. Les immenses monastères fortement structurés, typiques de la période classique dans sa dernière phase, n'existaient pas encore, s'il y avait déjà de très nombreux établissements de petite taille; les diverses écoles du bouddhisme tibétain commençaient seulement à se distinguer les unes des autres, ainsi qu'en témoigne l'action de Marpa, qui fut à l'origine de l'école kagyüpa.

Dakmema vécut donc en une période d'inflexion particulièrement intéressante de l'histoire tibétaine. A cette époque, le pouvoir, divisé entre les seigneurs locaux dont on sait à dire vrai fort peu de chose, commença à glisser vers des seigneuries plus importantes, mais ecclésiastiques, qui, par dons ou par conquêtes, se développèrent au point d'atteindre l'importance de principautés, comme Sakya, parfois en s'appuyant sur un réseau de maisons réparties sur tout le territoire, comme ce fut le cas de Drigung, et tentées dès lors par une forme plus centralisée de pouvoir temporel, voire par l'hégémonie sur le pays tout entier. A l'époque de Marpa, on n'en était pas encore là. C'est peut-être pour cela que Dakmema, « classique » à bien des points de vue, semble avoir tenu un rôle et joui d'une liberté plus rares chez les dames de périodes plus tardives, où l'organisation sociale était marquée par d'autres influences et, on ne peut le nier, par le poids de la hiérarchie religieuse. Epouse d'un grand maître, mais aussi d'un homme fort riche, d'un gros propriétaire, elle devait faire face à deux types de tâches bien différents et vivait donc, non sans orages, une sorte de polyandrie entre l'homme de la terre et l'homme de la Doctrine. Ce n'était pas pour effrayer cette femme forte, qui secondait Marpa dans toutes ses tâches quotidiennes, matérielles certes, mais aussi spirituelles, car elle accueillait les disciples, leur dispensait certains enseignements et défendait la tranquillité du maître... quand elle ne la troublait pas délibérément. Elle était sa compagne au plein sens du terme puisqu'elle participait aussi aux rituels tantriques et donc à son ascèse.

Dakmema ne pouvait pas ignorer certaines intrigues très politiques de son époux. En effet, les seigneurs du Lhodrak avaient doté Marpa d'un beau domaine, mais l'on ne sait rien de plus de cette acquisition. Ce que l'on sait, c'est que vers 1078, quand Mila vint solliciter son enseignement, Marpa lui ordonna de construire pour son fils Darma Dode une forteresse qu'il lui fit détruire et recommencer trois fois, en trois endroits différents, avant de lui laisser bâtir la quatrième. Selon la tradition, cette rude épreuve était destinée à purifier le jeune homme de ses fautes antérieures. Mais c'est le mérite du tibétologue américain T. V. Wylie d'avoir montré que la tyrannie assez cruelle de Marpa avait aussi, et peut-être surtout, un motif politique. La quatrième forteresse, la tour de Se, qui subsiste de nos jours, fut édifiée en un point de passage important pour les communications au Lhodrak. Tenir ce point signifiait tenir l'ensemble des hautes vallées. Et Marpa abusa les seigneurs des hautes vallées, sans doute ceux qui lui avaient donné son domaine, en faisant construire à demi, puis détruire, trois ouvrages défensifs en trois points voisins, mais qui n'avaient nullement cette importance cruciale. Les seigneurs durent penser, à la troisième tour, que le maître était devenu complètement fou, et ne réalisèrent leur erreur que trop tard, alors que la quatrième tour était achevée. Ils étaient muselés et n'eurent qu'à s'incliner. Ce fut somme toute une conquête sans combat, qui fit de Dakmema l'épouse d'un puissant seigneur, dont tout le pays avait dû reconnaître la prééminence.

En fut-elle plus fière pour autant ? Certes non. Elle continua à mener sa maison, tambour battant, à faire la cuisine, ne laissant à personne le soin et l'honneur de porter au maître son repas matinal. Lorsque Marpa décida de se rendre en Inde une troisième et ultime fois, elle se joignit aux disciples, qui s'inquiétaient de son grand âge, pour le supplier de n'en rien faire. Bien entendu, il ne l'écouta pas. Mais pourquoi faut-il qu'on se souvienne surtout des querelles, il est vrai nombreuses, entre ces époux épiques, et de leurs tumultueuses scènes de ménage, fidèlement, mais peu discrètement rapportées dans la biographie de Mila Repa ? D'autant que ces scènes, dans le récit qui en a été fait, sentent un peu le convenu, non pas qu'elles ne débordent pas, parfois, et jusqu'à l'aigreur, mais parce qu'elles donnent le sentiment confus d'un accord des époux, d'un développement habituel, nous dirions aujourd'hui d'une organisation et d'une utilisation à des fins pédagogiques. Certes le maître avait mauvais caractère, certes Dakmema n'était pas femme à plier en silence, mais c'est un fait que ces disputes, qui mettaient immanquablement en évidence l'autorité du maître, sinon sa finesse ou sa bonne foi, avaient pratiquement toujours une explication, sinon une justification morale ou doctrinale pour leur témoin. Les scènes entre les époux équilibraient alors, en quelque sorte, leur entente dans le quotidien et leur collaboration spirituelle.

Toute l'histoire de Mila passe entre ces deux pôles, comme l'initiation passe de l'horreur au sublime. Le paradoxe serait intenable si la conclusion de chaque scène ne tranchait toujours en faveur de Marpa, même lorsque, manifestement, il était dans son tort. Il fallait bien marquer, fût-ce au prix d'une indécise victoire sur sa femme, qu'il était le maître, le maître des disciples, dont Dakmema comme Mila faisaient partie. Lorsque la biographie de Mila fut écrite, au XVe siècle, les monastères kagyüpa étaient organisés de façon moins familière que ne l'avait été la maison de Marpa, l'école plus rigoriste des Gelukpa était apparue. Les méthodes d'enseignement du vieux maître n'étaient pas faites pour la large diffusion, car elles étaient bien souvent un sujet de perplexité plutôt que d'édification. Le récit, tel qu'il est fait dans la biographie de Mila, correspond mieux aux nécessités de ces temps adoucis.

L'affaire commença par un double songe. La même nuit, Marpa et sa femme eurent une vision prémonitoire de l'arrivée de Mila. Dakmema en parla à son mari, lorsqu'elle lui porta son premier repas. L'heure était paisible, les époux accordés. Dakmema ne comprenait pas le sens de son rêve, mais Marpa, lui, le connaissait et agit en conséquence. Il annonça qu'il allait labourer près de la route et, immédiatement, la sérénité du matin fut troublée par les récriminations d'une Dakmema soucieuse du qu'en dira-t-on. Marpa quitta la maison, emportant un pot de chang, pour lui et son hôte à venir. Même très elliptiquement, la dame des lieux était donc prévenue, puisqu'elle avait dû préparer double ration de chang, qu'un visiteur était attendu. Sur cette base, Dakmema était assez grande fille pour expliquer le reste de son rêve. Mais, dans la biographie de Mila, il était nécessaire de bien marquer dès ce prologue la hiérarchie des personnages. Il s'agit de la formation de Mila par Marpa; l'épouse ne pouvait être qu'un personnage secondaire, sans doute parce qu'elle était femme, mais surtout parce qu'elle était elle-même disciple du maître. D'ailleurs, les premiers temps, le jeune Mila, accueilli par un grand, gros et puissant moine barbu aux yeux étincelants, qui ne se fit pas immédiatement reconnaître pour le maître afin de mieux le déconcerter, ne vit dans la femme que la dispensatrice de bons repas réguliers.

Bien vite cependant, dès les premières épreuves, pénitences plus ou moins nettes infligées au jeune homme par son terrible maître, Mme Marpa ajouta à ses vertus culinaires des trésors de consolations. A chaque rebuffade du maître, elle réconfortait le jeune homme et intervenait en sa faveur.

Quand il s'agit enfin de bâtir la quatrième et dernière des tours, Mila, méfiant à juste titre, demanda que Dakmema portât témoignage des ordres et des promesses de Marpa, d'autant que ces ordres concernaient un terrain où il était défendu de bâtir et où les seigneurs locaux s'étaient entendus pour ne pas bâtir. Il n'est pas impossible que Mila ait voulu se protéger de ce côté-là. Mais, quel que soit le caractère symbolique de l'histoire, l'attitude du jeune homme, pour justifiée qu'elle nous paraisse, n'en était pas moins fort éloignée de l'obéissance aveugle due par un disciple et montre qu'il avait encore beaucoup de chemin à faire. A ce propos, il faut souligner que le franc-parler de Dakmema n'est jamais l'expression d'un dessein contraire à celui du maître. Son rôle est de clarifier la situation, parfois assez crûment, mais toujours de façon à ramener le disciple vers Marpa, même par des voies détournées. Dans l'affaire de la tour, elle accepta de porter témoignage des propos de Marpa, tout en précisant que ce dernier, avec son vilain caractère, n'en tiendrait aucun compte. Elle aurait pu dire que seule la décision du maître était souveraine, elle ne le dit pas, ce n'était pas sa manière, ce n'était pas ce que Marpa attendait d'elle. En outre, elle souligna que le terrain était défendu par une entente jurée des seigneurs des hautes vallées, et qu'ils prendraient sûrement mal la chose. Si Mila ne l'était déjà, il était désormais prévenu. Au disciple inspiré de choisir la rude voie qui lui était proposée, ou d'aller chercher ailleurs. Marpa, qui devait rire sous cape et qui ne semblait pas se fâcher le moins du monde des propos désobligeants que sa femme tenait sur son triste caractère et sa déraison, la renvoya à sa cuisine, avec la ferme recommandation de chasser le doute de son esprit : disciple privilégiée, mais disciple quand même. Mila entendit le message : les disciples, Dakmema comme lui-même, doivent pleine et entière confiance au Maître. Aussi commença-t-il à construire la tour. Quand il l'eut bien avancée, il se crut autorisé à aller recevoir, lui aussi, un enseignement que Marpa donnait alors à d'autres disciples. Le maître le mit brutalement dehors et Dakmema, une fois de plus, le consola. C'étaient à dire vrai d'étranges consolations, et le lecteur non averti pourrait penser que la dame disait tout simplement beaucoup de mal de son mari : *« Si un chien venait devant lui, il lui enseignerait la Doctrine... »* Mais il faut bien comprendre que c'était une façon de rappeler Mila à l'humilité, sans lui faire perdre tout espoir. De fait, le lendemain, le maître daigna à nouveau adresser la parole au pauvre garçon, pour lui ordonner de nouveaux travaux ! Et, tant qu'ils durèrent, Dakmema apportait à Mila de bons petits plats et du chang en quantité. Elle lui donna aussi des marchandises à remettre à son mari pour prix de son enseignement. Cela prouve qu'elle était vraiment maîtresse des biens de la maison, ou bien que Marpa et elle s'étaient entendus à ce sujet, car on ne peut croire un instant que Dakmema ait pensé pouvoir abuser son mari par ce stratagème. Bien sûr, Marpa reconnut les marchandises, piqua une colère et mit une fois de plus le garçon à la porte. Mila feignit alors de quitter la maison, cela ne lui valut qu'une volée de coups.

La dame, méritant alors son nom de maîtresse, lui donna des enseignements mineurs : c'étaient les premiers qu'il recevait depuis son arrivée. Il en fut si reconnaissant qu'il l'aida désormais dans ses plus humbles tâches, à griller le grain comme à traire les vaches. De même que le grand Marpa labourait ses champs entre deux enseignements, sa femme, mais à un moindre niveau, gérait la maison et enseignait aux disciples débutants.

Un jour que Marpa s'apprêtait à instruire un disciple important et riche, Dakmema suggéra à Mila de solliciter à nouveau le maître et lui remit, comme prix à offrir à ce dernier, une belle turquoise qu'elle possédait. Marpa eut tôt fait de savoir d'où venait la pierre. Il fit appeler sa femme, qui se présenta avec maints saluts, attitude de respect peu compatible avec la réputation de mégère qu'on lui a parfois faite. A apprendre que la pierre n'était pas à lui, qu'elle avait été donnée à sa femme lors de son mariage, par ses parents qui redoutaient un rapide divorce, l'expression du maître était devenue si impressionnante de fureur que nul dans l'assemblée n'osa intervenir. Marpa rappela à Dakmema, sobrement mais fortement, qu'il était le maître en tout et de tout, d'elle comme de la turquoise. On le trouvera sévère et rapace, il n'était que constant dans la ligne de son enseignement. Puis, pour ne pas perdre la main sans doute, il infligea une correction à Mila et le mit dehors. On imagine le désespoir du pauvre garçon, et son humiliation, car ces « leçons » étaient toujours publiques. Le soir, Dakmema en larmes vint à lui, négligeant de se rendre auprès du maître, ainsi que le faisaient les disciples. Elle lui conseilla de chercher un autre maître et lui promit de l'aider. De fait, le lendemain, Mila, tout à sa déception, quitta la maison sans même la saluer.

En chemin, l'ennui et la difficulté d'avoir à préparer son repas lui rappelèrent la bonne dame, son excellente cuisine et ses nombreux bienfaits. Pour un peu, on se demanderait si les petits plats de Dakmema ne faisaient pas partie de la méthode de Marpa. Mila revint sur ses pas. Pendant ce temps, Dakmema avait annoncé avec ménagements son départ à Marpa. Curieusement, si l'on ne savait que beaucoup de ses colères étaient feintes et destinées à éprouver ses disciples, il en montra du chagrin. Le désespoir, la simple tentation de désespoir effleurant le disciple est une douleur pour son maître. Cependant, quand Mila se présenta devant lui, il lui ordonna d'achever la tour, comme préalable à son enseignement, et Mila, trop souvent déçu, choisit alors de s'en aller chercher un autre maître.

Ce soir-là avait lieu un rituel pour lequel il fallait du chang. Dakmema en prépara en abondance. Elle en donna le premier tirage, le plus fort, au maître, le deuxième aux disciples, elle-même et Mila se contentant du troisième, fort léger. Plus de deux siècles après la rédaction de cette biographie, et près de six après les événements qu'elle rapporte, le père Desideri notait qu'on faisait trois tirages du chang, et que les femmes convenables ne buvaient que du troisième. En tout cas, Dakmema avait bien fait les choses car, à la fin de la cérémonie, les disciples étaient ivres et le maître ronflait comme un sourd. Alors elle prit les reliques de Nâropa, le maître indien de Marpa, et son chapelet de rubis. Elle écrivit au maître Nok une fausse lettre du maître, lui recommandant Mila, et remit au jeune homme la lettre avec les joyaux comme prix à payer pour l'enseignement de son nouveau maître.

Le temps passa. Marpa acheva la tour et organisa une fête pour la majorité de son fils. Il invita Nok et le pria d'amener Mila, qu'il savait bien où trouver, parce qu'il savait tout, ou parce que Dakmema le lui avait dit. Du reste, Mila avait avoué à Nok la supercherie. Quand le cortège arriva chez le vieux maître (c'était vraiment un cortège, car Nok, outre les joyaux de Nâropa, apportait d'innombrables cadeaux et tous ses troupeaux), Marpa, pour ne pas déroger, fit une colère et refusa d'aller accueillir son disciple. Ce fut Dakmema qui vint à leur rencontre. Elle ne fut guère surprise de voir Mila dans le cortège, car elle l'avait convié par lettre à revenir. Les cérémonies commencèrent assez bien. Puis, lors d'une grande assemblée, Marpa reprocha à Nok d'avoir donné des enseignements à Mila. Nok parla de la lettre de Marpa et de son présent de joyaux, comme s'il n'avait pas été prévenu par Mila lui-même de ce qu'il en était. Tout le monde, sauf Mila, aura compris que c'était encore une épreuve, et plus que vraisemblablement convenue. Mila se résolut à avouer, mais il dut aussi dénoncer Dakmema.

Marpa se leva, le bâton à la main, et se précipita vers sa femme. Ses intentions étaient manifestes et Dakmema s'enfuit, le maître sur les talons. Elle réussit à gagner le temple et s'y enferma. Marpa secoua la porte, y tambourina tant et plus, puis revint s'asseoir, silencieux, et se couvrit la tête de son manteau. Mila parlait de se tuer, les disciples achevaient le désordre en prétendant le calmer. Enfin, Marpa sortit de sa bouderie et appela sa femme, qui vint à lui sans plus craindre les coups. Le maître voulut bien pardonner, mais rendit à chacun son dû : la plus coupable était bien sûr Dakmema, femme et trop accessible à la pitié. Mais on sent bien que c'était là un reproche de pure forme.

Marpa et Dakmema avaient un fils, Darma Dode. C'est pour lui que Marpa voulut que Mila construisît une forteresse. C'est lors des cérémonies de sa majorité que Mila fut enfin admis comme disciple. Darma Dode était brillant, il apprenait vite, mais était peut-être moins intelligent que ses indulgents parents ne le pensaient. Marpa cependant lui avait enseigné le secret de la transmission du principe conscient d'un corps à un autre, secret qu'il tenait de son maître indien Nâropa : il ne l'avait enseigné qu'à son fils, et non à ses disciples les plus chers et les plus savants, preuve de l'estime qu'il avait pour cet adolescent et plus vraisemblablement preuve d'aveuglement paternel. Dakmema ne montrait pas moins d'attachement à ce fils. Quand Marpa rentra de son ultime voyage en Inde, il décida d'entrer en réclusion pour trois ans, avec son fils et ses principaux disciples. Mais il fallait bien vivre pendant ce temps et, bien entendu, Dakmema fut chargée de gérer le domaine, la maison et de veiller à la survie des reclus. Elle fut aidée dans cette tâche par deux disciples de son mari. Il n'y avait pas une année qu'avait commencé cette réclusion qu'un grand tumulte se fit dans la cour, brisant net le calme, à peine ponctué de bruits familiers, où la maison était plongée. C'était le frère de Dakmema, un grand escogriffe plutôt mal embouché, qui venait en visite. Au bourg voisin, on préparait la fête annuelle, et cet homme, qui avait mis de l'argent dans l'affaire et espérait en tirer profit, voulait que Marpa ou son fils vînt présider les réjouissances. En bonne hôtesse, Dakmema lui offrit à manger et à boire : elle aurait mieux fait de se couper les mains. Car elle eut beau lui dire et lui répéter qu'il n'était pas possible que Marpa ou son fils sortissent de réclusion et qu'elle enverrait l'un des disciples présider la fête, le visiteur insista avec d'autant plus d'énergie qu'il avait bien bu. Il y avait un moment déjà que le tapage avait tiré Darma Dode de sa méditation. Et voilà que ce grand garçon, qui avait reçu les plus hautes révélations, se mit en tête d'aller à la fête du village. Un peu gêné, il tenta de le faire en cachette et, bien entendu, en sortant de sa chambre, tomba nez à nez avec sa mère. Elle voulut le faire rentrer, il la bouscula, jetant par terre le plat qu'elle portait, et dévala l'escalier. Elle chercha à le retenir : avait-il seulement demandé l'autorisation de son père ? Le garçon répondit assez cyniquement que non, mais qu'il la demandait à sa mère, ce qui ne faisait pas grande différence. D'ailleurs, n'était-il pas déjà en route ? Dakmema tenta en vain de lui arracher quelques promesses, celles que réclament toujours les mères sans trop les espérer, et qu'on leur fait facilement sans intention de les tenir. Il promit donc pour avoir la paix et courut à la fête. Dakmema envoya Mila à sa suite. Mais l'angoisse et de sombres pressentiments la tenaient. A la fête, bien sûr, Darma Dode fit tout ce qu'il avait promis de ne pas faire. Et son grand pendard d'oncle lui proposa d'achever la journée par une course à cheval. Le garçon hésitait, l'oncle insista : sa sœur était autoritaire, mais lui était le frère aîné ! Puissance de l'oncle maternel. Le jeune homme gagna la course. Mila voulut le faire rentrer et, las d'insister en vain, prit les devants. De temps en temps, il se retournait pour voir si Darma Dode le suivait. Le garçon finit par se mettre en route, mais il était fatigué, il avait trop bu. Son cheval fit un écart. Désarçonné, Darma Dode tomba et se fracassa la tête contre une pierre. Mila le ramena mourant chez ses parents. Encore fallait-il les prévenir. Et le pauvre Mila s'en fut interrompre la méditation de Marpa. Ce dernier devait avoir quelques pressentiments car, loin d'entrer dans l'une de ses célèbres colères, il s'informa tout uniment, presque timidement, de l'essentiel du drame. Il descendit auprès de son fils. Et comme ce dernier, dans un ultime effort, posait sa tête blessée contre sa poitrine, il appela par un chant le principe conscient du jeune homme à venir résider dans son propre cœur.

On n'avait pas encore prévenu Dakmema. Pauvre mère. Entendant ce chant, la voix de son mari, alors qu'elle le croyait en méditation, elle devina qu'un malheur était arrivé et se précipita. Elle ne poussa pas de cris inutiles. Marpa pouvait-il le guérir, lui qui savait tout? Il ne le pouvait pas. *« Peut-on guérir un corps sans tête? »* Et poussant doucement l'enfant mort dans les bras de sa mère, il lui retourna sa question désespérée. Jamais sans doute Marpa ne fut plus grand que dans l'impuissance, car il devint à son tour digne de pitié. Mais si ses disciples le vénéraient à l'égal d'un dieu, il n'était qu'un homme, un pauvre homme blessé, qui ne savait que rejeter sa douleur sur autrui et tout de suite fit reproche à sa femme de n'avoir pas surveillé l'enfant, de n'avoir pas su l'arrêter. Il invoqua la sottise des femmes, puis s'abîma dans le silence et le chagrin. Dakmema, l'enfant mort contre son cœur, ne broncha pas sous ces lamentables insultes : ce n'était plus le temps des querelles. Et comme le père, tout savant qu'il était, n'avait pu rappeler le principe conscient de son fils, elle s'y essaya à son tour, elle qui lui avait donné la vie et que n'atteignait plus de longue date la colère ou le mépris. Ne dit-on pas qu'à côté d'un grand homme, il y a toujours une grande femme?

Mais l'enfant ne revint pas à la vie, du moins, pas à celle qui avait été sienne. Le temps passa. Quand Mila quitta son maître, son père dans la filiation de l'enseignement, la douleur de Dakmema fut immense. Mila était aussi son fils dans les enseignements qu'elle lui avait donnés, mais son fils surtout parce qu'il avait repris auprès d'elle la place de Darma Dode. « *Et puissions-nous, mère et fils, accordant nos cœurs, dans les champs bénis de l'au-delà, nous reconnaître et aller l'un à l'autre*[1]. » Tel fut son adieu à Mila.

Peu de temps après, le vieux Marpa mourut. Il avait quatre-vingt-huit ans. A la mort de son fils, il avait donné à Dakmema les initiations principales, sauf celle du transfert du principe conscient, qui fut perdue. Quant aux autres, Dakmema put en assurer la transmission.

1. Traduction de Jacques Bacot, *Milarepa*, *op. cit.*

5

Les Tibétaines et la religion

Naissance d'une théocratie, effacement des femmes

Si l'on s'en tient à l'image la plus courante de la vie religieuse tibétaine, les femmes n'apparaissent guère que comme dévotes et donatrices empressées, que ce soit au sanctuaire le plus proche ou sur la route des pèlerinages. Quelques nonnes, la silhouette un peu fantomatique de la célèbre « abbesse » de Samding complètent ce tableau. L'impression tirée de ce coup d'œil trop rapide est que, de toute évidence, les affaires de la religion n'étaient pas celles des femmes au Tibet, ou l'étaient fort peu, à moins que l'on ne reconnaisse que, la religion imprégnant toutes choses au Tibet, la vie des femmes y ait été au contraire constamment mêlée. De fait, ces deux points de vue ne sont pas contradictoires. Leur coexistence implique toutefois la reconnaissance, dans le Tibet classique, d'un pouvoir religieux auquel les femmes ne participaient pas, et d'un quotidien religieux, qui était le leur autant qu'il était celui des hommes.

Les images les plus immédiates et les plus évocatrices du bouddhisme tibétain sont en effet celles de vastes foules de moines drapés de rouge, et plus encore celle du Potala, à la fois monastère, palais et forteresse, résidence de la plus haute figure spirituelle du pays, mais aussi siège du pouvoir temporel : images et réalités viriles d'un monde de religion où les femmes n'avaient effectivement qu'une part réduite, cette portion congrue qui est la leur en général et d'autant plus que pouvoir temporel et pouvoir spirituel tendent à se confondre.

Les chroniques suggèrent cependant une présence plus active des femmes dans la vie religieuse du pays, dans les premiers temps du Tibet classique, après que le bouddhisme, dans le triomphe de la Seconde Diffusion (Xe siècle), eut gagné tout le pays, et jusqu'à ce que les grandes écoles monastiques, progressivement créées, organisées et développées, aient commencé à se disputer le pouvoir, après s'être disputé la faveur des princes.

Les femmes disparurent alors du paysage religieux comme du paysage politique, le Tibet féodal acheva de glisser vers la théocratie. La formation de ce régime original, mais fort contraignant à de multiples points de vue, nécessite un bref rappel historique. Au XIIIe siècle, les Mongols, successeurs de Gengis khan, s'emparèrent de toute la haute Asie et devinrent empereurs de Chine. Ils imposèrent leur protectorat sur le Tibet. La puissante école des Sakyapa fut associée à ce nouveau pouvoir dont elle reçut bientôt une large délégation. Puis le pouvoir de l'école Phagmogrupa succéda peu à peu à celui de Sakya. Ces luttes d'influence s'accompagnaient souvent de luttes armées. On pourrait croire que toute l'activité des moines était désormais guerrière et politique. Ce serait oublier l'étonnante éclosion artistique qui se produisit au Tibet, en dépit des troubles des XIIIe et XIVe siècles; ce serait oublier que certains des plus grands lettrés de l'histoire du Tibet travaillèrent à cette époque; ce serait oublier que d'innombrables textes canoniques, tibétains et sanskrits, furent recherchés au XIIIe siècle, minutieusement vérifiés et discutés, retraduits parfois, rejetés aussi, pour être finalement réunis au XIVe siècle dans les monumentales collections du *Kanjur* et du *Tanjur.*

Vers le même temps, sous l'impulsion de Tsongkhapa (1357-1419), une nouvelle école se forma, celle des Gelukpa, les « Vertueux », école qui ne proposait pas de véritable innovation dogmatique mais qui, suivant les recommandations du maître indien Atîsha, mort au Tibet en 1054, prônait le retour à une certaine orthodoxie et la stricte application des règles de discipline monastique. Le retour à l'orthodoxie impliquait notamment que les femmes fussent mises ou remises à leur juste place. Les Gelukpa, vertu oblige, ne furent donc pas mariés, contrairement à l'usage assez courant dans les autres écoles. Certes, il y eut, il y a encore des couvents de nonnes gelukpa, mais ils furent moins importants que les monastères d'hommes, en taille et en nombre, et les enseignements qui y furent dispensés ne furent jamais considérés comme d'un haut niveau. Si l'on tient à être sévère, et peut-être injustement, on peut même dire qu'ils ne furent jamais considérés.

Le pouvoir gelukpa ne s'établit pas sans lutte. Il fallut d'abord obtenir de princes bienveillants fonds et terrains pour la construction des premiers monastères; il fallut vaincre petit à petit l'hostilité des autres écoles qu'irritait le succès remporté par cette « vertu » toute neuve. La lutte fut vive autour de Lhasa, tout au long du XVe siècle. Puis les Gelukpa s'allièrent aux puissants Mongols tümed et leur entente fut consacrée lors d'une rencontre solennelle en 1578, non loin du lac Kukunor, rencontre lors de laquelle le hiérarque gelukpa reçut le titre mongol de dalaï-lama, auquel s'attacha une extraordinaire fortune. Bientôt la guerre opposa la province du Tsang, celle de Shigatse et celle d'Ü, désormais dominée par les Gelukpa et leurs divers alliés mongols. La victoire resta aux Gelukpa, dont le pouvoir, avec une participation mongole assez lâche, s'étendit à l'ensemble du pays. En 1645, le Ve dalaï-lama commença la construction du Potala, sur la montagne Rouge, un rocher dressé au milieu de la vallée de Lhasa, à l'écart de la ville, et où la tradition voulait que le palais du roi Songtsen Gampo ait été jadis élevé. Le Potala devint le symbole imposant, quelque peu hautain dans son isolement, du pouvoir théocratique désormais établi au Tibet.

Coïncidence, à la même époque, les souverains mandchous s'emparaient de Pékin et se proclamaient empereurs Qing de Chine (1644). En Chine et au Tibet, le pouvoir changea de mains au même moment. Mais à quelques années de là, vers le milieu du XVIIIe siècle, les Mandchous, ces nouveaux venus, reprenant à leur compte la vieille politique expansionniste de la Chine, imposèrent au Tibet bon nombre de restrictions à l'exercice de sa souveraineté. Il y eut désormais à Lhasa un représentant de l'empereur de Chine et il n'en fut chassé qu'à la chute de la dynastie Qing, en 1912, lorsque le Tibet retrouva toute son indépendance, pendant un demi-siècle. Mais, s'il subit en un temps de substantielles limitations du fait des empereurs Qing, le gouvernement du Tibet, dominé par la figure du dalaï-lama, demeura jusqu'à nos jours un gouvernement théocratique.

Etrange société que celle du Tibet, où tout, dans le moindre détail, dépendait d'un pontife régnant du haut d'un palais-montagne. Le gouvernement avait bien un cabinet civil, mais c'était surtout un organisme de gestion et la réalité du pouvoir était au Potala. Il y avait à Lhasa et dans tout le pays des fonctionnaires laïques et des fonctionnaires religieux, chargés de l'application des décisions gouvernementales. Les hautes fonctions laïques appartenaient à l'aristocratie mais, pour un religieux sans famille et sans fortune, le chemin des « services » pouvait être celui d'une belle carrière, et les fonctionnaires religieux finirent par avoir le pas sur les fonctionnaires laïques.

Une telle organisation ne laissait pas de place aux ambitions féminines. Si quelques noms de femmes furent murmurés à l'époque des Sakyapa ou des Phagmodrupa, avec les Gelukpa, on n'entendit plus parler d'elles.

Cela était d'autant plus sensible dans le domaine religieux. Du reste, est-il beaucoup de religions ou de systèmes religieux dans le monde, en est-il même un seul, où hommes et femmes partagent la même foi, pratiquent exactement les mêmes rites, assument les mêmes charges et reçoivent les mêmes honneurs, sans la moindre restriction, sans le plus petit interdit, sans le plus discret apartheid?

Si l'on parcourt rapidement l'album du Tibet classique, on constate que les femmes, à moins d'être des monstres, y sont humbles et discrètes, mais qu'elles participent cependant, au moins de loin, au même système religieux que les hommes. Il peut y avoir quelques cultes plus volontiers féminins, il n'y a pas de religion des femmes. Modestie et humilité doivent être des vertus essentiellement féminines, puisque c'est surtout aux femmes qu'on les recommande, et continuellement. Il ne s'agit nullement de l'humilité du pécheur, sentiment ou attitude qui disparaît en général avec le pardon. L'humilité des femmes, au Tibet comme ailleurs, est d'une essence différente : elle est quotidienne et dure autant qu'elles, au point qu'on en vient parfois à se demander s'il faut parler d'humilité ou d'humiliation. Peut-être est-ce là le résultat de l'impureté fondamentale dont les femmes sont taxées pratiquement universellement : péché originel, impureté du sang, infériorité de toute façon. Dans le meilleur des cas, la femme est mère et doit le rester, elle n'est rien en dehors de cela. Elle peut être adoratrice, elle y est même souvent encouragée, mais devenir actrice, prêtresse, cela est une autre affaire, celle du pouvoir réel, et elle doit se considérer comme bien heureuse si, écartée du pouvoir, elle ne l'est pas totalement du salut, qu'elle peut chercher dans l'humilité.

Sans même aborder le chapitre des contestations plus ou moins passionnées, il faut bien reconnaître que dépendance, infériorité et humilité sont des maîtres mots lorsqu'il s'agit de femmes, mais bien entendu de façon inégale dans le monde. Les deux premiers, on l'a vu, décrivent mal la situation des femmes au Tibet d'antan, du moins si on la compare à celle de leurs voisines indiennes ou chinoises, mais ils ne peuvent cependant être totalement écartés. Dans le domaine religieux, les trois termes semblent avoir plus de réalité négative, même si le bouddhisme offre aux Tibétaines l'immense fortune du salut, qu'il leur en ouvre la voie. Cependant, à première vue, ou du moins d'un point de vue orthodoxe, c'est une voie étroite.

Les ouvrages historiques tibétains ne parlent guère du destin religieux des femmes. Les biographies édifiantes sont innombrables, mais ce sont presque exclusivement des biographies d'hommes, et bien entendu de religieux. Une biographie à la tibétaine, ce n'est pas tant la relation, en forme directe ou indirecte, d'une existence humaine, que la description, plus ou moins ponctuée de faits et de circonstances, d'une progression de l'esprit vers l'affranchissement total des faits et des circonstances. Quand il ne s'agit pas d'épisodes assez incolores d'une « légende dorée » répétitive, entre lesquels le nom du saint personnage honoré constitue la principale variante, biographies et autobiographies tibétaines, quel que soit le réalisme parfois prononcé de leurs apparences, sont avant tout l'exposé d'une expérience mystique. Le ton et le style de ces narrations varient grandement : à côté d'hagiographies, productions stéréotypées, rédigées souvent bien longtemps après la disparition de ceux dont elles font l'éloge, il se trouve des récits étonnants, autant par le mordant de leur style que par leur richesse narrative, le caractère manifestement inspiré des expériences qui y sont relatées, ou bien encore par le non-conformisme de leur expression ou des situations qu'ils décrivent. Certaines autobiographies, en particulier, en dehors de leur valeur d'exemplarité et de leur pouvoir d'édification, sont aussi de très grandes œuvres littéraires et de précieux documents historiques. Est-il besoin de dire que les biographies de femmes, même religieuses, sont extrêmement rares, tout autant que les biographies de laïcs, ce qui reste une consolation bien mince? Peu nombreuses, et moins connues sans doute, dans la mesure où les femmes concernées dépendaient en général de mouvements religieux minoritaires, voire un peu marginaux, elles ont été longtemps négligées et peut-être peut-on encore espérer quelques découvertes dans ce domaine.

Cette discrétion correspond-elle à de l'humilité délibérée ou à une infériorité reconnue? Sait-on si peu de chose de la vie religieuse des Tibétaines parce qu'elles ne l'ont pas jugé nécessaire ou parce qu'on ne les en a pas jugées dignes? Il est bien difficile de le dire, car si la vanité des hommes est certainement l'une des explications de ce silence, elle n'est pas la seule. Beaucoup des grandes mystiques appartenaient à des écoles où la tradition de transmission orale était privilégiée par rapport à la tradition écrite. Il y a quelques années, un maître important et réputé écrivit une courte biographie d'une haute figure féminine, Ayu Khadro, disparue en 1953, dont il avait reçu les enseignements. Nul doute que sans lui elle serait restée inconnue en Occident. Mais le plus étonnant est peut-être qu'il se présentait comme son « insignifiant disciple ». Il peut s'agir d'une formule et d'une humilité de convention. Mais, s'il s'agit d'une formule, elle décrit très exactement l'attitude et le sentiment de révérence du disciple tibétain à l'égard de ses maîtres, sa dépendance reconnue, les liens de filiation créés par l'enseignement reçu. Est-il besoin de souligner que, dans ce cas précis, le maître était une femme ? Le fait est beaucoup moins exceptionnel qu'on ne pourrait le penser.

Néanmoins, les biographies féminines ne représentent que quelques liasses de feuillets, peut-être quelques modestes volumes. Par ailleurs, modestie ou interdit (les traditionnels esprits malveillants parleront plus volontiers d'incapacité), ou parce qu'elles ont préféré la transmission orale de leur enseignement, ces femmes ont peu écrit. Et dans la mesure où elles l'ont fait, leurs écrits n'ont guère connu de diffusion et ont sans doute irrémédiablement disparu dans les destructions systématiques des années soixante. D'ailleurs, si cela n'a pas été le cas, si des œuvres écrites par des femmes ont survécu, comme par hasard, d'une manière ou d'une autre, un doute est exprimé à leur sujet. C'est le cas de Khachö Deden Wangmo, qui vécut au début du siècle dernier et dont on a conservé des écrits. On dit qu'elle naquit garçon et que ce n'est qu'à vingt-cinq ans, à la suite d'une vision qu'elle eut de la grande mystique Machig, qu'elle fut transformée en femme...

Les premiers enseignements que l'on peut tirer de ces constatations à la fois si évidentes et si minces, dépassent cependant immédiatement le domaine de la condition féminine pour s'étendre à l'ensemble du Tibet et à l'ensemble du phénomène religieux au Tibet. Le premier est que, aux termes mêmes de leurs biographies, hommes et femmes du Tibet ne semblent pas avoir connu un cheminement spirituel différent. Le premier bouddhisme écartait les femmes des plus hautes réalisations spirituelles, pour cause d'attachement au cycle des renaissances. La plupart des mystiques tibétaines ont été mères. On peut moquer sottement les « accidents » que furent ces maternités, accuser hâtivement ces femmes d'avoir été de mauvaises mères, rappeler qu'en Occident les rares mystiques se devaient d'être des vierges austères et insoupçonnables. Deux concepts s'opposent : la maternité comme finalité ou la maternité comme épisode, ce qui ne signifie pas obligatoirement indifférence ou indignité... Le second enseignement est que, si les Tibétaines ont peu écrit, elles ont participé à l'étonnante activité de création par révélation que fut et qu'est encore dans la vie religieuse du Tibet celle des *Tertön*, des « découvreurs » prédestinés de trésors spirituels cachés longtemps avant eux et dont ils deviennent le vecteur de diffusion. Elles sont présentes dans des lignées de transmission des plus hautes traditions religieuses. Elles ont diffusé l'enseignement qu'elles avaient reçu : elles ont réuni et formé des disciples, hommes et femmes qui à leur tour ont diffusé leur enseignement. Le rôle de la transmission de maître à disciple est déterminant dans la vie religieuse tibétaine, mais cette transmission peut relever de la tradition écrite comme de la tradition orale. Les femmes ne sont absentes ni de l'une ni de l'autre des traditions, même s'il semble qu'on les rencontre plus fréquemment dans les lignées de tradition orale. Enfin, nombre de femmes atteignirent un tel niveau de réalisation mystique qu'elles quittèrent ce monde, nous disent les chroniques, sans y laisser de corps. Ce n'était pas pour revenir y chercher une nouvelle incarnation, et dans ce cas, les Tibétaines auraient prouvé, à de multiples reprises et contrairement au dicton populaire, qu'il est possible de s'affranchir des enchaînements du cycle des renaissances, en l'espace d'une vie de femme.

Religion quotidienne

De fait, si l'on considère la dévotion populaire, il ne semble pas que la vie religieuse des femmes soit de nature ou de qualité inférieure à celle des hommes.

On nous a trop souvent présenté un peuple d'ascètes et de saints pour que notre regard ne se pose pas avec une certaine méfiance sur la piété tibétaine. Il paraît difficile de reconnaître chez les laïcs un style de dévotion typiquement masculin et féminin, ou un secteur plus ouvert aux hommes qu'il ne l'est aux femmes. Une question peut-être plus intéressante est de distinguer entre ce qui est dévotion bouddhiste stricte et ce qui en fait partie par adoption ou récupération, peut-on dire, et l'on voit surgir alors un foisonnement de divinités un peu négligées des livres, et point trop orthodoxes, de cérémonies surprenantes et de croyances déconcertantes.

La visite d'une ville comme Lhasa ou de certains autres lieux de pèlerinage pousserait au jugement le plus excessif sur la dévotion des Tibétains, hommes et femmes, tant sont impressionnants les pèlerins anxieux d'entrer dans les temples, mesurant de leur corps, de prosternation en prosternation, le long chemin qui fait le tour de la ville, versant du beurre sur un nombre incalculable de lampes, comme s'ils accomplissaient un marathon du geste pieux. Si l'on en juge par ces circonstances pourtant relativement exceptionnelles de sa vie, le peuple tibétain serait en effet parmi les peuples du monde les plus acharnés de dévotion.

Mais le frère aîné de l'actuel dalaï-lama a donné une image moins fébrile du quotidien religieux en décrivant les paisibles dévotions familiales. A l'aube, l'un des premiers gestes de sa mère était de remplir les lampes de la chapelle familiale. C'était là un rite, un sacrifice quotidien. Sa mère se lavait soigneusement les mains, préparait une mèche de coton neuve en la tortillant entre ses doigts, la mettait en place et versait le beurre que, dès son lever, elle avait fait fondre dans l'âtre. Puis elle et son mari allumaient les lampes, celles de l'oratoire familial et celle qui, dans leur chambre, brûlait devant une statuette du Bouddha. Ils récitaient des prières, se prosternaient trois fois, les enfants les imitaient de leur mieux; gestes simples, mais essentiels, répétés dans tous les foyers, d'un bout à l'autre du Tibet, depuis un millénaire. Sous la tente des nomades également l'autel familial était l'objet des soins les plus attentifs des femmes et aussi de leur fierté. Quelques instants après avoir ranimé les lampes, le père ou la mère du futur dalaï-lama sortait dans la cour de la maison et brûlait sur une sorte de brasero des plantes odoriférantes. Quand la colonne de fumée montait bien droit dans le ciel, le soleil éclaboussait le sommet de la montagne qui dominait et protégeait le village, et glissait lentement vers la terrasse qui couvrait la maison. Le lien entre la famille et ses protecteurs était ainsi renoué chaque matin.

La participation d'une femme à ce rite domestique

peut surprendre dans la mesure où tous les spécialistes veulent qu'il soit fait par un homme, et un homme seulement, en manière de purification et de propitiation pour toute la famille. Mais il est trop vrai aussi qu'il faut savoir parfois ne pas se montrer trop dogmatique avec les usages tibétains, qui varient d'une région à l'autre. De plus, si la mère du dalaï-lama brûlait parfois du genévrier ou du rhododendron, au lever du jour, elle le faisait dans la cour de sa maison et non sur le toit, où son geste aurait risqué d'offenser le dieu des hommes, qui y réside.

Les rituels de fumigations ont pour but d'apaiser un certain nombre de puissances qui entourent l'être humain et de les purifier des pollutions qu'elles ont pu subir : dieux du sol, du foyer, des greniers, des champs, des troupeaux... Il faut empêcher que, pour une souillure causée par la maladresse ou la faiblesse de l'homme, les puissances favorables ne se détournent de lui et ne laissent la voie ouverte aux esprits mauvais. Cette souillure, le danger d'une souillure possible, est un souci constant dans l'esprit des Tibétains, à un point surprenant lorsqu'on connaît par ailleurs leur solide bon sens accompagné d'un brin de cynisme. La raison en est peut-être d'abord qu'une telle souillure est l'indice d'un déséquilibre dans l'ordre des choses, d'une rupture de l'équilibre fragile entre le bien et le mal, les moissons abondantes et la famine, les troupeaux nombreux et les épizooties, le ciel clair et le ciel assombri. Le terme de souillure en tibétain a une racine commune avec celui d'obscurité et d'obscurcissement de l'esprit. La souillure entraîne le malheur de celui qui l'a infligée, non seulement en le rendant vulnérable à l'influence de toutes sortes de démons, mais en l'empêchant de voir clairement la voie juste que lui indique la Sainte Doctrine. Belle habileté ou belle sagesse du bouddhisme qui, en gagnant le Tibet, a soumis solennellement tous ses esprits et tous ses démons, mais n'en a nullement interdit la fréquentation aux Tibétains. L'aurait-il voulu, d'ailleurs, que son succès en eût peut-être été compromis. Il n'est pas un pouce du sol tibétain, pas le plus petit volume de son espace qui ne recèle un être plus ou moins divin et au caractère plus ou moins ombrageux. Cela contribue grandement à ancrer le souci religieux dans le quotidien. Une femme qui se lève le matin a un premier geste pour ranimer la lampe devant l'image du Bouddha, mais ses premières rencontres sont ensuite, et peut-être même d'abord, le gardien du foyer, puis celui de la porte, du grenier, du troupeau... Elle doit prendre garde de n'irriter aucun d'eux. Plus tard dans la journée, elle doit veiller à ne pas offenser l'esprit de la source ou celui des champs, à l'épiderme si sensible. Mais il n'est pas un de leurs mouvements d'humeur qu'une prière, un rituel, une offrande appropriée ne puissent en principe prévenir ou apaiser.

Le paysage tibétain est extraordinairement animé et habité : sources, arbres, rochers, montagnes sont la demeure de ces divinités, mais aussi le support, la sauvegarde en quelque sorte ou la garantie du principe vital de chaque individu : que meure l'arbre ou que s'abatte une pierre ainsi porteuse d'« âme », et c'est un avertissement sans équivoque des graves menaces qui pèsent sur la vie d'un homme ou d'une femme. Mais partout, à l'abord des villages, sur les routes des pèlerinages ou de la transhumance, on peut voir les empreintes des mains ou des pieds des saints hommes qui ont converti le pays à la doctrine du Bouddha. Par ces témoins-là, l'équilibre est rétabli et les rapports définis dans une hiérarchie sans équivoque : les divinités indigènes du Tibet se sont soumises au bouddhisme il y a bien longtemps, ce sont les mauvaises actions des hommes qui permettent leur activité dans ce qu'elle peut avoir de nuisible et, serait-on tenté d'ajouter, leur existence dans ce qu'elle a de négatif.

Bien entendu, parmi tous ces dieux qui l'entourent, une femme ne choisirait pas de faire une offrande au dieu des hommes : il en ressentirait une intolérable pollution et toute la famille en subirait les effets désastreux. Mais il ne faut pas croire que le dieu des femmes soit beaucoup plus tolérant. Contrairement au dieu des hommes, il réside dans la maison et, pour cette raison, on l'appelle parfois dieu de l'intérieur ou dieu de la maison. Sa demeure est le pilier de la cuisine, parfois un simple rameau qui y a été fixé. Dans certaines cuisines, on voit d'étranges figures, à peine dégrossies, difficiles à distinguer sous la couche de suie des veinures ou des torsions du bois. Sans doute s'agit-il d'exceptions ou d'une évolution récente, car les divinités indigènes de ce niveau n'ont pas souvent de visage. Toujours est-il que ce dieu des femmes, ce dieu de la maison, résidant dans la cuisine, a des attributions plus larges que la surveillance des marmites. Il règne sur l'intérieur de la maison, sur son bon ordre, sur sa fortune. Aussi est-il d'une nature particulièrement méfiante et irritable : il n'aime guère les visiteurs étrangers, surtout s'il s'agit d'ecclésiastiques (il sait qu'il en coûtera toujours quelque chose à la bourse familiale), et plus encore s'il s'agit d'exorcistes ou de magiciens dont les pouvoirs risquent de s'opposer aux siens. Dieu des femmes, il n'aime pas forcément les femmes étrangères à la maison : c'est dire que les nouvelles brus doivent se montrer pleines de déférence et d'attention à son égard. Si la famille doit changer de domicile, on prend plus de soin pour déménager le dieu qu'on n'en prendrait pour conduire à son nouveau domicile la plus respectable et la plus fragile douairière. A dire vrai, le dieu des femmes paraît être surtout un tyran domestique, mais ces dames ne s'en plaignent pas autrement et l'on est parfois tenté de se demander s'il n'est pas tout simplement un mode d'expression commode pour elles, et qui leur permet, notamment à l'égard de leurs brus, d'exprimer leur propre tyrannie sous couvert de volonté divine.

Les relations entre le dieu de l'intérieur et le dieu de l'âtre, parfois confondus, ne sont pas faciles à préciser. Ils ont cependant en commun un détestable caractère et le dieu qui réside dans l'âtre est, lui aussi, d'une grande susceptibilité. Gare aux cuisiniers qui laissent déborder le lait ou font brûler la soupe : ils sont cause de divers malheurs pour la maisonnée. Aussi ce dieu irritable est préventivement honoré par d'abondantes fumées de genévrier.

Lorsqu'une femme a fini sa journée, qu'elle a adressé les invocations convenables et fait de judicieuses offrandes à tous les esprits de la maison et des environs, elle peut encore avoir une pensée pour le dieu protecteur du pays, mais la propitiation de ce dernier est en principe réservée aux hommes, et les femmes sont alors tenues à l'écart de la cérémonie. C'était en tout cas ce qui advenait naguère, dans l'extrême est du Tibet, lorsque au jour fixé, à la belle saison, les hommes se réunissaient, chacun portant une perche fraîchement coupée et liée de rubans aux couleurs vives, et montaient vers le sommet de la montagne, résidence et personnification du dieu protecteur du pays. En haut, les perches étaient fichées en terre dans une sorte d'enclos qui prenait l'aspect d'un rude bouquet dont le vent faisait claquer les multiples étendards. Après les rites d'usage avait lieu une course, puis les hommes, à la fin de la journée, regagnaient leur foyer où les attendaient leurs femmes, nullement froissées, en apparence, d'avoir été écartées de cette cérémonie et sans doute simplement satisfaites que la protection du dieu ait été renouvelée.

Les femmes avaient des rapports privilégiés avec les *Lu*, divinités du monde souterrain, habitant volontiers les sources et les lacs. Pour répondre, sans doute, à une tradition largement répandue dans le monde et qui, par exemple, associa Eve au serpent Satan, les Lu ont l'apparence de serpents. Ils sont volontiers nerveux et assez inconstants dans leur attitude, mais certainement pas totalement négatifs. Offensés, ils peuvent envoyer toutes sortes de maladies, mais les femmes leur demandent la fertilité et la prospérité. On opposera peut-être le culte « masculin », s'adressant à des divinités établies sur les toits ou au sommet des montagnes, hauts lieux, lieux lumineux, au culte « féminin », s'adressant à des divinités cachées dans la pénombre des cuisines ou d'humides abris rocheux. Et cette opposition peut effectivement ne pas être interprétée favorablement pour les femmes. Lumière d'un côté, obscurité de l'autre, opposition des principes masculin et féminin à la façon du *yin* et du *yang*, et l'on pourrait en conclure qu'elles ont été au Tibet, de toute éternité, promises aux cultes secondaires et aux divinités mineures, ce qui n'est nullement prouvé.

Il ne faudrait pas croire cependant que la religion des simples était limitée au culte plus ou moins discret de divinités autochtones légèrement démoniaques : allumer les lampes devant l'image du Bouddha était, on l'a vu, un geste quotidien et général qui scellait leur participation au bouddhisme. Le paysage était parsemé par les témoins d'autres gestes de prière : pierres soigneusement empilées au passage des cols, lambeaux de tissu accrochés aux branches d'un buisson, mais aussi longs murs de pierres entassées et d'ex-uoto, s'étirant sur le désert d'un plateau, stûpa de toutes formes et de toutes tailles aux croisées des chemins comme au fond de vallées écartées, gigantesques formules de *mani* (la célèbre invocation *Om mani padme hûm*) dessinées en galets blancs au flanc d'une pente herbeuse et visibles de fort loin... Tous ces monuments de la piété populaire, érigés par les femmes tout autant que par les hommes, composaient les nécessités du quotidien, les usages hérités de temps reculés et les révérences à la tradition bouddhique.

Religion officielle

Il est certain que le mot religion évoque d'abord au Tibet le monde des temples et des monastères, celui du clergé organisé, essentiellement masculin. Mais les femmes n'étaient nullement exclues du temple. Elles y venaient comme leurs maris, versaient du beurre sur les lampes, se prosternaient devant les images saintes et les reliques, déposaient des offrandes, faisaient la circumambulation autour du temple et de l'ensemble des bâtiments. Elles assistaient et participaient aux grandes fêtes dans la mesure où les laïcs y assistaient et n'étaient certes pas parmi les spectateurs les moins passionnés lors des danses masquées. Mais elles ne pouvaient en principe pas accéder à la chapelle réservée aux divinités protectrices de la Doctrine, à l'aspect particulièrement terrifiant. Il n'est pas certain cependant que cette mesure ait été étendue de tout temps à toutes les écoles du bouddhisme tibétain et à l'ensemble de l'aire tibétaine. De nos jours – mais peut-être est-ce une concession faite aux impératifs du tourisme –, il n'est guère qu'au monastère de Ganden que la chapelle des divinités protectrices soit interdite aux femmes, du moins formellement, par une pancarte. Il est vrai que Ganden, fondé par Tsongkhapa lui-même et qui abrite ses reliques, est un haut lieu de l'orthodoxie gelukpa.

Par ailleurs, si les femmes pouvaient pénétrer pendant le jour dans l'enceinte de la plupart des monastères, y compris des monastères gelukpa, si elles pouvaient aller prier dans les temples, le soir venu, elles devaient s'en retourner. Elles n'étaient pas les seules à subir cet ostracisme, au demeurant assez raisonnable. Machen Pomra, dieu-montagne de la province où naquit Tsongkhapa, dans le nord-est du Tibet, fut accueilli pour cette raison à Ganden comme l'un des principaux protecteurs du monastère. Il n'empêche que, pendant longtemps, on avait coutume de porter chaque soir une petite statue du protecteur dans une chapelle à l'extérieur du monastère. Cette image de taille réduite était cependant censée emporter avec elle la substance de toutes les autres, qui étaient nombreuses, plus grandes et malcommodes à transporter. Pendant l'exil nocturne de cette manière de bouc émissaire, les statues et les peintures représentant Machen Pomra, vidées de tout potentiel, pouvaient passer la nuit dans le monastère sans lui faire courir le moindre risque : c'est que tout dieu qu'il était, et dieu-montagne de première importance, Machen Pomra était un dieu marié et ne pouvait décemment passer la nuit dans un lieu voué à la vertu et au célibat.

Il y avait une fête religieuse où les femmes tenaient un rôle important et c'était une cérémonie d'une tout autre envergure que les quelques rites de purification faits, par exemple, après la naissance. Cette fête avait lieu à Lhasa les quatorzième et quinzième jours du dixième mois tibétain, c'est-à-dire vers le mois de novembre. Elle marquait l'entrée dans la saison froide et les dames étaient censées changer alors leurs robes d'été pour leurs vêtements d'hiver, ce que les hommes ne faisaient qu'une dizaine de jours plus tard, lors d'une autre fête. C'était la fête de la déesse Pelha Drakmo, une forme particulièrement grimaçante et menaçante de la déesse protectrice de la ville. Le quatorzième jour du dixième mois, on descendait d'une chapelle, à l'angle sud-est de la terrasse du Jokhang, le grand temple de Lhasa, un mannequin qui figurait la déesse et dont la partie véritablement sainte et vénérée était le visage, un masque fort ancien, relique d'une révélation faite à un grand maître du XIIe siècle. Quand elle était descendue, les religieux du Jokhang l'honoraient de prières et d'offrandes particulières; il ne faut pas oublier que dans l'enceinte du temple se trouvaient les principaux organes civils du gouvernement, la « Monnaie » et des magasins considérables garants de sa prospérité. Le jour suivant, aux petites heures de l'aube, les femmes de Lhasa étaient censées se rendre au Jokhang et prier la déesse avant que celle-ci, portée par un moine du monastère voisin de Meru et accompagnée par le reste de la congrégation, ne fasse sa sortie annuelle autour du temple. Ce matin-là, les prières étaient dites et les offrandes faites par une vingtaine de dames choisies dans les familles de la plus haute noblesse. C'était un grand honneur, mais il faut dire que la charge imposait de mémoriser de longues prières et d'être capable de les réciter de façon distincte, et surtout de financer un costume et des bijoux somptueux, tout à fait hors de portée des familles modestes, sinon de celles de certains riches commerçants, et qui de toute façon leur auraient été interdits, au début de notre siècle, par les « édits somptuaires » du XIIIe dalaï-lama. Ceux-ci réglementèrent l'achat et le port de certaines parures selon la catégorie sociale et l'état de la fortune, afin d'éviter entre les dames une émulation qui devenait ruineuse. Cependant, les dames nobles semblent s'être lassées de l'honneur qui leur était fait, car des témoignages précis soutiennent que dès le début du siècle elles envoyaient leurs servantes au temple plus souvent qu'elles ne s'y rendaient elles-mêmes. Détail navrant de mesquinerie, mais dû à un témoignage tibétain et féminin, elles faisaient alors faire pour ces humbles déléguées des parures du style imposé, mais nullement de la même qualité...

Les dames pieuses, et elles étaient légion en dépit de ce qui vient d'être dit, pouvaient, tout comme leurs maris, prononcer un certain nombre de vœux, vœux laïques, mais qui constituaient quand même l'échelon de base des vœux monastiques : ne pas tuer (ce qui impliquait aussi le renoncement à la chasse), respecter la fidélité et la morale, ne pas mentir, ne pas voler et ne pas boire de boissons fortes. Si la pratique ou le respect de ces vœux évoluait en véritable dévotion, les choses en venaient relativement souvent, après un veuvage ou un divorce, à l'entrée en religion. Le couvent pouvait être aussi une solution retenue entre les deux époux. Cela se produisit dans le cas de familles polygynes, pour une épouse qui n'avait pas d'enfant. La tradition le dit d'une des épouses de Thisong Detsen, mais cela arriva aussi à Lhasa, au début des années vingt, dans la famille Tsarong. Sans entrer dans les ordres, une dame pouvait ajouter aux vœux laïques ordinaires celui de chasteté, mais cela ne semble pas avoir été très courant. Au début du siècle à Lhasa, une dame de la noblesse, divorcée, mais qui avait encore une famille à charge, prononça ce vœu, et les témoins sont unanimes à reconnaître qu'elle le tint comme une véritable nonne, tout en continuant à gérer sa maison comme si de rien n'était.

Certaines femmes allaient régulièrement demander les instructions et les conseils d'un lama et faisaient volontiers des retraites quand elles avaient les moyens d'abandonner un moment les tâches de la maison. C'étaient sans doute là des ressources hors de la portée des simples paysannes. Mais il ne faut pas croire que celles-ci se contentaient du rôle de donatrices et que leur vie religieuse se limitait toujours à allumer les lampes, à faire la circumambulation autour d'un stûpa ou d'un temple, à se prosterner et à déposer des offrandes en répétant quelques formules. En cela, du reste, elles ne faisaient ni plus ni moins que les hommes, et il ne semble pas qu'elles aient songé à s'en plaindre. Peut-être cependant étaient-elles plus assidues que leurs maris, et elles avaient souvent leurs dévotions particulières; peut-être peut-on y voir, non une revendication, mais le souci de mériter une réincarnation masculine pour atteindre plus vite au salut. A dire vrai, cependant, si beaucoup de Tibétaines faisaient et font encore état de cette fatalité garantie par la tradition populaire, cela ne semble pas les avoir jamais réellement troublées.

Pèlerinages

Religion modeste, un brin routinière, vaguement tentée par la bigoterie, parfois à la limite de la superstition, faut-il ainsi décrire la pratique de nos dames laïques? Ce serait oublier l'étonnant mouvement qui jette sur les routes les Tibétains, hommes et femmes, l'étonnante quête de réalisation qui les pousse au pèlerinage, d'un bout à l'autre de leur immense pays, au mépris des difficultés d'un climat dont l'âpreté n'est plus à décrire, et bien souvent dans des conditions de détresse matérielle à peine imaginables. Peut-être en retrouve-t-on l'image dans notre Moyen Age, sur les routes de Compostelle ou des multiples lieux saints que la piété populaire a aujourd'hui désertés. Le pèlerinage était pour les Tibétains un moyen très sûr de se purifier des mauvaises actions, d'acquérir des mérites, voire d'obtenir la réalisation d'un vœu particulier. Un pèlerinage, surtout s'il était à courte distance du village, pouvait parfois aussi être une fête, à la manière des pardons bretons. Mais combien de temps fallait-il cheminer du Kham ou de l'Amdo, au Tibet oriental, jusqu'au mont Tise (le Kailash de l'Inde), au Tibet occidental ? Il y a plus de quinze cents kilomètres à vol d'oiseau de Chamdo (Tibet oriental) au mont Tise, plus de deux mille entre la région du lac Kukunor et la montagne sainte. Combien le retour représentait-il encore de mois de marche ? Et il fallait passer des cols au-dessus de cinq mille mètres, faire d'invraisemblables détours, braver le froid, la tempête, parfois la pluie et les inondations, trouver de la nourriture dans d'interminables déserts, la payer et parfois se transformer en mendiant pour cela, échapper aux brigands goloks du nord-est du pays et à d'autres populations hostiles, comme les Loba de la région de Tsari, au sud-est, où un grand pèlerinage avait lieu tous les douze ans. Combien de temps un tel pèlerinage durait-il ? Un an, deux ans ? Souvent davantage, surtout si l'on évoque les pèlerinages aux lieux saints de l'Inde, si régulièrement faits dans les premiers temps de la bouddhisation du Tibet, puis interrompus par la conquête musulmane vers 1200. On n'était jamais sûr d'en revenir, mais qui mourait en route était assuré d'une bonne réincarnation.

Il fallait avoir vraiment une foi à remuer les montagnes pour prendre en connaissance de cause la décision d'un tel pèlerinage, qui supposait une complète rupture avec la famille et le village, à moins que celle-ci dans son ensemble, celui-là dans son entier ne se soient mis en route.

Il y avait des quantités de pèlerinages, c'est-à-dire de lieux saints, dans toutes les régions. Chacun avait son calendrier, sa fréquence, ses traditions particulières. Certains étaient connus de tout le pays, d'autres n'avaient qu'une importance régionale ou même locale. Il arriva dans l'histoire du Tibet que la guerre ou l'intolérance coupât la route d'un pèlerinage. On imagine que les pèlerins évitèrent le Tibet central, lors de son occupation par les Mongols dzungars en 1717-1720, et les pèlerinages viennent être interdits pendant plus de vingt ans. Mais, sans attendre la fin du danger ou celle de l'interdit, les pèlerins sont toujours repartis, hommes et femmes, d'un pas égal.

Et pourtant, sur cette voie haute de la piété populaire, où il ne devrait plus y avoir d'hommes ou de femmes, mais seulement des pèlerins, il arrive que certaines restrictions soient mises à la participation des femmes. A Tsari, dit-on, les femmes ne peuvent dépasser un certain point de la montagne, la déesse du lieu s'y oppose. Mais il est difficile de connaître le sens réel de cette interdiction, d'autant qu'au pèlerinage principal sont associés divers rites secondaires dont l'un, par ses références aux rites de fertilité, peut surprendre dans un tel contexte. C'est, sur le chemin qui fait modestement, mais non sans péril, le tour de la montagne, un site où les rochers ont la forme de sexes masculin et féminin, et où des prières appropriées méritent aux pèlerins la naissance d'un enfant. Mais est-ce vraiment la seule réponse cherchée par ces femmes que leur pèlerinage a jetées quelquefois à des centaines de lieues de chez elles, dans un dénuement vertigineux, à la limite de l'ascèse? Il est toujours déconcertant pour l'observateur de voir au Tibet, souvent inextricablement mêlés, le souci du salut exprimé et canalisé par les grands desseins du bouddhisme, et les soucis d'un quotidien marqué de rites et de traditions parfois bien antérieurs à l'introduction du bouddhisme. La vie au Tibet est tellement imprégnée de croyances que l'on a parfois peine à distinguer où commence la foi.

Les nonnes

Au-delà de la piété quotidienne, une femme pouvait chercher une plus haute réalisation en entrant dans les ordres. Cependant on devenait nonne jadis essentiellement comme on devenait épouse : par la volonté des parents. A ce point que les études qui, de nos jours, portent sur ce sujet, jugent nécessaire de préciser pour chaque cas que telle nonne est entrée librement au couvent ou que telle autre a imposé sa vocation à une famille qui aurait préféré pour elle une vie plus facile. Autrefois, les parents choisissaient parmi leurs rejetons, souvent dès leur enfance, ceux que l'on marierait et ceux qui entreraient dans les ordres. Tous n'étaient pas aussi autoritaires, mais faut-il voir dans les cas d'abus manifeste des parents et dans les cas de réquisition, rares et très mal documentés, la raison du nombre de manquements à la condition de nonne que signalent les chroniques? Ce serait oublier qu'il y avait aussi beaucoup de vocations véritables, venues dès l'enfance ou dans la maturité, parfois après un mariage.

Il est bien difficile de dire ce que représentaient statistiquement couvents et nonnes au Tibet classique. Les voyageurs soutiennent qu'il y avait peu de couvents féminins, qu'ils étaient de petite taille et qu'il y avait peu de nonnes, du moins très peu en comparaison des chiffres vertigineux de moines. Les Tibétains disent qu'il y avait un nombre important de nonnes et de couvents, mais que ces derniers, effectivement de petite taille, étaient établis dans des lieux très écartés. Il y en avait tout de même un à Lhasa et au moins deux tout près de la ville. Bref, comme de coutume, témoignages et documents sont quelque peu contradictoires. L'historien contemporain Shakabpa dit qu'il y avait au Tibet à peu près neuf moines pour une nonne et estime le nombre de ces dernières, dans les années vingt, à environ 120 000, chiffre beaucoup plus important que ceux qu'indiquent les services du dalaï-lama. Ces statistiques dénombraient 618 couvents, avant l'exil, regroupant près de 20 000 nonnes, ainsi réparties : 7 141 nonnes pour 290 couvents nyingma-pa, 6 831 nonnes pour 160 couvents gelukpa, 3 697 nonnes pour 128 couvents kagyüpa et 1 159 nonnes pour 40 couvents sakyapa. Cette précision laisse un peu rêveur au pays de l'imprécision numérique. D'autant qu'un décompte encore précisé et englobant les régions orientales du pays estime le nombre total des nonnes à 27 180 : 11 589 nonnes gelukpa, 9 638 nonnes nyingma-pa, 4 714 nonnes kagyüpa et 1 239 nonnes sakyapa...

Ce qui est certain, c'est que l'état de nonne, on n'ose dire la « carrière », ne semble jamais avoir été très considéré. Certes les choses dépendaient de ce que les nonnes elles-mêmes en faisaient ou pouvaient en faire, et l'on comprendra vite que les moyens leur étaient très strictement et chichement mesurés. Mettre son fils au monastère et sa fille au couvent, cela pouvait signifier s'en priver pour une cause supérieure, un peu comme on disait en Occident donner à Dieu son fils ou sa fille; cela pouvait être aussi, et il semble que c'était bien souvent le cas, une façon de ne pas mettre en question l'unité du bien familial, de ne pas fragmenter l'héritage.

Qu'elles aient eu ou non la vocation, les nonnes ne vivaient pas forcément dans un couvent, ou n'y vivaient pas tout le temps. Cela tenait en fait aux moyens d'existence qu'elles avaient. Dans le premier quart de notre siècle, la noble famille Zurkhang avait alloué à l'une de ses filles, devenue nonne, un petit domaine qu'elle gérait avec compétence, en même temps du reste qu'elle gérait le domaine familial voisin. A la même époque, on l'a vu, une nonne de la famille Horkhang administrait tous les biens des siens. Il arrivait aussi qu'une famille fortunée construisît pour sa fille religieuse une confortable résidence à proximité de son couvent et lui fournît en outre un revenu régulier et conforme à son rang : le Tibet aussi avait ses chanoinesses. Pour les familles moins fortunées, ou tout à fait pauvres, la situation était plus délicate. Le couvent n'avait pas, dans la plupart des cas, les moyens de nourrir toutes ses nonnes et le niveau de vie de celles-ci a pratiquement toujours fait l'objet de descriptions plutôt sombres. Il y avait des familles d'agriculteurs qui pouvaient donner chaque année à leur fille assez de grain, de beurre ou de tissu pour ses besoins, d'autres où cette allocation était donnée en paiement du travail fourni. Il était fréquent que dans une famille vécût un peu marginalement une nonne, tante, sœur ou fille, qui portait la robe monastique mais participait aux travaux et ne regagnait guère son monastère que pour les fêtes importantes. L'adage populaire le dit bien : « *Si tu veux un maître, fais de ton fils un moine. Si tu veux une servante, fais de ta fille une nonne.* » Certaines religieuses peu fortunées trouvaient un poste de suivante, pour ne pas dire de servante, auprès de dames nobles et pieuses. Dans les maisons princières de Sakya, le service était assuré par des nonnes. Il n'était pas défendu à ces saintes filles de louer leurs bras pour les travaux des champs et, si elles n'avaient pas même cette ressource, si leur monastère ne pouvait les nourrir régulièrement, ce qui arrivait souvent car, n'ayant guère de prestige, ils n'attiraient ni les dotations d'Etat, ni les donations des dévots, alors, elles n'avaient plus qu'à mendier. La nonne mendiante est un sujet de photographie assez volontiers retenu par les voyageurs du début du siècle, qui ont en général omis de leur demander, ou n'ont pu le faire, si elles tendaient la main pour le compte de leur couvent, par dénuement personnel ou parce qu'elles étaient en pèlerinage et, comme il en est souvent des pèlerins, à bout de ressources.

Il y avait pourtant des couvents bien inspirés que leurs supérieures, loin de se désespérer passivement de la pauvreté de leurs moyens matériels et spirituels, avaient pris énergiquement en main. Dans le sud du pays, au Kirong, dans les dernières années du Tibet classique, les nonnes d'un petit couvent avaient un moulin à eau qu'elles utilisaient pour fabriquer des bols en bois et d'autres objets de boissellerie qu'elles vendaient avec un honnête bénéfice. Elles avaient acquis un indéniable professionnalisme dans ce métier qui leur permettait de subsister sans mendier et sans nuire pour autant à leur pratique religieuse. Ces dames avaient du reste poussé l'esprit créatif et l'ingéniosité jusqu'à établir un dispositif qui relevait automatiquement leurs robes dans les cabinets. L'opinion que les moines du voisinage pouvaient avoir de ces nonnes peu enclines à se laisser aller à la bonne volonté d'autrui n'a malheureusement pas été recueillie ni conservée. Il y a fort à penser qu'ils n'appréciaient guère cette façon de concevoir le travail et de l'intégrer à la vie religieuse, voire de l'utiliser pour soutenir cette vie religieuse. De nos jours, la plupart des moines concilient de façon analogue vie religieuse et activité vivrière, mais le temps ou l'exil a changé bien des choses.

On entrait au couvent à des âges très divers, de la petite enfance à la maturité. Après quelques leçons sommaires, un apprentissage de base et une période de probation, les postulantes recevaient l'ordination. C'était une chose ancienne au Tibet que l'ordination des femmes, puisque l'une des épouses du roi Thisong Detsen, au VIIIe siècle, était devenue nonne. Mais, chose curieuse, si l'ordination des sept premiers moines du Tibet, à la même époque, fut un événement grandiose, que toutes les chroniques ont rapporté, celle des femmes fut jugée indigne de description. Il est vrai que, de façon tout aussi ancienne, les nonnes du Tibet ne recevaient que l'ordination mineure ou, pour parler plus nettement, étaient condamnées à n'être que de perpétuelles novices. Certes, les futures nonnes prononçaient le nombre réglementaire de vœux (un peu alourdi par rapport à ce qui est demandé aux postulants, infériorité féminine oblige), certes, elles laissaient leur chevelure en témoignage de leur engagement, mais elles ne seraient jamais les égales de ces moines, auxquels le Bouddha adressait ses plus pressantes injonctions. Il n'y eut jamais d'ordination plénière de femmes au Tibet, parce que la tradition en était déjà interrompue. On disait qu'en Inde ou au Cachemire, avant la conversion du Tibet au bouddhisme, il avait été impossible de réunir le quorum féminin requis pour une ordination plénière... Pourtant, lors de la persécution du IXe siècle au Tibet, lorsque les moines se réfugièrent à l'est du pays, quels prodiges, quelles jongleries, à dire vrai, ne fit-on pas précisément pour atteindre un tel quorum ! Il s'agissait évidemment de moines, et non de nonnes.

Au Tibet classique, les religieuses ne recevaient donc que les ordres mineurs : elles s'engageaient sur la Voie, mais y étaient arrêtées. La transmission est la clé de voûte du bouddhisme, on pourrait presque dire le garant de sa légitimité. La tradition d'ordination plénière des femmes, interrompue en Inde, n'a pu être transmise au Tibet. L'obstacle paraît de taille et l'on a dès lors beau jeu de dire qu'il faut à une femme une incarnation d'homme pour obtenir le salut, du moins si l'on fait dépendre celui-ci de l'appartenance au clergé organisé. Mais ce serait oublier qu'une grande partie des moines au Tibet ne recevait jamais l'ordination plénière et se contentait également des ordres mineurs. Ce serait oublier aussi que la tradition d'ordination plénière des femmes a été transmise en Chine et qu'il suffirait peut-être d'un de ces réajustements, d'une de ces révélations dont l'histoire du bouddhisme tibétain n'est pas avare, pour que le fil rompu soit renoué et que les nonnes tibétaines puissent recevoir les ordres majeurs. En attendant cette éventualité, qui semble préoccuper les Occidentales plus que les Tibétaines, il faut reconnaître que ces femmes considérées comme si libres et qui se disent volontiers si « égales » ne l'étaient et ne le sont nullement du point de vue d'une grande partie de la religion organisée.

On imagine sans peine quelles furent les conséquences de cet éternel noviciat, de cette éternelle minorité : le niveau intellectuel des nonnes, dans leur ensemble, demeura peu élevé; elles ne firent pas « école », leurs maisons n'eurent jamais cette réputation de savoir qui attire foule et fortune dans les grands monastères; elles demeurèrent modestement à l'écart, dans un univers étroit de gêne matérielle et de médiocrité morale.

La règle de conduite ordinaire mettait les nonnes à la dévotion des moines : une religieuse, même âgée et chargée de dignité, devait céder le pas aux moines les plus novices. C'est dire qu'un couvent de femmes n'avait pas d'indépendance réelle par rapport à son monastère de tutelle, même si celui-ci ne s'en occupait guère. L'organisation matérielle était calquée sur celle des monastères; l'organisation spirituelle était forcément incomplète puisqu'il n'y avait pas, en principe, d'abbé résidant. C'était un moine du monastère de tutelle qui assumait cette fonction avec plus ou moins de régularité. Au quotidien, la supérieure exerçait une sorte de responsabilité morale sur les religieuses et organisait les prières. S'ils ne pouvaient donner de grands enseignements ni pratiquer tous les rituels, certains couvents s'étaient néanmoins fait une réputation dans la récitation de prières particulières.

On a beau nous répéter que les nonnes étaient très respectées, les nécessités de leur mode de vie, leurs déplacements, leurs séjours laborieux dans leur famille ou dans des familles étrangères les rendaient très vulnérables. Une récente étude sur la région de Dingri, au Tibet méridional, mentionnait une nonne qui ne se déplaçait que la nuit, pour éviter d'être importunée par les hommes. Les chroniques fournissent une longue liste de nonnes devenues mères. Le scandale qui résultait de tels accidents, quand ils se produisaient, était rarement très grand. Il en coûtait une semonce et une amende, après quoi la coupable, ou la victime, était dégagée de ses vœux si elle le souhaitait, et libre de se marier si elle le pouvait. Mais la misogynie des Tibétains, tout autant que celle des observateurs, fait qu'on voit surtout les échecs de la vie monastique féminine et que l'on prête beaucoup moins d'attention à ses réussites, ou bien qu'on ne considère que les plus éclatantes et les moins significatives d'entre elles.

La plus célèbre est sans doute celle de l'« abbesse » de Samding, ainsi que l'ont souvent appelée les voyageurs occidentaux. Il y avait à Samding, chose exceptionnelle au Tibet, une lignée d'incarnations féminines. C'est-à-dire qu'une divinité, génération après génération, y prenait un visage humain. La tradition veut qu'au XVIIIe siècle, lors de l'invasion des Mongols dzungars, cette divinité faite femme se soit transformée et ait transformé en porcs les religieux qui l'entouraient. Médusés, les envahisseurs se retirèrent, et l'« abbesse » et les siens reprirent leur forme première. Outre ses bâtiments élevés harmonieusement au bord du lac Yamdok au Tibet central, Samding possédait un très important domaine dans la région proche de Gyantse, et son « abbesse » jouissait d'un prestige considérable et de privilèges généralement réservés aux grands pontifes du pays. Le sujet a beaucoup intrigué l'Occident, peut-être parce qu'il demeure relativement mal connu, et la curiosité qu'il a suscitée paraît largement fondée sur un malentendu. Les voyageurs ont en effet souvent décrit Samding comme un monastère d'hommes dirigé par une femme. Les Tibétains, du moins à l'époque moderne, en parlent comme d'un couvent de nonnes. En fait, les références au monastère ne sont pas nombreuses, et il n'est pas facile de retracer son histoire et les changements qui ont pu affecter son statut. Retenons que Samding était le siège de l'une des très rares lignées d'incarnations féminines du Tibet : on n'en connaissait pas dix en tout, et presque toutes étaient situées dans l'est du pays. Il y en avait une non loin du monastère de Labrang, et le Ve dalaï-lama n'approuvait guère son existence; c'est de cette Gungru Khadroma que Forman a, on l'a vu, laissé une mémorable description. Pour en revenir à Samding, il est tout à fait impossible qu'une femme, fût-elle l'émanation d'une divinité ou d'un grand maître du bouddhisme, ait exercé toutes les fonctions d'abbé d'un monastère d'hommes, en particulier lors des ordinations plénières. Néanmoins, on sait de façon certaine que certaines « abbesses » de Samding, femmes très savantes et détentrices de traditions importantes, eurent de nombreux disciples masculins. Le cas de tels « maîtres » féminins n'est d'ailleurs pas exceptionnel, notamment en milieu nyingmapa. Enfin il faut se garder de confondre abbé et incarnation : les monastères qui avaient la gloire d'abriter une ou plusieurs lignées d'incarnations ne choisissaient pas obligatoirement leur abbé dans leurs rangs. Mais il faut bien quelques mythes pour alimenter le rêve tibétain des Occidentaux.

Samding a été détruit et sa dernière « abbesse » a choisi un destin politique, ou du moins une vie séculière dans la région autonome du Tibet. Cet exemple risque de déformer ce que fut la réalité de la vie des religieuses tibétaines, à commencer, paradoxalement, par sa capacité d'évolution. On pourrait penser que la disparition de certaines des traditions les plus solidement ancrées du Tibet classique entraînerait celle d'une tradition qui, à de nombreux égards, pouvait paraître fragile et même controversée. Il n'en est rien. Il n'est pas question ici de la survivance du bouddhisme tibétain en exil ni de son étonnant redéploiement à l'échelle mondiale. Mais il se trouve qu'au Tibet la vocation religieuse touche encore de nombreuses femmes et, puisque l'on considère que leur « libération » politique et sociale y est chose acquise, il faut bien reconnaître que ces nonnes, souvent très jeunes, ont choisi cette voie de leur propre et entière volonté. Et il est incontestable que la « libération » politique leur a appris à faire entendre leur voix beaucoup plus clairement que par le passé. On dirait que les difficultés de leur ancienne condition ont été un facteur décisif dans leur adaptation et que toutes leurs forces se tendent désormais vers la sauvegarde de leurs traditions et vers le progrès de leur connaissance. Les nonnes tibétaines ne reçoivent toujours pas les ordres majeurs, mais elles ont incontestablement atteint leur majorité. Elles ne subissent plus, elles se battent : pour leurs droits, pour leurs traditions, pour leur pays et pour leur religion. Indifférentes au mépris et à la dérision, comme à la répression, elles ont conquis l'égalité. La croyance tibétaine veut qu'un roc ou qu'un arbre porte le principe de vie des êtres : l'arbre de vie qu'ont planté les nonnes tibétaines a des racines si profondes qu'il serait bien difficile de l'arracher. Il lui reste à fleurir. Puissent les hommes l'y aider.

Visions, révélations et Trésors spirituels

Si les femmes du Tibet ne semblent pas toutes, et loin de là, tentées par la vocation religieuse, un trait de leur comportement paraît, du moins pour des yeux occidentaux, témoigner chez elles de liens étroits avec le surnaturel. Chroniques anciennes et témoignages plus récents le confirment, les Tibétains sont régulièrement inspirés par des visions prémonitoires. Que l'on ait conservé pieusement la description de celles des grands maîtres n'a rien d'étonnant, mais il est plus surprenant que les textes aient fixé tant d'humbles visions féminines. C'est qu'en général elles étaient faites à la veille d'une naissance et annonçaient le glorieux destin d'un grand maître. Pourtant ces visions, ces prémonitions, chez les femmes peut-être davantage que chez les hommes, font partie du quotidien. Médecins traditionnels et psychologues modernes y trouveront sans doute la preuve des tendances féminines bien connues à l'hystérie. En fait, elles témoignent de l'étonnante conscience du divin qui habite l'esprit tibétain et qui constitue l'un des apports les plus précieux aux principes hérités du bouddhisme indien.

A première vue pourtant, rien dans le comportement des Tibétains ne traduit l'inquiétude métaphysique, et leur gaieté prompte à se manifester semble propre à en dissiper la moindre tentation. Ce sont pourtant ces mêmes Tibétains qui reconnaissent des divinités dans leurs montagnes et dans leurs lacs, qui peuvent parcourir des milliers de kilomètres pour assurer leur salut ou apaiser leur conscience et qui ont donné un visage terrifiant à leurs plus grandes divinités.

Cette irruption si fréquente du surnaturel et du divin dans l'esprit des Tibétains a vraisemblablement accentué le phénomène très important et très particulier qu'est la « découverte » des Trésors spirituels. Cette tradition remonte à Padmasambhava qui fut, au VIIIe siècle, l'artisan principal de la conversion du Tibet au bouddhisme. Prévoyant les attaques dont la Doctrine serait victime dans l'avenir, il cacha en différents lieux du pays des « Trésors » dont la découverte viendrait à point nommé aider à sa défense, et après lui d'autres maîtres en firent autant. Ces Trésors sont souvent des textes, ou simplement quelques mots, écrits en une écriture secrète appelée écriture des *dâkinî* et qui sont découverts, à la suite d'une révélation, par des hommes ou des femmes prédestinés. Ce texte peut être complet en lui-même ou bien être une clé qui ouvre dans l'esprit du « découvreur » la mémoire ou la conscience d'un enseignement. Ces Trésors sont parfois aussi des objets qui peuvent également jouer le rôle de clés. Parfois encore le « découvreur » a la révélation mentale du Trésor : Padmasambhava a enfoui des Trésors aussi bien dans la terre que dans l'esprit de ses disciples à venir, grâce à sa puissance de transmission. La transmission peut se faire directement, de maître à disciple, dans l'étude de textes écrits et par la parole du maître. Elle peut se faire, le temps n'entre pas en ligne de compte, à des générations de distance, par la puissance de l'esprit du maître.

La découverte des Trésors est liée à la pratique du tantrisme dans le bouddhisme tibétain. Pour cette raison, on a longtemps pensé que les « découvreurs » de Trésors appartenaient aux écoles où la pratique tantrique est la plus développée, en particulier à l'école nyingmapa, celles des « Anciens ». En fait la pratique tantrique est présente dans toutes les écoles, si elle y est réalisée de façons différentes, et il y a eu des « découvreurs » dans toutes les écoles du bouddhisme tibétain, aussi bien que chez les bönpo. Le temps et le lieu de la découverte, ainsi que l'identité des « découvreurs » ont été annoncés par diverses prophéties, qui sont elles-mêmes des Trésors révélés : n'importe qui ne peut donc improviser le rôle. Il y a bien des façons de trouver un Trésor, mais celui qui n'a pas reçu mandat pour le faire ne peut être qu'un charlatan.

Reconnaître le pouvoir de découverte, le mesurer, n'est pas toujours facile. Lorsque le maître indien Atîsha vint au Tibet, au XIe siècle, il y avait à Lhasa une vieille femme qu'on appelait la Folle de Lhasa. Le terme n'est pas véritablement injurieux : il décrit souvent au Tibet le comportement peu conventionnel de certains ascètes. Cette femme donna à Atîsha des indications qui lui permirent de sortir un Trésor, un texte important, d'un pilier du Jokhang. Elle-même n'avait pas le pouvoir de le faire, dit l'histoire, parce qu'elle était une femme, seulement une femme, de condition inférieure. Comme elle ne permit au maître de conserver le texte qu'un seul jour (ce qui obligea celui-ci à le faire copier à la hâte par ses disciples), on pourrait penser qu'elle avait conçu une certaine irritation de la misogynie institutionnelle du bouddhisme. Mais il est précisé par ailleurs que cette femme était en réalité une dâkinî. Son incapacité déclarée à ouvrir le Trésor peut alors prendre un tout autre sens. La collaboration entre un homme et une femme qui, par des voies différentes, avaient déjà atteint un haut niveau de connaissance, cette complémentarité, même un peu acide, entre l'orthodoxe Atîsha et l'hétérodoxe Folle de Lhasa, peut être considérée comme d'un puissant et consolant symbolisme. Les Trésors cachés ont souvent été confiés à la protection de dâkinî, figures féminines qui, dans la pensée tantrique, symbolisent le vide fondamental et la non-dualité. Protectrice du Trésor, la dâkinî n'avait pas mandat pour l'ouvrir, d'autant qu'elle apparaissait sous les traits d'une vieille femme à laquelle pouvaient s'appliquer tous les mépris de la rue. Le symbolisme de la rencontre pourrait dès lors s'étendre à l'union recherchée entre la Sagesse, féminine, et le Moyen, masculin, dont naît l'Illumination. Ce n'était pas à la Folle de Lhasa en tant que femme qu'était refusée la découverte, mais à n'importe qui, à l'exclusion d'Atîsha, n'en avait pas reçu le pouvoir. La preuve en est qu'il y eut des femmes parmi les maîtres qui cachèrent des Trésors, telle Yeshe Tsogyel, l'une des compagnes de Padmasambhava, et des femmes parmi ceux qui en découvrirent.

Ce fut le cas de Jomo Menmo. Elle naquit en 1248, au pays d'E, une vallée à l'est du Yarlung. Quand elle eut quatre ans, elle perdit sa mère et son père se remaria. L'enfant fut dès lors durement traitée et soumise aux plus rudes tâches. A douze ans, on l'envoyait souvent garder les troupeaux dans la montagne, non loin d'une grotte liée au souvenir de Padmasambhava, comme il y en a de nombreuses au Tibet. Un jour elle vint à s'endormir et dans son sommeil vit la grotte s'ouvrir et une foule de dâkinî s'assembler autour de la déesse à tête de laie (celle dont l'« abbesse » de Samding était la manifestation terrestre). La déesse lui remit le Trésor, un texte important qui traite de la nature des dâkinî, et lui conféra la puissance de participer de cette nature. Jomo Menmo rentra chez elle et continua à mûrir et développer l'enseignement qu'elle avait reçu. Il lui venait aux lèvres des phrases entières des écritures saintes, alors qu'elle n'avait jamais étudié. On imagine quelles furent les réactions dans l'entourage de la bergère inspirée : certains étaient impressionnés par ses chants et par l'étrange clairvoyance dont elle faisait preuve désormais, d'autres disaient qu'un démon avait pris possession d'elle pendant qu'elle dormait dans la montagne. Attristée par cette incompréhension, elle finit par quitter son village et rencontra le maître Guru Chöwang. Il reconnut en elle les signes qui avaient marqué les compagnes de Padmasambhava et lui donna son enseignement. Jomo Menmo devint sa partenaire tantrique, mais le maître apprenait autant que l'élève : il y avait des textes secrets qu'il n'avait jamais réussi à déchiffrer et que désormais, illuminé par sa présence, il put transcrire en tibétain. Cependant, il conseilla à Jomo Menmo de ne pas diffuser l'enseignement qu'elle avait reçu, c'est-à-dire de ne pas faire connaître le Trésor qui lui avait été révélé, car le temps n'en était pas venu. Pendant quelques années, accompagnée par deux disciples féminines, Jomo Menmo mena une existence errante, donnant des enseignements, mais non celui de son Trésor, et formant des disciples. En 1283, alors qu'elle faisait des offrandes au sommet d'une montagne, elle s'éleva dans l'espace, avec ses deux compagnes, et disparut sans laisser de corps sur terre. Le Trésor de Jomo Menmo, qui avait été caché, fut redécouvert et publié au XIXe siècle : il faut croire que le temps en était alors venu. Le scepticisme occidental refusera sans doute une telle transmission et attribuera plus volontiers la paternité du texte à celui qui l'a finalement publié. Est-il si difficile d'admettre qu'il s'agit au Tibet d'un procédé original de création ? Il n'y a pas si loin d'inspiration à révélation. Mais il reste que certains Trésors, qui figurent aujourd'hui dans des collections de textes largement diffusées, ont été découverts par des femmes, et cela implique pour certains d'entre eux la rédaction matérielle d'un texte révélé : on ne peut donc dire que les Tibétaines n'ont pas écrit. S'agissant de Trésors révélés, peut-être néanmoins est-il vrai, et c'est encore là la mesure tibétaine, qu'il est peu important qu'ils l'aient été par des hommes ou par des femmes.

Pas plus que le « découvreur » ne peut être n'importe qui, la découverte ne peut s'accomplir dans n'importe quelles conditions. Des prophéties, des guides, des instructions peuvent l'aider. Il se prépare par la méditation et le rituel. La découverte peut avoir lieu dans la solitude d'une retraite, mais aussi devant une grande assistance. Quant à la transmission du texte révélé, elle peut se faire régulièrement, chronologiquement, de disciple en disciple à partir du « découvreur » ou bien, comme pour le Trésor de Jomo Menmo, après des années ou des siècles, par une nouvelle révélation et une nouvelle découverte.

On découvre encore de nos jours des Trésors au Tibet, et bon nombre y sont encore cachés, attendant le temps de leur révélation. Les atteintes portées à la Doctrine ont été grandes depuis quelques années, et rarement la nécessité des Trésors a été aussi évidente.

L'un des « découvreurs » importants de nos temps troublés a été une femme, Sera Khadro (1899-1952?). Elle appartenait à l'école nyingmapa. Sa renommée était considérable et elle eut de nombreux disciples, hommes et femmes. Tout récemment, en 1986, dans la province de Kongpo, au mont Bönri – une montagne sainte pour les bönpo, mais où les bouddhistes aussi se rendent en pèlerinage –, un Trésor fut ainsi découvert[1]. Khachö Wangmo, « découvreuse » bönpo très connue, poussée par un pressentiment, vint faire le pèlerinage autour de la montagne sainte. Ce pèlerinage dure cinq jours, en principe. En le commençant, Khachö Wangmo n'avait pas de vision précise de l'endroit où se trouvait le Trésor, mais elle était habitée par la certitude qu'il y en avait un, sinon par celle de pouvoir le trouver et l'ouvrir. Il fallait, pour y aider, que le pèlerinage se déroulât dans les meilleures conditions. Jour après jour, nuit après nuit, des éléments d'identification lui étaient révélés et le petit groupe qui l'accompagnait suivait anxieusement sa progression. Khachö Wangmo s'arrêta enfin près d'un rocher qui semblait correspondre aux prédictions qu'elle avait

1. D'après le récit de S. Hanna, « Vast as the sky ».

reçues. Une foule importante était désormais réunie. Le temps était détestable, avec de grosses rafales mêlant la neige et la grêle. Des vautours volaient dans le ciel bas. Pendant une heure ou deux, des offrandes furent faites, sans discontinuer. Soudain, Khachö Wangmo se leva, se dépouilla du haut de son vêtement et alla frapper le rocher de son poignard. Un silence suivit dans lequel résonna au bout d'un instant, ténu mais distinct, un tintement de cloche. Khachö Wangmo monta sur le rocher, en souleva un fragment, puis un autre et, de la cavité ainsi pratiquée, sortit une minuscule statuette devant la foule vibrante d'émotion. La tempête avait cessé.

Il serait vain de chercher à expliquer une telle scène en termes de raison. Parler d'illusion, de charlatanisme, d'hystérie collective serait une singulière erreur. Le « découvreur » ce jour-là fut une femme : pour les témoins, ce n'était manifestement pas le point important. Il est hors de doute que la doctrine, celle des bouddhistes comme celle des bönpo, est aujourd'hui menacée. Les persécutions dont la presse se fait l'écho en témoignent régulièrement : nos temps de désordre et d'aveuglement sont bien de ceux auxquels Padmasambhava a promis le secours des Trésors cachés. Sur le chemin du Bönri, il y avait autant de bouddhistes, sinon plus, que de bönpo. Un Trésor fut révélé, mais sa nature profonde paraît être d'une grande simplicité, qui est peut-être la volonté commune des Tibétains de sauver leurs traditions.

Revenantes et messagères de l'au-delà

Non moins étonnante est une tradition fort ancienne, celle des delok, des « revenants » de l'au-delà, dont il a été question plus haut et qui témoigne également du lien privilégié que les Tibétains ont avec le surnaturel. Il s'agit d'hommes ou de femmes, mais surtout de femmes, qui, lors d'une maladie, donnent à leur entourage l'impression qu'ils ont quitté le monde des vivants pour celui des morts et revêtent toutes les apparences de la mort. Mais, au bout de sept jours, ils se réaniment miraculeusement et racontent alors le voyage que leur principe conscient a fait pendant cette absence. La littérature compte un certain nombre de ces étonnants récits qui décrivent avec un grand luxe de détails le jugement des morts et les supplices promis aux pécheurs.

Mais le plus étonnant sans doute est qu'après ce voyage initial et qu'on peut considérer comme initiatique, les « revenants » retournent régulièrement dans l'au-delà, pour interroger les défunts à la demande de leurs parents et rapporter aux vivants les messages des morts. Intermédiaire entre les vivants et les morts, le « revenant » devient bientôt également le conseiller des vivants et exerce ce double ministère en se recommandant de la tradition bouddhique, mais tenu à l'écart, voire méprisé par le clergé régulier. La survivance de ce phénomène étrange et fort ancien n'a été constatée au Tibet que dans des régions de marge. Les études qui en ont été faites en ont souligné les aspects chamaniques et proposent de voir dans la féminisation croissante de ce pouvoir souterrain une sorte de compensation au fait que le « grand » pouvoir religieux échappe aux femmes et est tenu par le clergé bouddhiste organisé.

Médiums et oracles

Si les plus grandes divinités ne dédaignent pas de se manifester sous un visage humain, les dieux protecteurs du pays, impliqués au premier chef dans les affaires terrestres, prennent parfois possession d'un médium et s'expriment par sa voix. Prévoyant sans doute les objections occidentales, les Tibétains ont pris bien soin de distinguer les cas d'épilepsie des cas de possession médiumnique et de possession démoniaque. Il arrive en effet que des démons s'emparent d'un médium, mais les propos de ce dernier demeurent alors inintelligibles. On dit aussi que, parmi ces protecteurs, les dieux descendent sur des médiums masculins, et les déesses sur des médiums féminins. Et, sans doute parce que les dieux protecteurs ont plus souvent une nature masculine qu'une nature féminine, les oracles féminins étaient en petit nombre, moins célèbres, mais néanmoins fort considérés. On dit que ces oracles se succédaient de mère en fille, alors que la filiation n'est pas en général le principe de succession retenu pour les oracles masculins.

Le nombre relativement réduit des oracles féminins est peut-être dû aussi au fait que le métier était de nature exténuante (il ne fait pas bon être habité régulièrement par un dieu aussi puissant qu'irritable) et dangereuse, car la faute d'une prophétie incomplète ou politiquement malavisée était imputée au médium et non au protecteur. Les oracles meurent jeunes, disait-on, aussi beaucoup d'entre eux préférèrent-ils abandonner leur charge au bout de quelques années. La réceptivité d'un médium se manifeste tôt, dès la puberté. Mais lorsque ses qualités ont été reconnues et distinguées de tous les signes de possession démoniaque ou de maladie, il faut encore identifier le protecteur qui s'est emparé de lui. Bien des médiums s'efforçaient d'échapper à cette enquête par crainte de la charge qu'ils auraient ensuite à assumer et de la longue et sévère préparation qu'elle impliquait : études dans un monastère; puis véritable « examen » officiel devant le principal oracle du Tibet, celui de Nechung près de Lhasa; enfin agrément du gouvernement, du moins pour les plus importants d'entre eux.

Sur les oracles féminins, on sait à dire vrai peu de chose. L'un des mieux connus était l'oracle de la chapelle des *Tenma*, près de Drepung, le grand monastère gelukpa proche de Lhasa. C'étaient les douze déesses Tenma, et parfois aussi l'un de leurs ministres, qui envahissaient successivement le médium. Ces Tenma sont des déesses protectrices, proches des humains puisqu'elles résident encore dans le monde : la principale d'entre elles habite la montagne à laquelle s'adosse le monastère de Drepung. Ces Tenma descendaient aussi, non loin de là, près de Sera, sur une autre femme que venaient consulter les *Dobdob*, les solides moines chargés du maintien de la discipline dans le proche monastère de Sera. Toute la montagne au nord de Lhasa est le domaine de ces déesses, et comme Lhasa est protégée par la déesse Pelden Lhamo, cela fait du paysage divin de la capitale un paysage très féminin.

Le quinzième jour du cinquième mois, selon une tradition remontant, dit-on, à Langdarma, le dernier souverain du Tibet, les dieux protecteurs prenaient possession de tous leurs médiums. Ce jour-là, les oracles, hommes et femmes, entraient en transe au même moment, dans tout le pays, tandis que la foule se pressait dans leurs temples. Les dames oracles remplissaient leurs fonctions avec le même sérieux que leurs collègues masculins. Cependant, il n'y a pas si longtemps, l'une d'elles était si jolie que sa beauté perturbait quelquefois l'ordonnance des austères cérémonies auxquelles elle devait participer.

A côté de ces oracles très officiellement reconnus, il y avait aussi, surtout dans les régions de marge, où les traditions étaient plus mêlées, des femmes, et moins souvent des hommes, qui entraient en transe sous la possession d'un esprit, celui d'un mort bien souvent. Ces femmes pratiquaient la divination et étaient quelque peu guérisseuses, mais n'étaient nullement considérées comme des oracles. Cette tradition fort ancienne paraît remonter aux origines prébouddhiques du Tibet.

Ces exemples lient toutefois les femmes du Tibet aux manifestations secondaires de la religion, ou plutôt à ses manifestations moins orthodoxes et aux survivances des cultes anciens. Mais le bouddhisme tibétain, en particulier dans ses voies tantriques, a donné une importance à de curieuses figures féminines, celles des dâkinî.

Les dâkinî

La définition de ces figures féminines – que l'on a déjà vues apparaître à plusieurs reprises – n'est pas exempte d'ambiguïtés, parce qu'elles sont présentées à différents niveaux de réalité et d'abstraction : de la femme, mystique ou ascète, à laquelle le terme est appliqué, parfois ironiquement ou avec méfiance en raison de son comportement peu orthodoxe, à la partenaire féminine dans les rituels tantriques, ou à la forme féminine divinisée qui apparaît à un maître, lui transmet un conseil et oriente sa méditation. Très vite, la dakini n'est plus que symbole.

Le nom de dâkinî, qui vient de l'Inde, est devenu en tibétain *khadroma*, qui peut être rendu par « celle qui va dans l'espace », traduction qui rend mal compte du sens second des termes. Le terme de ciel ou d'espace céleste peut recouvrir l'une des notions fondamentales du bouddhisme, celle de l'inexistence des phénomènes, de vide absolu, de « vacuité », conscience absolue dont toute dualité a disparu. Le verbe « aller » exprime le mouvement de la vie, il peut également signifier « comprendre ». C'est dépasser infiniment la simple figuration d'une silhouette féminine, que peintures et sculptures tibétaines représentent nue et dansant, ce qui nous vaut fréquemment en Occident l'interprétation de « danseuse céleste ». Dans la symbolique tantrique, la dâkinî représente la Sagesse. L'union avec elle est donc symbole de Libération, comme l'est celle de Sagesse et Moyen, mais non un symbole passif. Elle est aussi la dynamique qui, par cette union, entraîne dans la Libération comme un éclair traversant un miroir. Mais elle n'est pas le symbole de la femme, pas plus que les femmes ne sont toutes des dâkinî en puissance; elle est un symbole défini comme féminin, non pas pour souligner une dualité, mais pour exprimer la nécessaire complémentarité qui anéantit au contraire toute dualité.

Représenter cet irrésistible mouvement relève du paradoxe, et il n'y a rien d'étonnant à ce que les figurations de dâkinî, et leurs manifestations terrestres, échappent aux critères définis. Les descriptions les présentent alternativement comme jeunes ou vieilles, belles ou hideuses, bienveillantes ou menaçantes. La vie des femmes que l'on appelle dâkinî est emplie d'autant de tumulte et de colère que de sagesse et de vertu, et leur nature féminine peut apparaître comme relative ou secondaire.

Voies tantriques : Machig et les techniques du chö

Présentée comme une biographie, la vie de Machig Lapdrön (1055-1149) ressemble plutôt, pour des yeux occidentaux, à une légende destinée à l'édification de dévots. Pourtant, ce récit déconcertant est aussi un témoignage précieux sur le XIe siècle tibétain. Le temps de Machig fut la dernière époque, et peut-être l'apogée du renouveau du bouddhisme au Tibet, de sa Seconde Diffusion. Sans connaître avec précision la progression des différents mouvements religieux, on sait que de petits temples et de modestes monastères furent alors fondés en grand nombre, que des apôtres indiens et cachemiriens parcouraient le pays, que les communautés religieuses foisonnaient : mais nous n'avons qu'une vue très schématique de ces communautés. Certaines semblent avoir été itinérantes, d'autres mixtes dans une certaine mesure, les grandes écoles n'en étaient encore qu'à leurs premiers groupements. Dans cette agitation créatrice, on traduisait, on retraduisait des textes canoniques, on établissait de nouveaux cultes et de nouveaux rites. Mais il y eut sans doute plus de maîtres créateurs, plus de « découvreurs » qu'il n'y eut de scholiastes. La pratique tantrique gagna manifestement en forces, au point d'inquiéter les maîtres orthodoxes par certains de ses débordements.

Dans ces communautés, les femmes paraissent avoir joué un certain rôle, et pas uniquement dans les fonctions de mères des grands maîtres. On peut en juger par la fréquence des mentions de noms féminins dans les lignées de transmission à cette époque, ou par de curieuses histoires, éparpillées dans les chroniques. Ainsi, dans les temps indécis du lointain XIe siècle, une femme et son mari souhaitaient réunir une assemblée religieuse dans leur village. Chose étonnante, la chronique a retenu le nom de la femme, Mama Yungdrung Tashi (qui pourrait être un nom bönpo) et non celui de son mari. La question fut soulevée de savoir qui présiderait l'assemblée. L'un proposa un tantriste, un autre un religieux orthodoxe, un troisième un prêtre bönpo. Et comme l'accord ne se faisait pas, on demanda à Mama Yungdrung Tashi de trancher; il semble bien que, en ces temps reculés, les femmes – du moins certaines d'entre elles – avaient un rôle véritable dans les communautés villageoises. La dame, fort avisée, fit d'abord ses comptes : ce n'est pas d'hier qu'il est coûteux d'inviter des religieux. Puis elle les invita tous les trois. Bien entendu, l'œcuménisme apparent de l'assemblée ne résista pas à la présence de trois prêtres de tendances aussi différentes et, quand la construction d'un temple fut proposée, chacun d'eux alla construire le sien de son côté, en dépit d'une tentative de collaboration entre le tantriste et le bönpo. Curieux épisode qui montre une relative tolérance entre les communautés, le caractère surprenant, volontariste, de la participation des laïcs à la vie religieuse et le pouvoir de décision assumé par une femme...

Rien d'étonnant dès lors à ce que les courants de pratique qui se créèrent ou se développèrent aient entraîné de nombreuses femmes. Machig est une figure célèbre et révérée dans tout le Tibet, non parce qu'elle était femme, mais parce que son nom est associé indissolublement à la transmission des techniques du chö.

Le rite du chö est accompagné par le martèlement obsédant du tambour en forme de sablier que le méditant agite de sa main droite, par le tintement de la clochette qu'il tient en main gauche et par le son de sa voix psalmodiant et chantant. A un moment précis, le son de la trompette en os, taillée dans un fémur humain, ajoute à l'impression de tension que produit ce rituel. Comme toutes les pratiques issues du tantrisme, le chö s'efforce d'accélérer le processus de Libération décrit par le bouddhisme. Le mot *chö* signifie « couper », « trancher ». Il s'agit en quelque sorte d'un rite d'oblation du corps du méditant, illustrant le principe de non-dualité, de négation de l'individualité sur lequel se fonde la Conscience, la Sagesse absolue. Le méditant doit visualiser cette Sagesse, quittant son corps par le sommet de sa tête. Elle se transforme en une dâkinî terrifiante qui tranche la tête dont elle vient de sortir, celle du méditant, la dépouille et en fait une coupe qu'elle pose sur trois crânes en guise de trépied. Un foyer est ainsi établi. La dâkinî découpe alors le corps du méditant, en jette les morceaux dans la coupe où ils fondent, bouillonnent et se transforment en un nectar qu'elle distribue à tous les êtres animés qu'elle a convoqués et qui apaise tous leurs désirs. C'est à ce moment que résonne la trompe en os humain. Ce rituel a pour but de dompter les pulsions égocentriques, et on peut penser qu'un méditant qui, au prix d'une longue préparation, réussit à visualiser sa propre destruction et sa propre « répartition », dans le dialogue oppressant de la clochette et du tambour, s'il est de force à résister à de telles images, ne peut guère après cela conserver une grande conviction dans l'existence et la spécificité de son individu. La conscience parfaite, la Sagesse, sort renforcée du massacre de l'individu, et le rituel s'achève plus paisiblement par des prières.

L'histoire de Machig débute paradoxalement par la naissance en Inde d'un petit garçon. Cet enfant, miraculeusement doué, devint un grand tantriste. Déesses et dâkinî ne cessaient de lui apparaître pour l'engager à se rendre au Tibet. Enfin une terrible dâkinî de couleur bleue se présenta devant lui et lui annonça qu'elle allait le tuer, que son principe conscient pénétrerait en elle et qu'elle le porterait au Tibet. Ainsi fut fait et au Tibet le principe conscient du maître entra dans la matrice d'une femme. Cette dernière, à son tour, rêva qu'une dâkinî de couleur bleue lui ouvrait la poitrine de son arme, lui arrachait le cœur et le remplaçait par une conque blanche. Quand le temps fut venu, cette femme, qui avait quarante-huit ans, donna naissance à une petite fille manifestement dotée de pouvoirs miraculeux. L'enfant grandit vite et devint très savante. Les plus grands maîtres étaient éblouis par ses dons. Elle se fit nonne, mais sa rencontre avec le maître indien Phadampa, qui était venu au Tibet, donna bientôt un tour nouveau à son existence. Sur ses conseils, elle se remit à l'étude et réussit à se défaire de tout attachement à sa propre personne. Pour preuve de cette indifférence, elle ne se vêtit plus que de loques, mena une vie errante, mangeant n'importe quoi, logeant n'importe où, même dans la maison des lépreux, comportement qui n'était pas celui d'une nonne, ni d'ailleurs celui d'une femme ordinaire. Elle étudia auprès de grands maîtres et reçut révélations et enseignements de dâkinî et de la déesse Târâ elle-même. Elle commença à montrer quel haut niveau de réalisation elle avait atteint : son corps se soulevait du sol et pouvait traverser les murs. Quand elle revit Phadampa, il la salua comme il l'eût fait d'une dâkinî.

A quelque temps de là, lors de visions répétées, elle reçut le conseil de s'unir à un maître indien, Topabhadra, qui séjournait alors au Tibet, et de fonder une lignée qui pourrait transmettre ses enseignements. Elle se mit à sa recherche et le trouva bientôt. Au bout de huit jours de conversations et de prières, ils unirent Sagesse et Moyen. La propriétaire de la maison où ils se trouvaient vit une vive lumière aux couleurs de l'arc-en-ciel. Croyant que les lampes à beurre de l'autel avaient mis le feu à la chambre de Machig, elle se précipita, ouvrit la porte, mais ne vit qu'une pièce vide, intensément illuminée et au milieu de laquelle se trouvaient superposées plusieurs sphères de lumière blanche et rouge. C'était là l'essence des principes masculin et féminin, mutation de l'énergie par Topabhadra et Machig dans leur méditation. Le lendemain matin, cette femme vit Topabhadra sortir de la chambre de Machig. Elle fut d'abord gênée, puis comprit qu'elle n'avait pas affaire à un couple ordinaire et garda le silence sur ce qu'elle avait vu.

Machig demeura avec Topabhadra, et l'année suivante, donna naissance à un fils. Elle avait alors vingt-quatre ans. Mais, comme elle avait été nonne, les gens tenaient sur elle des propos malveillants, et le couple préféra s'éloigner. Machig eut encore un fils, puis une fille, l'année de ses trente ans. Au bout de quelques années, elle sembla lasse de cette vie familiale. En fait, les dâkinî lui avaient enjoint de reprendre sa mission. Laissant ses enfants aux soins de Topabhadra, elle retourna auprès de ses maîtres. Elle progressa encore dans ses réalisations et alla en rendre compte à Phadampa. Les prodiges se multipliaient autour d'elle, sa réputation était devenue grande et elle formait des disciples, hommes et femmes. Lors d'une vision, elle apprit de Târâ qu'elle était une manifestation de la Grande Mère, la Perfection de Sagesse.

Quand elle eut quarante-deux ans, Topabhadra vint la voir avec leurs deux plus jeunes enfants : l'aîné avait choisi la voie laïque. Peu après, et sans que cela correspondît à une rupture de la part de ce mari très tolérant, Topabhadra retourna en Inde, laissant les deux enfants aux soins de leur mère. Le garçon devint fou à la suite d'une grave maladie, mais sa mère réussit à le guérir. Il suivit dès lors les enseignements de Machig et de Phadampa et devint lui aussi un maître renommé.

La réputation de Machig était devenue si grande qu'elle atteignit l'Inde. Des maîtres de ce pays pensèrent qu'une femme qui prétendait enseigner le chö, qui guérissait les malades et formait des centaines de disciples, ne pouvait être qu'une sorcière. Pour le savoir, ils décidèrent de se rendre au Tibet et le firent de la manière la plus simple : grâce à leurs pouvoirs magiques, ils s'envolèrent au-dessus des montagnes et se posèrent sur la terrasse de la maison de Machig. La servante les aperçut : elle se précipita pour annoncer à sa maîtresse que trois hommes au teint sombre (au Tibet, on le dit toujours des Indiens) se tenaient sur le toit. Machig, clairvoyante, les fit entrer. Elle accepta de débattre avec eux, mais en présence de ses disciples, qu'elle fit appeler. Il en vint plus d'un demi-million. Pour convaincre ses visiteurs, elle leur indiqua où se trouvaient les restes du corps qu'elle avait eu lors de sa précédente incarnation, avec de telles précisions que, lorsqu'ils trouvèrent ces précieuses reliques, ils n'eurent plus le moindre doute à son égard. Elle refusa de les suivre en Inde, mais leur transmit ses enseignements, en particulier ceux du chö, qu'ils purent diffuser à leur tour. A son fils cadet, à sa fille, à ses principaux disciples féminins et masculins, elle laissa ses enseignements pour qu'ils en assurent la transmission. Elle avait plus de quatre-vingt-dix ans quand son principe conscient regagna la sphère des dâkinî.

Cette belle histoire ne signifie pas pour autant que les doctrines prêchées par Machig furent acceptées par l'ensemble des maîtres tibétains. Certains, même dans l'entourage de Phadampa, qualifièrent le chö de *« doctrine échappée à une nonne folle »*.

Voies tantriques : l'union de Sagesse et Moyen

Nue comme la vérité et redoutable comme elle, nue comme expression du vide, la dâkinî apparaît volontiers dans le contexte effrayant de la pratique tantrique, qu'illustre si souvent la peinture tibétaine, celle des divinités menaçantes, vêtues de peaux fraîchement écorchées et parées de guirlandes de crânes. Qui pourrait penser que cette pratique tantrique est une méthode de salut ?

La condition humaine est douloureuse : le bouddhisme en fait un postulat. Elle engendre aisément la répulsion; y échapper est le but de la pratique religieuse. Les moyens que le bouddhisme orthodoxe propose pour parvenir à s'en libérer sont lents : respect, dévotion, œuvres pies, méditation, peuvent occuper plusieurs existences successives. La pratique tantrique offre des moyens plus radicaux, mais de ce fait infiniment plus rudes. Elle implique des rituels très précis qui résument et explicitent tous les aspects de l'existence humaine. Ces rituels, dont certains peuvent être des expériences vertigineuses, sont des moyens, des procédés pour atteindre au salut. Mais il s'agit, pourrait-on dire, d'un traitement de choc, qui ne peut être recommandé aveuglément : la pratique tantrique doit s'entourer des plus grandes précautions.

Plus que tout autre enseignement du bouddhisme, elle exige une attentive transmission du maître au disciple. L'Illumination est subite par essence, mais l'initiation, fût-elle au plus haut niveau, ne produit pas l'Illumination : il faut commencer par une pratique longue et ardue. Faute de reconnaître cette difficulté, on a trop souvent parlé de mystère et de secret. Pourtant, n'importe qui peut lire les textes qui régissent la pratique du tantrisme; certains d'entre eux sont même désormais traduits et largement diffusés dans le monde. Mais, sans maître, le lecteur curieux restera à l'extérieur du texte, son expérience, s'il la tente, ne sera que du temps perdu et, plus encore, une pratique déviée et dangereuse. Le maître n'est pas seulement une autorité, un guide et une référence; il est le maillon essentiel dans la transmission de la connaissance.

La voie de l'orthodoxie peut être longue et semée d'embûches, elle n'en semble pas moins tracée sans ombres ni équivoques. Par comparaison, la voie tantrique semble être celle des ombres. Loin de dissiper progressivement les illusions humaines, la pratique tantrique plonge dans leur cœur, les saisit, les grossit et les contraint pour finalement mieux les réduire à néant. Son vocabulaire évoque le combat ou le meurtre; ses rythmes, entre la statique et d'effrayantes accélérations, conduisent l'esprit au vertige. Il faut comprendre pourtant que tous ces rituels sont loin d'être matérialisés, le pratiquant du chö ne se coupe pas la tête, et il en va de même pour celles des pratiques tantriques qui impliquent des techniques sexuelles. Des religieux connus, hommes et femmes, qui ont atteint le plus haut niveau de réalisation dans ce domaine, sont réputés pour n'avoir jamais rompu leur vœu de chasteté, et pourtant ces rituels ont fait l'objet d'une véritable pratique dans des cercles limités et hautement qualifiés.

Que la pratique soit symbolique ou véritable, elle montre que les images de l'homme et de la femme, facile exemple de dualité, ne sont pas opposées dans l'union, mais complémentaires. La Sagesse, féminine, et le Moyen, masculin, s'unissent mais ne s'opposent pas, ils sont complémentaires, mutuellement nécessaires. C'est une union dynamique, puisqu'elle place les partenaires au seuil de la Libération, mais c'est aussi un procédé rituel, qui ne laisse rien à leur libre interprétation.

Les rituels connus semblent avoir été écrits pour des hommes : la progression y est décrite du point de vue masculin, ce qui a conduit certains analystes à penser que cette voie tantrique était fermée aux femmes. Il est certain que dans la description ou la symbolisation de l'Union, telle qu'on la trouve dans les grands textes, la partenaire féminine, censée représenter la Sagesse, paraît être utilisée comme *moyen*. Cette attitude peut aussi souligner l'ambivalence fondamentale des deux principes unis, ce dont rend mal compte un symbolisme trop étroitement attaché à la figure masculine et féminine. De fait, il y eut des maîtres féminins parmi les grands tantristes tibétains : la plus célèbre est sans doute Yeshe Tsogyel, qui fut la compagne de Padmasambhava et qui atteignit dans ce domaine à une complète réalisation. Est-ce à dire que, dans le cas d'une femme, toutes les situations que les textes nous présentent d'un point de vue qui semble masculin devraient être inversées? Il n'en est rien, et c'est là que l'on juge de la force du symbolisme. La biographie de Yeshe Tsogyel, qui décrit certains moments de son expérience spirituelle, montre que, lorsqu'elle fut confrontée à une divinité féminine, celle-ci agit envers elle exactement comme elle aurait agi envers un pratiquant masculin. Certains commentateurs ont pensé, devant la lacune apparente d'indications précisant un point de vue féminin, qu'il pouvait être fait appel, pour les pratiquantes, à d'autres techniques, notamment à celles du souffle. Peut-être étaient-ils eux-mêmes trop attachés à la dichotomie masculin/féminin, à cette dualité que le procédé tantrique a précisément pour but d'annuler. Il semble que le symbolisme sexuel des textes soit un symbolisme relatif, de même que la figuration d'une divinité, qui échappe par nature à notre monde d'illusions (parmi lesquelles figure la différenciation sexuelle) ne peut être décrite comme mâle ou femelle et ne l'est en fait que symboliquement pour permettre sa visualisation par un pratiquant encore impliqué dans ce monde. Ces rituels utilisent des images crues, parfois délibérément répugnantes. Mais ces images, qui illustrent le procédé à son extrême, sont aussi la base d'un développement métaphysique qui conduit vers la Libération. Leur résumé et leur traduction en accentuent l'aspect mécanique ou l'aspect philosophique, mais sont toujours des trahisons, on l'imagine aisément.

Au début de l'un de ces rituels, le *Tantra de Tumpo Trowo*, la principale divinité évoquée, de définition masculine, se trouve dans la matrice de la « Maîtresse de la Sphère du Vajra » (*Vajra* désigne ici l'organe mâle). L'image exprime l'ambivalence des partenaires. Le champ défini, l'ensemble du rituel est décrit par le dialogue entre ces deux divinités. Il débute par une longue phase de préparation, au cours de laquelle le maître donne à son disciple diverses consécrations. Vient ensuite la consécration « secrète ». L'image, ou le procédé, en est l'offrande d'une femme au maître par le disciple. C'est la partenaire Sagesse, à laquelle l'un puis l'autre s'unissent. Il faut alors organiser la méditation, en quelque sorte en faire naître l'Union. Il y a là une longue suite de séquences qui composent et alternent la méditation sur l'amour, la compassion, la joie...; la confession des fautes; la concentration sur la pensée de vacuité; la visualisation d'un palais céleste, puis d'un lotus (ici le sexe féminin) et de deux divinités en union sexuelle. Le méditant doit se concentrer sur le sexe de la divinité féminine, y entrer, en ressortir sous la forme terrifiante du dieu Tumpo Trowo, tuer son « père » (la divinité masculine) et le dévorer, s'unir à sa « mère » (la divinité féminine). Vient alors l'explication des formules sacrées utilisées au cours du rituel, puis le stade de la réalisation. Il faut méditer sur le maître, visualiser la partenaire comme Perfection de Sagesse. Et il est bien spécifié que n'importe quelle femme peut convenir, quels que soient sa caste ou son lien de parenté avec le pratiquant : cela aussi est destiné à dompter les aversions. Cette union, lentement décrite et réalisée, avec ses aspects de plaisir et de répulsion, est l'occasion d'une rare apologie de la femme : *« La femme seule donne naissance, donne le vrai plaisir aux Trois Mondes. Les fous bavards qui font le mal, qui lui sont hostiles, resteront constamment torturés pendant Trois Ages dans un immense enfer, hurlant pendant que leur corps brûle de mille feux. Au contraire, il faut dire que le mérite des femmes enveloppe tous les êtres. Que ce soit bonté ou esprit de protection il faut que ce soit dans l'esprit des femmes. La femme nourrit l'ami comme l'étranger. Une telle femme n'est autre que la dâkinî Vajrayoginî.*

Que ce soit son apparence, son contact, son toucher, quand on est loin, le seul souvenir en produit instantanément le plaisir. » Arrivé à ce point, le pratiquant fait une pause, pour détruire en lui les dernières traces d'aversion : « *Celui qui honore le malpropre avec la discipline convenable aura le succès.* » Et l'on peut faire confiance aux textes pour n'avoir à cet égard omis aucune image déplaisante. « *Le pratiquant ne pensera jamais à ce qui peut être fait ou ne peut être fait... à ce qui convient ou ne convient pas... Quoi qu'il fasse, il se concentre sur la méditation* », jamais, et quelle que soit la nature des images ou des actes, le méditant ne doit avoir le sentiment d'une faute. Mais ce pratiquant, cet homme ou cette femme, qui s'est imposé la plus sévère discipline, s'est soumis à son maître, s'est imposé tous les plaisirs et toutes les répulsions, et en a triomphé en les annulant comme un pôle positif annule un pôle négatif, se trouve désormais, Sagesse et Moyen unis, toute dualité abolie, au seuil de l'Illumination.

Yeshe Tsogyel, dont il a été question plus haut, avait un nom prédestiné puisque Yeshe signifie « sagesse ». Sa biographie est un « Trésor », œuvre de l'un de ses disciples découverte au XVIIIe siècle. Les mauvais esprits diront que cette biographie de l'une des rares femmes célèbres de l'histoire du bouddhisme tibétain est apocryphe, rédigée par un homme. Il est certain qu'il ne faut y chercher ni révélations historiques ni authenticité féministe. Il n'en reste pas moins que l'ouvrage décrit la vie et les œuvres d'une femme, exceptionnelle il est vrai, à l'époque cruciale de la conversion du Tibet au bouddhisme, et proclame que cette femme a su se libérer en une seule vie du cycle des renaissances.

Yeshe Tsogyel naquit dans une famille noble du Tibet central, vers le milieu du VIIIe siècle. Sa conception et sa naissance furent entourées de prodiges. Pendant son enfance, son comportement révélait déjà sa nature d'exception, mais son père n'en voulut rien savoir. Plusieurs prétendants lui avaient demandé sa fille, qui les avait tous refusés. Pour avoir la paix, le père décida de mettre Yeshe Tsogyel dehors, et de laisser le plus fort de ses prétendants s'en emparer. Les serviteurs du premier l'attrapèrent, la battirent au sang et la molestèrent de toutes les façons : elle parvint à leur échapper. Un autre prétendant la fit prisonnière et l'enchaîna sans réussir à la faire céder. La guerre menaçait entre ces prétendants jaloux. Le roi Thisong Detsen eut vent de l'affaire et mit tout le monde d'accord en épousant la jeune fille. La tradition ne nous a pas gardé par ailleurs la trace de ce mariage du roi. Se pourrait-il que l'histoire de Yeshe Tsogyel soit un arrangement et un développement de celle de la dame de Dro, l'épouse du roi devenue nonne sous le nom de Jangchub ? Mais Yeshe Tsogyel ne demeura pas longtemps à la Cour. C'était l'époque de la rencontre entre le roi et Padmasambhava. Répondant du reste au vœu de la jeune femme, le roi donna Yeshe Tsogyel à Padmasambhava, selon une formule qui ne paraît pas très féministe, mais qui correspond exactement à la séquence du tantra où le disciple offre une femme à son maître.

De fait, Yeshe Tsogyel fut d'abord une servante aux côtés du maître qui se contenta de lui donner quelques enseignements secondaires. Elle lui rappela alors qu'elle était jeune, sans doute, mais non dépourvue d'expérience, et lui demanda un enseignement libérateur. Même si cette biographie est apocryphe, même si une grande partie du texte est constituée de clichés très classiques, la dame n'en a pas moins une étonnante densité tout au long du récit : elle ne s'abandonne pas à la facilité et à son franc-parler. Il est possible que Yeshe Tsogyel soit une fabrication, mais elle est incontestablement tibétaine. Padmasambhava reconnut que le moment était venu de lui donner l'enseignement des tantra. Au cours de cet enseignement, il lui enjoignit d'aller chercher un partenaire. Selon ses instructions, elle se rendit au Népal et y acheta (fort cher d'ailleurs) un jeune homme qu'elle ramena au Tibet et qui devint son partenaire tantrique et le disciple de Padmasambhava. Bientôt, elle entra dans une phase d'intense méditation et d'effrayantes macérations. Elle parvint à de grandes réalisations et, quand elle retourna auprès de son maître, il la salua en ces termes : « *Le corps humain est la base de l'Illumination. Homme ou femme, cela ne fait guère de différence. Mais, si la femme a de grandes aspirations, le corps de la femme peut davantage... Femme supérieure, tu es devenue un véritable bodhisattva. Mais maintenant que tu as atteint ta propre réalisation, œuvre pour le bien des êtres vivants.* » Il semble difficile d'être plus net et il faudrait beaucoup de mauvaise foi pour prétendre que Padmasambhava n'a voulu qu'être courtois et n'a pas reconnu à Yeshe Tsogyel la nature d'un bodhisattva, même si c'est une reconnaissance tardive, puisque datée du XVIIIe siècle par la « découverte » du texte.

Consciente de ce qu'elle avait atteint, mais aussi de ce qui lui restait à accomplir, Yeshe Tsogyel conservait dans ses propos une modestie bien féminine, non dépourvue de réalisme cependant, à son propre égard comme à celui des autres femmes. « *Une femme comme moi a peu de pouvoir à opposer au danger. En raison de sa naissance inférieure* [la formule est classique, mais ne manque pas de sel dans la bouche de Yeshe Tsogyel], *tout le monde lui est hostile. Si elle mendie, les chiens l'attaquent. Si elle a quelques biens, les voleurs les lui prennent. Si elle est belle, les fornicateurs la maltraitent* [et dans son cas, la réflexion était prémonitoire]. *Quoi qu'elle fasse, le destin d'une femme est malheureux. Il lui est presque impossible de maintenir sa pratique religieuse et même difficile de rester en vie...* »

Ses jours ne furent plus désormais qu'une suite d'études, de prodiges, de méditations et de bonnes œuvres. Cependant, tout ne lui était pas facile. Elle vainquit des sages bönpo lors d'une contestation à Samye, mais les gens se contentèrent de dire : « *Quoi, même une femme peut les vaincre ?* » Puis, après la mort du fils et successeur du roi Thisong Detsen, elle fut chassée de Samye par les reines jalouses. Par la suite, quand Padmasambhava eut quitté ce monde, elle parcourut le Tibet, enseignant, cachant des Trésors, prophétisant et faisant le bien de mille façons. Elle vécut, dit-on, deux cent quatre-vingts ans. La preuve de sa pleine réalisation était que son corps n'avait plus de matérialité : quand le moment fut venu, son apparence s'évanouit dans une lumière d'arc-en-ciel.

Mais, bien avant ce moment, alors qu'elle était encore jeune et venait de prendre la décision d'œuvrer désormais pour le bien des êtres vivants, un jour qu'elle se trouvait seule en méditation, sept brigands s'emparèrent de ses modestes possessions et abusèrent d'elle. Mais, au lieu de les maudire, elle fit naître en eux la pensée de se libérer du cycle des renaissances. Cette conversion peut prêter à sourire. Elle ne le doit pas. Le sort de Yeshe Tsogyel ce jour-là fut trop souvent celui des femmes : qu'on se souvienne de cette nonne de Dingri qui ne voyageait que la nuit, précisément pour éviter ce genre de rencontre. Qu'on se souvienne aussi que la violence des hommes, appelée faiblesse des femmes, fut l'une des raisons des restrictions opposées dès l'époque du Bouddha à l'entrée des femmes en religion. Il est vrai que la biographie fut écrite par un homme et que la femme était exceptionnelle : il ne s'agit pas d'un simple constat de violence, mais d'une démonstration très précise. Les expériences que Yeshe Tsogyel avait voulues et vécues étaient destinées à produire en elle le détachement de toute sensation et sensibilité humaine. D'ailleurs, elle n'était plus à proprement parler humaine. Contrairement aux femmes ordinaires, Yeshe Tsogyel était en quelque sorte inviolable parce que sa pensée totalement libérée des notions contraires et complémentaires de plaisir et d'aversion, demeurait une pensée d'Illumination. Les sept hommes ne pouvaient rien contre elle, ni matériellement ni spirituellement. Tout au contraire, la compassion de leur victime rétablit l'équilibre détruit et leur ouvrit la porte du salut. La parabole est sans doute un peu forte. Mal comprise, elle ressemble à une justification de la pire violence. Il n'est pas certain qu'une femme, rédigeant le récit, eût réussi à pousser aussi loin le paradoxe. Mais cette violence répond à celle de certains passages des tantra. Sans les dimensions extrêmes, la tentation ordinaire est le doute. L'Illumination peut naître dans la joie, elle peut naître aussi au milieu d'un charnier. Les graines ne poussent pas dans le ciel, mais sur la terre.

La Grande Perfection

Définir le *Zogchen*, la Grande Perfection, est bien difficile. Ses adeptes refusent d'y voir une démarche religieuse, car le Zogchen ne demande pas de croire, au sens où l'entend l'Occident. Pratiqué par les bouddhistes tibétains (en particulier les Nyingmapa) et les bönpo, le Zogchen est une tradition spirituelle ancienne et originale, demeurée longtemps mal connue en Occident. Son originalité la plus immédiate est peut-être le peu de cas que ses maîtres font de la science et des livres, ou du moins des traditions scholastiques. Certains de ses plus grands maîtres furent des illettrés, mais cela ne les empêchait nullement de dicter leurs œuvres à leurs disciples.

L'enseignement du Zogchen est centré autour de la notion d'état primordial, nature fondamentale et originelle de chaque individu, concept qui échappe à l'intellect. Il faut entrer dans cet état en se concevant au centre de l'univers, mais sans la conscience du soi qui engendre la dualité. Celui qui a atteint cet état primordial peut le communiquer directement à un disciple. Cette transmission directe, sans rituels ni initiations, est d'une incomparable intensité. La pratique du Zogchen est divisée en trois groupes, et les subdivisions viennent également par trois. Cette division ternaire facilite les explications, en fait, les enseignements sont unis comme la face d'un miroir. Les adeptes du Zogchen portent du reste souvent un miroir pendu à leur cou.

Cet enseignement qui paraît d'abord lumineusement simple pose en fait de redoutables difficultés en ce sens qu'il se réfère immédiatement à des absolus échappant à la rassurante ressource des définitions : on ne définit pas l'état primordial... Comme le miroir est un symbole du Zogchen, la lumière en est un fil conducteur. C'est dans l'obscurité complète de la retraite que les adeptes cherchent à voir, et cette vision revêt l'aspect d'une impalpable goutte de lumière, preuve de la non-dualité de l'espace interne et de l'espace externe. Le fruit de cette pratique est que les éléments constitutifs du corps fondent en lumière. Le corps du praticien confirmé perd sa substance et devient un « corps d'arc-en-ciel ». Ne retrouver d'un maître, lors de sa mort, que ses ongles et ses cheveux, est la preuve qu'il a atteint l'absolue réalisation : le reste n'est que lumière.

Le Zogchen a eu et a encore de nombreux adeptes parmi les femmes. Certaines atteignirent une très grande renommée.

Ayu Khadro naquit en 1839 au Tibet oriental, dans une famille pauvre. L'une de ses tantes vivait en ermite dans une grotte, non loin du village. Quand l'enfant eut sept ans, elle alla chez sa tante qui lui apprit à lire, à écrire, lui donna de premiers enseignements et lui fit connaître un grand maître de la région. Mais ses parents, contre l'avis de sa tante, et pour une question d'intérêt, avaient fiancé la jeune fille. En 1857, on la maria donc, et elle vécut trois années dans sa belle-famille, sans être malheureuse. Au bout de ces trois ans, elle tomba malade et rien ne pouvait la guérir. Ce fut son maître qui trouva la solution : la jeune femme souffrait de ne pouvoir poursuivre sa vie spirituelle. Sagement, son mari s'effaça. Tant qu'il vécut, cependant, il aida par ses dons celle qui avait été sa femme.

Ayu Khadro reprit donc ses études, elle voyagea, reçut les enseignements de grands maîtres. Elle pratiqua le chö et les techniques de production de chaleur interne, elle apprit à subsister sans s'alimenter normalement. En 1871, elle se rendit au Tibet central, puis au Népal et enfin au Kailash. Elle ne revint qu'en 1881 de ce long et fructueux pèlerinage. En 1885, elle commença une retraite de sept ans et, quand elle l'eut achevée, décida de consacrer le reste de sa vie à alterner la pratique de l'obscurité et celle de la lumière. Elle mourut en 1952. Ses disciples trouvèrent son corps en posture de méditation, réduit à la taille de celui d'un petit enfant. C'était, tout comme l'eût été la disparition complète de son corps, la preuve qu'elle avait atteint la pleine réalisation. Sa longévité, qui peut soulever le scepticisme, ne paraît pas exceptionnelle. Peut-on opposer notre conception étroite du temps à celui qui a atteint l'état primordial et dont le corps, notre si brève certitude, a échappé à nos perceptions ordinaires ? Peut-on parler de durée, de vie humaine, à celui qui n'est plus que lumière ?

A la même époque, disparaissait une autre grande dame du Zogchen, Shukseb Chöki Wangmo. Cette femme étonnante, réincarnation du grand maître nyingmapa Longchenpa (XIVe siècle), vécut longtemps non loin de Lhasa. Elle jouissait d'une grande audience parmi les laïcs. Grâce aux souvenirs d'hommes et de femmes des grandes familles de Lhasa, qui allaient régulièrement la consulter, son nom fut connu en Occident avant même que son autobiographie ne soit publiée. Cette femme, autorité respectée, qui eut de nombreux disciples, hommes et femmes, et qui écrivit – ce qui n'est pas si fréquent –, disparut au début des années cinquante. Elle avait alors cent trente ans, a-t-on dit.

Les traditions du Tibet ont vécu elles aussi jusqu'au début des années cinquante. Puis elles ont été balayées. Certains disent que le Tibet est enfin entré dans le monde moderne, d'autres qu'il a été assassiné. Et l'on pourrait craindre qu'il ne soit plus désormais qu'une coquille encore très belle, mais vidée de sa substance.

L'une des meilleures réponses à cette inquiétude a été donnée, il y a déjà un certain temps, par Alexandra David-Néel. Comme on l'interrogeait sur les Tibétaines, elle s'étonnait qu'on les crût différentes des femmes des autres pays, puis, précisant leur portrait, en femme qui avait bien connu ces autres femmes, elle reconnaissait trouver en elles ses meilleures raisons d'espérer[1].

Il y a une douzaine d'années, alors que le Tibet s'entrouvrait au monde, il y avait encore, sur la pente d'une colline aux environs de Lhasa, un petit temple, en ruine comme tant d'autres. L'endroit était écarté plutôt qu'isolé, malcommode d'accès. Des chiens errants, d'aspect peu engageant, semblaient préposés à sa garde et, comme le temple n'avait pas de réputation particulière, il fallait une curiosité bien affirmée pour s'obstiner à franchir leur barrage.

Le temple était clos d'un mur et la porte solidement fermée. Mais la ruine avait ouvert une brèche dans le mur. Dans l'enclos, c'était la désolation : stèles brisées, fragments de stuc écrasés, herbes folles. Comme dans la plupart des bâtiments religieux déclassés, des habitants, plus ou moins officiels, s'étaient installés. Attirée par les aboiements des chiens, qui n'avaient pas cependant osé franchir la brèche, une vieille femme sortit d'une soupente à demi écroulée, son logement. Elle était misérablement vêtue et portait un bonnet de

1. Alexandra David-Néel, *Voyages et Aventures de l'esprit*, Paris, Albin Michel, 1990.

laine sur ses cheveux courts. Méfiante d'abord, elle se mit à parler, répondant aux questions puis les précédant, racontant ses jours passés, sa misère quotidienne, sa solitude, comme une rivière longtemps retenue rompt enfin son barrage. Elle avait été nonne, dans le temps, quand elle était jeune, quand les choses étaient ce qu'elles devraient être. Elle avait été nonne et n'était plus qu'une vieille femme seule, qu'on traitait volontiers de folle. Elle s'y résignait. Manifestement, elle se souciait bien davantage de l'hostilité que lui portait l'autre « squatter » du temple, un vieil homme à peine moins mal logé qu'elle et à peu près aussi misérable. C'était un mauvais homme, disait-elle. Il avait été bien content quand des jeunes gens avaient envahi le temple, quelques années auparavant, avaient noué des cordes autour des grandes statues et les avaient ainsi traînées à l'extérieur et jetées au pied des escaliers, jusqu'en bas de la colline, s'acharnant à les briser en menus morceaux.

Maintenant, le temple était vide et il ne restait à la vieille femme que ses yeux pour pleurer. Effectivement, en haut des marches, le petit temple était vide. Le toit en était crevé en plusieurs points et l'unique porte était fermée d'une solide chaîne, assurée d'un gros cadenas. La vieille femme n'avait pas la clé. Quelqu'un la gardait, en ville, quelqu'un de mauvais, qui craignait sans doute le retour des dieux. Avait-il tellement tort? Par les fentes de la porte, par les fissures du toit, une maigre clarté révélait les dimensions modestes du temple, ses murs dénudés et maculés, son sol jonché de débris recouverts de poussière, le soubassement tronqué de ce qui avait été un autel. Mais dans cette pièce close, à même le sol, au milieu des débris, était posée une sommaire lampe à beurre, et sa flamme brillait sans vaciller.

Bibliographie

Pour la commodité du lecteur, un choix des sources en langues occidentales (à l'exclusion des sources en langues tibétaine et chinoise) qui ont été utilisées est présenté ici par chapitre. Certains titres peuvent concerner plusieurs chapitres, mais ne sont mentionnés qu'en référence à leur thème principal.

Introduction

BELL, Sir Ch., *Tibet, Past and Present* (1924), Oxford, Oxford University Press, 1968.

—, *The People of Tibet*, Oxford, Clarendon Press, 1928.

DAVID-NÉEL, A., « Femmes tibétaines », *France-Asie*, juillet 1954, p. 840-847.

—, « Une Occidentale face aux femmes tibétaines », *Voyages et Aventures de l'esprit*, Paris, Albin Michel, *Question de*, n° 60, 1990, p. 79-85.

DORJE, R., *Food in Tibetan Life*, London, Prospects Books, 1987.

DUPUIS, J., *L'Himalaya*, Paris, PUF, 1972.

LHALUNGPA, L.P., *Tibet, The Sacred Realm*, 1880-1950, Philadelphia, Aperture Book, 1983.

SHAKABPA, W.D., *Tibet, a Political History*, New Haven, Yale University Press, 1967.

SNELLGROVE, D., RICHARDSON, H., *A Cultural History of Tibet*, London, Weidenfeld & Nicolson, 1968.

STEIN, R.A., *La Civilisation tibétaine*, Paris, L'Asiathèque, 1981.

TERJÉK, J., « Alexander Csoma de Kőrös 1784-1842, A Short Biography », *Collected Works of Alexander Csoma de Kőrös*, Budapest, Akadémiai Kiado, 1984.

TUCCI, G., *Tibetan Painted Scrolls*, Roma, Libreria dello Stato, 1949.

—, *To Lhasa and Beyond* (1956), Ithaca, Snow Lion Publications, 1987.

WILLIS, J, (éd.), *Feminine Ground*, Ithaca, Snow Lion Publications, 1989.

1. Démone, reine ou femme facile : trois points de vue sur les femmes du Tibet

ANDRADE, A. de, *Relation de la nouvelle découverte du grand Catay ou bien du royaume du Tibet*, Paris, 1627.

—, *Histoire de ce qui s'est passé au royaume du Tibet*, Paris, 1629.

BONVALOT, G., *L'Asie inconnue*, Paris, Ernest Flammarion, 1896.

DAVID-NÉEL, A., *Voyage d'une parisienne à Lhasa*, Paris, Plon, 1927.

DESIDERI, I., *An Account of Tibet* (F. De Filippi, éd.), London, George Routledge and Sons, 1932.

FORMAN, H., *Through Forbidden Tibet*, London, Jarrolds, 1936.

GABORIEAU, M., *Récit d'un voyageur musulman au Tibet*, Paris, C. Klincksieck, 1973.

GIORGI, A., *Alphabetum Tibetanum*, Rome, 1759.

GYATSO, J., « Down With the Demoness : Reflections on a Feminine Ground in Tibet », J. Willis, éd., *Feminine Ground*, Ithaca, Snow Lion Publications, 1989, p. 33-51.

HUC, E., *Souvenirs d'un voyage dans la Tartarie et le Tibet*, (1850), Paris, L'Astrolabe, 1987.

KIRCHER, A., *La Chine illustrée*, Amsterdam, 1670.

MOULE, A., Pelliot, P., *Marco Polo, The Description of the World*, London, George Routledge, 1938.

PELLIOT, P., *Notes on Marco Polo*, Paris, Adrien Maisonneuve, 1963.

PETECH, L., *China and Tibet in the Early 18th Century*, Leyden, Brill, 1972.

TAYLOR, M., *Le Tibet (de Marco Polo à Alexandra David-Néel)*, Paris, Payot, 1985.

YULE, H., *The Book of Ser Marco Polo*, London, John Murray, 1920-1921.

2. Les femmes et l'Empire tibétain VIIe-IXe siècles

BACOT, J., « Le mariage chinois du roi Sron bcan sgan po », *Mélanges chinois et bouddhiques, III, 1934-1935*, Bruxelles, Institut belge des Hautes Etudes chinoises, 1935.

BACOT, J., THOMAS, F.W., TOUSSAINT, Ch., *Documents de Touen-houang relatifs à l'histoire du Tibet*, Paris, Paul Geuthner, 1940-1946.

BECKWITH, C., *The Tibetan Empire in Central Asia*, Princeton, Princeton University Press, 1987.

LAUFER, B., *Der Roman einer tibetischen Königin*, Leipzig, Otto Harrassowitz, 1911.

PELLIOT, P., *Histoire ancienne du Tibet*, Paris, Adrien Maisonneuve, 1961.

RICHARDSON, H.E., « The Succession to Glang Darma », G. Gnoli - L. Lanciotti, éds., *Orientalia Iosephi Tucci Memoriae Dicata*, Roma, ISMEO, 1988, p. 1221-1229.

—, « Hunting Accidents in Early Tibet », *The Tibet Journal*, vol. XV, n° 4, 1990, p. 5-27.

THOMAS, F.W., *Tibetan Literary Texts and Documents Concerning Chinese Turkestan*, London, Royal Asiatic Society, 1935-1963 (4 vol.)

TUCCI, G., *The Tombs of the Tibetan Kings*, Roma, ISMEO, 1950.

—, *Tibet* (Archaologia Mundi), Genève, Nagel, 1973.

3. Image de la femme selon la tradition bouddhique orthodoxe et dans les contes

BACOT, J., *Trois mystères tibétains* (Tchrimekundan, Djroazanmo, Nansal), Paris, Bossard, 1921.

—, *Zuginima*, Paris, Société asiatique, 1957 (2 vol.).

BEYER, S., *The Cult of Târâ*, Berkeley, University of California Press, 1978.

DAVID-NÉEL, A., *La Vie surhumaine de Guésar de Ling* (rééd.), Paris, Editions du Rocher, 1976.

FEER, L., *Fragments extraits du Kandjour*, Annales du musée Guimet, tome cinquième, Paris, Ernest Leroux, 1883.

FOUCHER, A., *La Vie du Buddha* (1949), Paris, J. Maisonneuve, 1987.

LAMOTTE, E., *L'Enseignement de Vimalakîrti*, Louvain, Université de Louvain, 1962.

MACDONALD, A., *Le Mandala du Mañjusrimûlakalpa*, Paris, Adrien Maisonneuve, 1962.

MACDONALD, A.W., *Matériaux pour l'étude de la littérature populaire tibétaine*, I, Paris, PUF, 1967; II, Paris, C. Klincksieck, 1972.

PAUL, D.Y., *Women in Buddhism, Image of the Feminine in the Mahâyâna Tradition*, Berkeley, University of California Press, 1979.

SNELLGROVE, D.L., *Buddhist Himâlaya*, Oxford, Cassirer, 1957.

TOUSSAINT, Ch., *Le Dict de Padma*, Paris, Ernest Leroux, 1933.

4. Les Tibétaines, jour après jour

ATEN, *Un cavalier dans la neige*, Paris, J. Maisonneuve, 1981.

AZIZ, B.N., *Tibetan Frontier Families*, New Delhi, Vikas Publications, 1978.

BACOT, J., *Milarepa* (1925), Paris, Fayard, 1971.

—, *La Vie de Marpa le « Traducteur »*, Paris, Paul Geuthner, 1937.

BUFFETRILLE, K., *Le Mariage par vol dans quelques sociétés tibéto-birmanes*, Mémoire de maîtrise, Université de Paris X-Nanterre, 1986.

CHOPHEL, N., *Folkculture in Tibet*, Dharamsala, Library of Tibetan Works and Archives, 1983.

COMBE, G.A., *A Tibetan on Tibet* (1926), Kathmandu, Ratna Pustak Bhandar, 1975.

DAWA Norbu, *Red Star Over Tibet*, London, Collins, 1974.

EVANS-WENTZ, W.Y., *Tibet's Great Yogi Milarepa* (1928), London, Oxford University Press, 1963.

GOLDSTEIN, M.C., *A History of Modern Tibet 1913-1951*, Berkeley, University of California Press, 1989.

GOLDSTEIN, M.C., Beall, C.M., *Nomads of Western Tibet*, London, Serindia Publications, 1990.

LEVINE, N.E., *The Dynamics of Polyandry*, Chicago, University of Chicago Press, 1988.

MEYER, F., *Gso-ba rig-pa, le système médical tibétain*, Paris, Editions du CNRS, 1981.

NEBESKY-WOJKOWTIZ, R. de, *Ces montagnes où naissent les dieux*, Paris, Julliard, 1957.

NORBU, T.D., *Tibet, patrie perdue*, Paris, Albin Michel, 1963.

PETER OF GREECE AND DENMARK, HRH Prince, *A Study of Polyandry*, The Hague, Mouton, 1963.

RADHU, A.W., *Caravane tibétaine*, Paris, Fayard, 1981.

RECHUNG RINPOCHE, *Tibetan Medicine*, Berkeley, University of California Press, 1976.

RICHARDSON, H.E., « A Scandal at Tashilhunpo », *Bulletin of Tibetology*, 1987, n°1, p. 24-25.

—, « The Rva-sgreng Conspiracy of 1947 », *Tibetan Studies*, Warminster, Aris & Phillips, 1980, p. XVI-XX.

RICHARDSON, H.E. (éd.), *Mémoires de Tashi Khedrup*, Genève, Olizane, 1991.

RINCHEN LHAMO, *We Tibetans* (1928), New York, Potala Publications, 1977.

ROERICH, G.N., *The Blue Annals* (1949), Delhi, Motilal Banarsidass, 1976.

SAKYA, J., EMERY, J., *Princess in the Land of Snow*, Boston, Shambhla, 1990.

STEIN, R.A., *Vie et Chants de 'Brug-pa Kun-legs le yogin*, Paris, Maisonneuve et Larose, 1972.

TARING, R.D., *Daughter of Tibet*, London, The Camelot Press, 1970.

TENZIN GYATSO, XIVe Dalaï-lama, *Mon pays et mon peuple*, Genève, Olizane, 1984.

TSYBIKOV, G.T., *Un pèlerin bouddhiste au Tibet* (1919), Paris, Peuples du Monde, 1992.

TUCCI, G., *Tibetan Folksongs*, Ascona, Artibus Asiae, 1966.

—, *Deb t'er dmar po gsar ma*, Roma, ISMEO, 1971.

WYLIE, T.V., « Mar-pa's Tower : Notes on Local Hegemons in Tibet », *History of Religions*, vol. 3, n° 2, 1964, p. 278-291.

YUTHOK, D.Y., *House of the Turquoise Roof*, Ithaca, Snow Lion Publications, 1990.

5. Les Tibétaines et la religion

ALLIONE, T., *Women of Wisdom*, London, Routledge & Kegan Paul, 1984.

AZIZ, B.N., « Views from the Monastery Kitchen », *Kailash*, vol. IV, 1976, n° 2, p. 156-167.

DARGYAY, E.M., *The Rise of Esoteric Buddhism*, Delhi, Motilal Banarsidass, 1979.

DOWMANN, K., *Sky-Dancer : The Secret Life and Songs of The Lady Yeshe Tsogyel*, London, Routledge & Kegan Paul, 1984.

EVANS-WENTZ, W.Y. (éd), *Le Livre des Morts tibétain* (1933), Paris, J. Maisonneuve, 1981.

FACCHINI, M., « The Spiritual Heritage of Ma gcig lab sgron », *The Journal of the Tibet Society*, Bloomington, III, 1983, p. 21-26.

FALK, N., « The Case of the Vanishing Nuns : The Fruits of Ambivalence in Ancient Indian Buddhism », N. Falk & R. Gross, éds., *Unspoken Worlds : Women's Religious Lifes in Non-Western Cultures*, Los Angeles, Harper & Row, 1980, p. 207-224.

FÜRER-HAIMENDORF, C. von, « A Nunnery in Nepal », *Kailash*, vol. IV, 1976, n° 2, p. 121-154.

GEORGE, C.S., *The Candamahârosana Tantra*, New Haven, Oriental Society, 1974.

GROSS, R.M., « Yeshe Tsogyel : Enlightened Consort, Great Teacher, Female Role Model », J. Willis, éd., *Feminine Ground*, Ithaca, Snow Lion Publications, 1989, p. 11-32.

GYURME DORJE, KAPSTEIN, M., *The Nyingma School of Tibetan Buddhism*, Boston, Wisdom Publication, 1991.

HANNA, S., « Vast as the Sky : The Terma Tradition in Modern Tibet », *sous presse.*

HAVNEVIK, H., *Tibetan Buddhist Nuns*, Oslo, Norwegian University Press, 1990.

HIRAKAWA, A,. *Monastic Discipline for the Buddhist Nuns*, Patna, Kashi Prasad Jayaswal Research Institute, 1982.

JEST, C., *La Turquoise de vie*, Paris, A.M. Métaillé, 1985.

Bibliographie

KALFF, M.M., « Dakinis in the Cakrasamvara Tradition », P. Kvaerne, M. Brauen (eds.), *Tibetan Studies*, Zürich, Volkerkunde Museum der Universität, 1978, p. 149-162.

KARMA LEKSHE TSOMO, « Tibetan Nuns and Nunneries », J. Willis, ed., *Feminine Ground*, Ithaca, Snow Lion Publications, 1989, p. 118-134.

KARMAY, S., *The Great Perfection (rDzogs chen) – A Philosophical and Meditative Teaching in Tibetan Buddhism*, Leiden, Brill, 1988.

LAMOTTE, M.J., *Les Cent Mille Chants de Milarepa*, 2 vol., Paris, Fayard, 1986.

NAMKHAI NORBU, *The Crystal and the Way of Light*, London, Routledge & Kegan Paul, 1986.

NEBESKY-WOJKOWITZ, N. de, *Oracles and Demons of Tibet* (1956), Graz, Akademische Druck-u.Verlagsanstalt, 1975.

ORTNER, S.B, « The Founding of the First Sherpa Nunnery and the Problem of " Women " as an Analystic Category », V. Patraka, J.A. Tilly, éds., *Feminist Re-Visions – What Has Been and Might Be*, Ann Arbor, University of Michigan, 1983, p. 98-134.

POMMARET, F., *Les Revenants de l'au-delà dans le monde tibétain*, Paris, Editions du CRNS, 1989.

SNELLGROVE, D.L., *The Hevajra Tantra*, London, Oxford University Press, 1959.

—, *Indo-Tibetan Buddhism*, London, Serindia Publications, 1987.

THARTHANG TULKU, *Mother of Knowledge : The Enlightenment of Ye-shes mTsho-rgyal*, Berkeley, Dharma, Publishing, 1985.

THONDUP RINPOCHE, *Hidden Teachings of Tibet*, London, Wisdom Publications, 1986.

WADDEL, L.A., *The Buddhism of Tibet or Lamaism* (1895), Cambridge, W. Heffer & Sons, 1967.

WILLIS, J.D., « Dakini : Some Comments on its Nature and Meaning », J. Willis, éd., *Feminine Ground*, Ithaca, Snow Lion Publications, 1989, p. 57-75.

—, « Tibetan Ani-s : The Nun Life in Tibet », J. Willis, éd., *Feminine Ground*, Ithaca, Snow Lion Publications, 1989, p. 96-117.

Chronologie sommaire

Entièrement gagné au bouddhisme dès le Xe-XIe siècle, le Tibet a connu dès lors une étonnante stabilité de sa culture et de ses usages, dans leur diversité. Guerres et crises ont marqué le Tibet pendant ces dix siècles mais, des alentours de l'an 1000 jusqu'en 1950, les destins s'y sont déroulés de façon singulièrement semblable.

VIIe siècle : Fédération de principautés, débuts de la monarchie tibétaine. Introduction du bouddhisme. 641 : mariage d'une princesse chinoise et du souverain tibétain.

VIIIe siècle : Extension de l'Empire tibétain. Vers 779 : fondation de bSam-yas, premier monastère bouddhique.

IXe siècle : Après 842, dispersion de la dynastie, fin de l'Empire tibétain.

Xe siècle : Redéploiement du bouddhisme au Tibet.

XI-XIIe siècles : Fondation des grandes écoles du bouddhisme tibétain et de leurs principaux monastères.

XIIIe siècle : Les hiérarques de l'école sakyapa, soutenus par les empereurs mongols de Chine, exercent le pouvoir temporel.

XIVe siècle : Phagmodru succède à Sakya dans l'exercice du pouvoir temporel. 1357 : naissance de Tsongkhapa.

XVe siècle : Fondation des grands monastères gelukpa. Le pouvoir temporel passe aux princes de Rinpung.

XVIe siècle : Ascension des Gelukpa. En 1578, le titre de dalaï-lama est donné à l'une des plus hautes figures de l'école.

XVIIe siècle : Le pouvoir spirituel et temporel passe aux Gelukpa, avec le Ve dalaï-lama (1617-1682).

XVIIIe siècle : Invasion des Mongols dzungars au Tibet central

(1717-1720). Intervention chinoise. 1728 : installation à Lhasa de représentants de l'empereur. Le gouvernement tibétain restera sous contrôle chinois jusqu'en 1910.

XXe siècle : 1904 : Expédition britannique à Lhasa. 1934 : naissance du XIVe (actuel) dalaï-lama. 1950-1951 : l'armée chinoise entre au Tibet et à Lhasa.

Glossaire

Bodhisattva : « Etre voué à l'Eveil », c'est-à-dire si avancé sur la voie de la délivrance qu'on peut être certain qu'il deviendra un *bouddha.* Par compassion, il retarde ce moment afin d'aider au salut de tous.

Bouddha : « Celui qui s'est éveillé » à la connaissance de la réalité véritable, qui rejette les phénomènes de notre monde d'illusions, et a atteint un état d'immuabilité d'où est exclu tout retour dans le cycle infernal des renaissances. Shakyamuni, le Bouddha historique, est le modèle des bouddha.

Classiques : les Neuf ouvrages fondamentaux sur lesquels s'appuie la culture chinoise, parmi lesquels le *Livre des Mutations,* le *Livre des Rites* et les *Entretiens* de Confucius.

Dharma : L'Enseignement du Bouddha, deuxième des Trois joyaux du bouddhisme : le Bouddha, son Enseignement et la Communauté de ceux qui le suivent.

Karma : Le fruit, la rétribution des actes, bon ou mauvais, accomplis pendant des existences successives. La somme de ces actes conditionne la renaissance.

Sûtra : « Fil », désigne les textes, intégrés dans le canon bouddhique, qui reproduisent la parole du Bouddha et de ses disciples immédiats.

Stûpa : Monument essentiel du bouddhisme. Pour abriter les reliques du Bouddha, dix d'entre eux furent construits. On en vint à les considérer comme symboles du Bouddha et de l'état de bouddha.

Tantrisme : Courant issu de la pensée médiévale indienne et qui a marqué le bouddhisme comme l'hindouisme. Ses textes, les *tantra*, qui insistent sur la valeur initiatique de l'enseignement donné de maître à disciple, ont constitué un apport pratique et rituel important pour le bouddhisme tibétain, au point qu'on les a comparés à la trame d'un tissu dont les sûtra seraient la chaîne.

Index

Pour les noms et mots tibétains l'orthographe réelle est indiquée entre parenthèses, quand cela est nécessaire.

L'orthographe des noms et mots sanskrits est simplifiée et ne tient compte que des longues (accent circonflexe) et du S palatal (Sh).

C

D

E

F

M

N

Crédits photographiques

PHOTOS K. BUFFETRILLE

Pages 1, 2 (bas), 3, 4 (haut et bas à gauche), 7, 8 (bas), 9, 12 (haut et centre).

PHOTOS M. F. LORTON

Pages 4 (bas à droite), 5, 6, 8 (haut), 10, 11, 12 (bas).

Table

normandie roto impression s.a.

61250 Lonrai

Reproduit et achevé d'imprimer en février 1996
N° d'édition 96019 / N° d'impression I5-2548
Dépôt légal mars 1996
Imprimé en France

ISBN 2-73-82-0875-4
ISSN 33-5875-1